はじめに

■「恋愛」をまじめに考えてみよう

　日本で、恋愛結婚率がお見合い結婚率を超えたのは 1960 年代のことであり、全体の 7 割以上が恋愛結婚をするようになったのは 1970 年代のことです。それから 50 年が経過し、「恋愛」をめぐる様相は目まぐるしく変化しています。

　まず、晩婚化によって結婚に至るまでの恋愛交際期間が伸びています。現在の平均初婚年齢は女性 29.1 歳、男性 30.7 歳で、結婚に至ったカップルの結婚までの平均交際年数は 4.3 年間です（2021 年出生動向基本調査 [1]）。1986 年は平均 2.6 年間でしたが、そこから 2010 年まで伸び続けてきました。「恋愛をする」期間が長くなっており、そこではさまざまな感情や感覚を巻き込んだ繊細で多様な経験がなされています。

　また、50 歳までに一度も結婚していない人の割合は女性 17.8％、男性 28.3％（2020 年国勢調査 [2]）に達し、生涯独身で過ごす人が増えてきました。しかし、それは必ずしも独身というライフスタイルをとる人々が「恋愛についてきれいさっぱり考える必要がなくなった」ことを意味するわけではありません。これまで独身者のことを統計上「未婚者」とも呼んできたことに表れているように、結婚していない人は「まだ」結婚していないのであり、「いつかは結婚する人」で、「出会いを求めているのだろう」と、周囲の人から解釈されてきました。このような社会では、本人の意志とはほぼ無関係に、結婚するまでずっと「恋愛結婚」を周囲から期待されるという苦しさの中で生きていくことになります。以下の点は特に強調しておきたいのですが、18 歳～34 歳の未婚者のうち「一生結婚するつもりはない」と答えた人は女性で 14.6％、男性で 17.3％を占めており、そのうちの 30％以上が「とくに交際を望まない」と答えています（2021 年出生動向基本調査）。しかし、現状ではまだ、

---

1) 国立社会保障・人口問題研究所, 2023,『現代日本の結婚と出産──第 16 回出生動向基本調査（独身者調査ならびに夫婦調査）報告書』〈https://www.ipss.go.jp/ps-doukou/j/doukou16/doukou16_gaiyo.asp〉（2024 年 8 月 26 日最終確認）。
2) 総務省統計局, 2021,『令和 2 年国勢調査』〈https://www.stat.go.jp/data/kokusei/2020/index.html〉（2024 年 8 月 26 日最終確認）。

恋愛や結婚を望まない人でさえも「恋愛」から自由になれないという状況にあります。

　恋愛結婚をした人に目を移してみると、現在、離婚や再婚は幅広い年齢層で起こっており、恋愛感情を持ったり恋愛関係を築いたりする「恋愛行動」は、中高年期や老年期にも見られるものとなっています。そのため、恋愛を「若い」世代に限られたものと捉えることはできなくなりました。障害を持つ人の恋愛や性の自由を保障する社会的サポートのあり方も重要な社会課題となっています。このように「恋愛」は、多くの人々が生涯にわたり多様な形で関わるものとなっています。

　これまで「世間で言われているような恋愛というもの」がよくわからないという不安や、「恋愛」関係をうまく築いていくことができないという悩みは、基本的に自分一人で解決するしかないものと捉えられがちでした。しかし、実際のところこれは多くの人が抱えている問題でもあります。このような、多くの人に共通する「個人的な関係」についてもまた知恵を出しあって社会的に議論していくことができるはずですし、それができるのが社会学の醍醐味です。

　そのためにも、既存の画一的な恋愛への反射的批判を越えた、社会科学的な恋愛についての議論が必要です。

■結婚とも性とも異なる恋愛

　従来の社会学において恋愛は、主に結婚や 性（セクシュアリティ）との関連でいわば「付随的に」研究されてきました。

　家族社会学は、制度としての恋愛結婚についての充実した研究蓄積を有していますが、家族形成につながらない恋愛の諸相にはあまり光が当てられていません。

　セクシュアリティ研究は、異性愛中心主義を成り立たせてきた恋愛規範を批判しながら性の解放を主張してきました。ただし、法的権利が制限されてきた「女性」にとって個人の権限は主に恋愛や結婚、家庭の中で確立されてきました。このような女性の近代化の歴史を踏まえるならば、恋愛を一蹴することは問題含みであるように思われます。

　結婚にも性にも還元できない親密な関係を成す「愛」について、そろそろ主題的に研究すべきではないでしょうか。

　恋愛を主題とする入門書である本書はこのような考えの中から生まれました。「恋愛」および「恋愛」とゆるやかに関連するテーマを専門としてきた社会学者が執筆しています。それぞれのトピックスに関して、これまでどのような議論がなされ

てきたのかという先行研究のレビューと、それを踏まえた各論者のオリジナルな分析がなされています。この一冊を読むことで、社会学的な恋愛研究の「現在」が見えてくることが、本書の強みです。

　これから社会学や恋愛社会学を学ぼうとする初学者が教科書として用いることもできるよう、専門用語にはなるべく説明をつけました。この工夫によって他領域の研究者や教育者、ソーシャルワーカー、カウンセラーなどのさまざまな方々にも読んでいただけるようなものになったのではないかと思っています。

　1章ごとに独立した論文となっていますので、少し専門的過ぎると思われるところは読み飛ばしていただいても問題なく読み進められるようになっています。ぜひ興味のある章から読んでいってください。

　さいごにこれは編者個人の考えですが、恋愛社会学の面白さは、私秘的で個人的なものとして経験される喜びや悲しみを、他者と共有可能なものとして発見することができ、語り合えること、そしてそのような心を揺さぶる感情や経験を通して社会がどのように構成されているのかを見通すことができるところにあります。

　本書を通して、その知的面白さを味わっていただき、恋愛をめぐって生じている様々な社会的問題の解決に協力する一員になっていただければ幸いです。

　恋愛社会学の世界にようこそ！

編者　高橋　幸

本書のねらいと構成

　この本が想定している第一の読者は、社会学についてある程度の知識を持ち卒業論文などで恋愛に関係するテーマを深めたいと考える、学部3年生や4年生です。しかし「社会学系学部の3年生、4年生」といっても社会学の習熟度はさまざまでしょう。また、恋愛について個人的に興味があり、社会学的な知見に触れてみたいという読者も一定数いるものと思われます。こうした独学者でも読み進めることができるよう、専門的な用語にできるだけ説明を加えただけでなく、「これまでの研究の蓄積」と「新しい知見」の両方について各章で記述することを原則としています。この二つを限られた紙幅に盛り込んだためやや読みにくいところがあるかもしれません。すべての章に文献リストがありますので、興味を持った部分についてはこれらの文献を参照することで、さらなる理解の深まりが期待できます。

　本書は三部に分かれていて、全部で12の章と7つのコラムで構成されています。それぞれの内容は独立しているので、必要な章のみ個別に読んでも十分に理解できるはずです。ここでは各章の主な内容と編者（永田）おすすめの読み方について記します。

■第Ⅰ部　社会制度としての恋愛と結婚

　第Ⅰ部は、恋愛と結婚について社会制度という観点から論じた三つの論考からなります。第1章「近代社会における恋愛の社会的機能」では、19世紀以降の個性を承認するという恋愛的なコミュニケーションの機能に注目し、近代社会では恋愛結婚という形で、恋愛が社会制度に組み込まれてきたことを論じています。このような形態の恋愛は、第三者が合理的に説明できないタイプの「情熱」の有無によって「友情」から区別されているとの観点が、社会心理学の議論も参照しながら示されています。第2章「日本の家族社会学はいかに「出会いと結婚」を扱ってきたか」では、家族社会学における「出会いと結婚」研究のレビューを行っています。第1章は心理的な側面を軸に恋愛と結婚の結びつきが論じられましたが、第2章では日本における社会の変化を軸に恋愛と結婚の結びつきが考察されています。第3章「恋愛・結婚における親の影響——被差別部落の事例から」では、「出会いと結婚」の重要な背景として第2章でも示された親の影響についてさらに詳細に論じています。

iv

社会的マイノリティとの結婚忌避といった場面で今日でも親の介入が生じ得ること、子の恋愛や交際の際に親からの介入があらかじめ想定されてしまうことは特に重要な指摘です。

　第Ⅰ部における三つの論考は、取り上げている時代は異なるものの社会変動を議論に組み込んでいて、相互に内容を補完する内容になっています。個別に読んでも十分理解できますが、できれば1章から順番にじっくり読み進めてもらえればと思います。第Ⅰ部の終わりには歴史社会学的研究を踏まえた恋愛の系譜についてのコラムを配しましたので、適宜参照してください。

■第Ⅱ部　実証研究からみる若者の恋愛と結婚

　第Ⅱ部「実証研究からみる若者の恋愛と結婚」は、異なる手法を用いた四つの実証的な研究からなります。具体的には、雑誌を用いた言説分析、アンケートによる計量分析、グループインタビューや個別インタビューを用いた分析です。

　第4章「1980年代の「恋愛至上主義」——『non-no』と『POPEYE』の言説分析を通して」では高度消費社会が始まった1980年代を中心とする恋愛文化について、女性向けファッション雑誌『non-no』と男性向けファッション雑誌『POPEYE』を用いた分析が行われています。恋愛こそが日常生活のなかでもっとも重要だというメッセージが「恋愛至上主義」が隆盛した1980年代の特徴の一つであり、この恋愛文化がマスメディアを経由して地方の若者をも巻き込んでいったと論じられています。第5章「若者の恋愛の優先順位——質問紙調査の結果から」では、大学生を対象に実施したアンケート調査のデータをもとに、若者がどの程度恋愛を優先しているかについて分析を行っています。若者の「恋愛離れ」が近年指摘されますが、本章の分析からは現代の若者は恋愛から撤退しているのではなく、後回しにしているとの知見が出されています。第6章「リスク社会における恋愛と結婚——首都圏在住の未婚男性たちへのインタビューとフォーカス・グループ・ディスカッションによる調査から」では、20歳代の正規雇用男性を対象にしたインタビューとフォーカス・グループ・ディスカッションが行われています。男性の方に重くかかる「責任」ゆえに性との距離を調節しているとの語りがある一方、結婚を視野に入れると年齢を考慮せざるを得ないという状況が示されています。第7章「恋愛は結婚において「必要」か、「オプション」か——首都圏と中国都市部の未婚女性たちへのインタビュー調査から」では、20〜30歳代の女性を対象にしたインタビューから日本では結婚の際に強い恋愛感情が「必要」

とされていて、そのことがよりよい家族関係につながるとの語りが示されています。しかし中国における恋愛は結婚における「オプション」とされています。日中の家族観の違いが恋愛や結婚に影響をもたらしている様子が示唆されます。

　第Ⅱ部は、いずれの章も結婚を視野に入れた異性間の恋愛がテーマだという点では限界があるかもしれません。一方、雑誌やインタビュー等による質的研究、アンケートによる量的研究という現在の社会学の代表的な手法をそれぞれ用いた実証論文になっている点が特徴です。各章が独立しているので興味のある章から自由に読んでいただけます。分析結果に加えて、それぞれの手法の特徴や魅力が伝われば編者としては嬉しく思います。分析でしばしば用いられる「ロマンティックラブ・イデオロギー」については概念整理のコラムを別途置きましたので、迷った場合はこちらを参照してください。

■第Ⅲ部　現代の「恋愛」の諸相とその多様性

　第Ⅲ部はこれからの研究の発展が期待される、現代社会における「恋愛」を考える上で必須ともいえる諸関係を取り上げています。第8章「「異同探し」の誘惑を飼い慣らす——男性同性愛者の恋愛をめぐって」では、マイノリティの恋愛がマジョリティの恋愛とどのように異なるか／似ているかを問いかける「異同を探る眼差し」の問題性がまず指摘されます。それを踏まえながら、男性同士の「出会い」を促進するマッチングアプリの考察を例に、「恋愛」をより広いコンテクストの中に丁寧に置き直していく視点が示されます。第9章「片思いと加害の境界を探る——交際経験の乏しい異性愛男性の関係構築に着目して」では、それなりに親しくなった相手との関係を恋愛などの特別な文脈に移し替えようと申し出た後に現れる女性側からの「冷たい反応」への応答について、臨床社会学的方法論でのインタビューと考察が行われています。第10章「アイドルに対する恋愛感情を断罪するのは誰か——「ガチ恋」の苦悩に向き合う」では、アイドルや芸能者等いわゆる「手が届かない」相手に向けた恋愛感情が取り上げられます。当事者へのインタビューを通じ、恋愛をめぐる問題、困難の一つとして「ガチ恋」が考察されます。

　第11章「2次元キャラクターへの恋愛——フィクトセクシュアル／フィクトロマンティックと対人性愛中心主義」では、「趣味」や「コンテンツ」の問題として語られてきた二次元キャラクターとの恋愛について、架空のキャラクターへ性的に惹かれるセクシュアリティを表す「フィクトセクシュアル」と架空のキャラクターへ恋愛的に惹かれることを表す「フィクトロマンティック」という概念が示されます。

本書のねらいと構成

二次元キャラクターとの関係は複雑な様相があることを踏まえ、現時点での研究蓄積や今後に向けた課題と論点を検証しています。第12章「ジェンダー平等な恋愛に向けて――異性愛主義的な性別役割を批判する」では、「恋愛の性別役割」が作り出している社会的権力構造について取り上げ、この構造が性暴力と密接に関係してきた可能性について議論されています。

　第Ⅲ部はそれぞれが独立した章となっていますので、興味のある章から適宜読み進めてください。また、編者で協議して、ぜひ必要だと思うテーマについてはコラムでも取り上げました。「恋愛的魅力」や「恋愛の指向」といった概念自体が意味をなさない／適さないと感じるアイデンティティである「クワロマンティック」、フィクション作品で描かれる「ガチ恋」、「誰にも恋愛感情を持たない」恋愛的指向である「アロマンティック」と「他者に性的に惹かれない」性的指向である「アセクシュアル」について、それぞれ参照してもらえればと思います。一番最後には新しい研究潮流であるアフェクティブターンについてのコラムを置きました。

　ここでいう恋愛社会学は始まったばかりであり、本書は「さしあたりの決定版」に過ぎません。読み進めるうちに、自分なりの意見や新たな視点が自然と湧き出てくることでしょう。恋愛に関する社会学的な議論がここから発展的に展開され、いろいろな交流や研究が生まれることを願っています。この本がインスピレーションの源泉となり、読者自身の学びや研究、そして日常生活における恋愛を再考するきっかけになることが、編者にとって最大の喜びです。

編者　　永田夏来

目　　次

はじめに　　i

本書のねらいと構成　　iv

I　社会制度としての恋愛と結婚

01　近代社会における恋愛の社会的機能—————2

高橋　幸

1　恋愛結婚という謎——「恋愛と結婚は違う」のに「恋愛結婚」が一般化している現状について　　2

2　個性承認機能を果たす恋愛的コミュニケーション——19 世紀欧米で定着した恋愛結婚と個性的個人観　　3

3　恋愛と友情の違い　　6

4　恋愛の特徴を成す情熱　　9

5　個人主義的な愛としての情熱が持つ可能性——現在でもなお情熱だけがパートナーの選択根拠となるべきなのか？　　13

02　日本の家族社会学はいかに「出会いと結婚」を扱ってきたか——17

永田夏来

1　なぜ「出会いと結婚」に注目するのか　　17

2　村落を対象にした「出会いと結婚」の研究　　18

3　社会の変化と「出会いと結婚」の変化　　19

4　膨れ上がった「その他」をひとつずつ吟味する　　27

03　恋愛・結婚における親の影響—————30
被差別部落の事例から

齋藤直子

1　結婚に親が口を出すということ　　30

2　プレ見合い婚の時代　　31

viii

目　次

　　3　見合い婚時代とポスト見合い婚時代　33
　　4　親の影響と「結婚差別」　37
　　5　私たちは自由に相手を選んでいるのか　41

　Column 1　明治から第二次世界大戦前までの「恋愛」の系譜──恋愛の歴史社
　　　　　会学的研究の知見から（岡田玖美子）　44

Ⅱ　実証研究からみる若者の恋愛と結婚

04　1980年代の「恋愛至上主義」──────────48
『non-no』と『POPEYE』の言説分析を通して　　　　　　　木村絵里子

　　1　雑誌メディアにみる恋愛の文化　48
　　2　ファッション誌における「恋愛」の語られ方　51
　　3　マニュアル化される恋愛文化　54
　　4　都市のメディア化された文化としての「恋愛至上主義」　62

05　若者の恋愛の優先順位──────────────65
質問紙調査の結果から　　　　　　　　　　　　　　　　　大倉　韻

　　1　「若者の恋愛離れ」？　65
　　2　戦後日本の恋愛　66
　　3　恋愛の実態（分析結果の検討）　69
　　4　後回しにされつづける恋愛　76

06　リスク社会における恋愛と結婚───────────80
首都圏在住の未婚男性たちへのインタビューと
フォーカス・グループ・ディスカッションによる調査から　　大森美佐

　　1　恋愛や結婚が「リスク」となる社会　80
　　2　調査方法の概要と本章の目的　82
　　3　規範と自由の狭間での恋愛と結婚　83
　　4　恋愛と結婚の狭間におけるリスク意識と規範の運用　89

ix

07 恋愛は結婚において「必要」か、「オプション」か―――92
首都圏と中国都市部の未婚女性たちへのインタビュー調査から　　府中明子

1　なぜ恋愛結婚がスタンダードなのか　92
2　「未婚化」を概観する　93
3　インタビューの概要と協力者について　95
4　恋愛は結婚において「必要」、それは家族のため―――首都圏でのインタビュー
　　調査より　96
5　恋愛は結婚における「オプション」―――中国都市部でのインタビュー調査よ
　　り　100
6　考察―――恋愛結婚は簡単にはなくならない？　101

Column 2　ロマンティックラブ・イデオロギーという和製英語（高橋　幸）　104

Ⅲ　現代の「恋愛」の諸相とその多様性

08 「異同探し」の誘惑を飼い慣らす―――110
男性同性愛者の恋愛をめぐって　　森山至貴

1　異同を探る眼差し　110
2　恋愛よりも性欲の充足、なのか？　112
3　恋愛と性欲の充足は分けられるのか？　114
4　マッチングアプリをめぐる考察　116
5　分かりやすい異同に抗して　121

Column3　クワロマンティックという生き方の実践―――缶乃『合格のための！
　　やさしい三角関係入門』から考える（中村香住）　123

09 片思いと加害の境界を探る―――125
交際経験の乏しい異性愛男性の関係構築に着目して　　西井　開

1　モテない男は加害者予備軍？　125
2　接近行動とストーキングの境界　126
3　目的と調査方法　129
4　交際経験に乏しい異性愛男性の事例　130
5　〈（再）接近戦略〉という視座　135

目　次

10 アイドルに対する恋愛感情を断罪するのは誰か————138
「ガチ恋」の苦悩に向き合う

上岡磨奈

1　当事者の経験から考える「ガチ恋」　138
2　アイドルと疑似恋愛と「ガチ恋」　139
3　「ガチ恋」の苦悩——ふちりんさんの語りから　145
4　「ガチ恋」問題に向き合い続ける　151

Column 4　描かれる「ガチ恋」——フィクション作品が提示する苦悩と葛藤
（上岡磨奈）　153

11 2次元キャラクターへの恋愛————155
フィクトセクシュアル／フィクトロマンティックと対人性愛中心主義

松浦　優

1　セクシュアリティの論点として　155
2　「コンテンツ」や「趣味」という文脈での議論とその限界　159
3　フィクトセクシュアル／フィクトロマンティック研究の状況　160
4　今後の研究に向けて　166

Column 5　アロマンティックやアセクシュアルから考える「恋愛」（三宅大二郎）
172

12 ジェンダー平等な恋愛に向けて————175
異性愛主義的な性別役割を批判する

高橋　幸

1　恋愛における性別役割の何が問題なのか　175
2　性的関係において異性愛的性別役割が引き起こす問題　176
3　社会的権力関係が性や愛の関係に持ち込まれることの問題　180
4　異性愛主義的性別役割を越えた「ジェンダー平等な恋愛」　184

Column 6　脳神経科学と認知的アプローチの発展からアフェクティブター
ンへ——アフェクティブターンにおける恋愛社会学の重要性①
（高橋　幸）　187
Column 7　アフェクティブターン（情動的転回）とは？——アフェクティブタ
ーンにおける恋愛社会学の重要性②（高橋　幸）　191

xi

おわりに　　195
本書を閉じるにあたって　　197

事項索引　　199
人名索引　　201

I

社会制度としての恋愛と結婚

社会制度と恋愛・結婚の関係について、歴史的な変遷を交えながら取り上げます。近代から現代に至るまでの社会変動を踏まえ、これまでの社会学が恋愛や結婚をどのように論じていたのかを理解しましょう。

I 社会制度としての恋愛と結婚

01 近代社会における恋愛の社会的機能

高橋 幸

1 恋愛結婚という謎——「恋愛と結婚は違う」のに「恋愛結婚」が一般化している現状について

よく聞かれる言い回しの一つに「恋愛と結婚は違う」というのがある。

それはたとえば、瞬間的な情熱をかき立てられる恋愛相手と長期的に良い関係を築ける結婚相手は「違う」という意味であり、揺れ動く自分の感情に繊細になる必要がある恋愛と、意志的な決断が重要になってくる結婚は「違う」という意味でもあり、さらにはただ一緒に居るだけで嬉しいという純粋な喜びとして享受される恋愛と、親戚一同を巻き込んだ真面目な結婚は「違う」という意味のこともある。

私たちが「恋愛結婚」に困惑するとすれば、このような短期的関係としての恋愛と長期的関係としての結婚、感情的関係としての恋愛と意志的関係としての結婚、個人的な関係としての恋愛と社会制度に組み込まれた結婚という、ほぼ正反対に位置するように見える「恋愛」と「結婚」が直結させられているように見えるからだろう。「恋愛結婚」を実現するには、感情的な魅かれ合いとして始まった楽しい個人的な関係を、長期的な関係へと発展させていく必要がある。しかも、このような関係性の変化を自分の気持ちに正直に向き合いつつ、相手という他者とともに達成していかなければならないのだ。

こう冷静に考えてみると、恋愛結婚とはほとんど起こりがたいもののようにも思えてくる。私たちはなんて難しいことを要求されているのだろう！

実際、結婚しない人の割合は増えている。50歳時点で一度も結婚したことのない人の割合は、1980年代には3〜4％台にとどまっていたが2000年代から顕著に増加し、2020年時点で女性17.8％、男性28.3％となった。同時点での30代後半女性の「未婚率」は26.2％、男性38.5％（総務省統計局 2021）であり、生涯無子率（50歳時点

2

で一人も子どもを産んでいない女性が同年齢層に占める割合）は 28.3%（OECD iLibrary 2024）となっている。

このように、現代において恋愛結婚はもはや「なんとなく生きていれば起こるライフイベント（たとえば、各種学校への入学や卒業のようなもの）」ではなくなった。「婚活（結婚活動の略）」という言葉に端的に示されているように、恋愛結婚をするためには個人が主体的に恋愛に労力を投入していく必要がある。

しかしながら、というかだからこそ、恋愛への疑問も高まっている。恋愛に労力を投入することで何が得られるのか？　そもそも恋愛をする必要があるのか……？

主体的に動かなければ結婚できないという社会的状況は、個人に恋愛へのモチベーションを求める。だが、そのモチベーションがうまく持てないとき、恋愛への疑問は膨らんでいく。この疑問には、恋愛という特殊なパッケージに自分の感情や行動を合わせていくことが難しいと感じる（筆者自身を含んだ）多くの人たちの「恋愛」への違和感も貼りついている。

そもそもなぜこんなに特殊な「恋愛結婚」が、近代社会において標準化されてきたのか。この謎を解くためには、近代社会において恋愛が果たしてきた機能は何だったのかを再考してみる必要があるだろう。恋愛の社会的機能を網羅的に議論することはこの紙幅では不可能であるため、ここでは一つの視点を提示して検討していく。すなわち、個人の個性を承認するという機能を恋愛的なコミュニケーションが果たしてきたということについてである。

2　個性承認機能を果たす恋愛的コミュニケーション──19 世紀欧米で定着した恋愛結婚と個性的個人観

■西洋近代における個性的個人観の成立

恋　愛に基づいた結婚が社会的に正統なあり方とみなされるようになったのは、18 世紀後半から 19 世紀にかけての欧米においてである（ノッター 2007; Lystra 1989）。第一次産業革命や市民革命を通して支配的な階級となっていった中産階級はそれまでの貴族階級とは異なり、恋愛感情によって聖化された結婚に価値を置き、婚姻内の性関係のみを道徳的なものと考えるようになった。

このような「恋愛結婚」の広がりには、西洋近代における個性的個人観の成立が伴っている。すなわち、個人はその社会的役割をはぎ取った内奥に「その人らしさ」

や「その人そのもの」という独自性を持っており、それゆえに個人はそれ自体として唯一無二の価値を持つという個人観である。

社会学者のゲオルク・ジンメルによれば、この個性的個人観はロマン主義思想の影響によって 19 世紀に定着した新しい個人主義であり、18 世紀の啓蒙主義的な個人観とは異なっている。18 世紀の啓蒙主義は、すべての人間が普遍的に持つ（とされている）人間性こそが人間の本質であると考えた。そして人間性はそれ自体で価値があるがゆえに、人間性を持つ人間はすべて平等に価値があるという思想が確立してきた。人種差別批判や階級差別批判も、この啓蒙主義思想の考えを基盤にしている。それに対して 19 世紀には、個人の個性（individuality）をその本質的価値とする質的個人主義が広がった。ゲーテやレンブラントなどの偉大な芸術家個人の「才能」が人類の進歩を導くという天才論の流行も相まって、個人ごとに異なるその独自性が価値あるものとして重視されるようになっていった（ジンメル 1994a: 276-277）。

この個性的個人観の広がりとともに、個人は「インパーソナル（impersonal、非個人的・非人格的）な側面」と「パーソナル（personal、個人的・人格的）な側面」という二側面を持つ存在として捉えられるようになっていく。「インパーソナルな側面」とは社会的なカテゴリーで捉えられるような側面のことで、職業や肩書、社会的属性などである。それに対して、パーソナルな側面とは「個人のなかの社会に向かわなかった部分、あるいは社会の中に入り込まない」「何ものか」（ジンメル 1994b: 46）のことを指す。具体的には、陽気であるとかメランコリックであるといったその人の性格やその時々の気分、思考の癖、何を美しいと思い大切に思うのかという個人の価値観や人生観などのことを指す。これらの「パーソナルな側面」は個人ごとに異なる独自のものであり、これが個人の「個性」の源泉の一つである。

■ パーソナルなコミュニケーションとインパーソナルなコミュニケーションへの分化

このような個人内部の二側面への分化とともに、日常のコミュニケーションもまたパーソナルなコミュニケーションとインパーソナルなコミュニケーションに区別されるようになっていく（ルーマン 2005）。社会学者のニクラス・ルーマンによれば、パーソナルなコミュニケーションとは、自分自身をテーマとするような会話や自己情報を開示するコミュニケーションのことである。そこでは気遣いや優しさなどの感情を用いながら「人格全体をコミュニケーションに投入する」ことが要求される[1]。

その人格はあくまでも個々人ごとに異なる個性的なものであるため、お互いが簡単に理解し合うことはできないが、関係を深めていくことで理解が深まっていくようなものとして想定されている。

それに対して、インパーソナルなコミュニケーションとは、個人の人格的な側面を問題にせずに行えるコミュニケーションのことで、近代社会の生活の大半はこれで用が済む。お店で生活必需品を調達したり日々の仕事をこなしたりするときに、私たちはいちいちパーソナルな自己や「内面」を開示する必要はない。

このようなパーソナル／インパーソナルへの分化は、そもそも近代社会がプライベート領域（家庭や恋人、友人との関係）とパブリック領域（職場など）に分化しながら発展するのと共に起こってきた（ルーマン 2005）。なかでも、パーソナルなコミュニケーションにおいては誰もが唯一無二の独自な存在として扱われる。恋愛は、まさにこのような意味での「パーソナルなコミュニケーション」の主要なものの一つとなってきた。

このような形で個性的個人観と恋愛的コミュニケーションは相補的に確立してきたと言える。相手を自分にとって唯一無二の存在として愛するという恋愛的コミュニケーションを通して、個人の「個性」に社会的実質が与えられ、個性的個人観はよりたしかなものとして社会的に広がってきた。

現代の私たちもまた、恋愛を社会的役割の仮面の下にある「ありのままの自分」を見せ合い、それを認め合えるような関係を築くことだと捉えているとすれば、それは私たちが 19 世紀の欧米で成立した個性的個人観と恋愛観を生きていることの証である。

1）ルーマンは、友愛や愛で結ばれた相手とのパーソナルなコミュニケーションのことを親密な関係（Intimbeziehung）と呼び、その特徴の一つとして具体的には「原則として、相手の全ての事柄に心を開かなければならず、相手が個人的に重要だとみなしている事柄に対しては無関心を表明してはならず、相手からの問いがたとえ個人的なものに照準を合わせていても、またそうであるがゆえに、その問いに答えないままでいるわけにはいかない」（ルーマン 2005: 13）としている。なぜ「無関心」でいることが許されないのかというと、親密な関係において期待されているのは、互いの個性を承認し合うことであり、より根本的には、個々人がそれぞれに持っている世界認識の妥当性を認め合うことだからである。

Ⅰ　社会制度としての恋愛と結婚

■恋愛的コミュニケーションが個人の「個性」の存在を確かなものとする

　ここで強調したいのは、配偶者の選択根拠として「愛」という個人的な感情が強調され、「愛」が結婚の正統な理由になることではじめて個人の配偶者決定権は最大化するということである。個人がその「内面」に持つ恋愛感情は、第三者からは理解しにくい非合理的なものである。「私」にとって「あの人」が「特別な意味」を持っており別の人では意味がないのだという代替不可能性の感覚は、基本的に第三者が論理的に理解することは難しい。そのような「本人だけがわかる（他者にとっては非合理的な）愛」こそが結婚を幸福なものに導くのだと考えられるようになり、「財産があるから」などの誰もが理解できる「合理的な理由」を配偶者の選択基準にすることが批判されるようになることではじめて、結婚相手を決める権限は完全に個人の手に渡ることになる。

　お見合い結婚から恋愛結婚への移行のなかで、実際には本人が相手の経済力や職業的威信、外見の良さなどの「合理的な理由」に基づいて結婚を決めることはもちろんあっただろうし、今もあるだろう。それにもかかわらず、（建前上であったとしても）「愛」が結婚の最大の理由となってきたのは、本人だけが理解できる愛を根拠とするロジックこそが、配偶者選択における周囲の人々の干渉を排することに役立ったからである。これによって個人主義は一歩前進した。特に、市民社会での法的権利が制限されてきた「女性」にとって配偶者選択基準の変化は大きな意味を持つものであったということは、ここでぜひとも強調しておきたいと思う。

　以上より、愛を根拠とする恋愛結婚が近代社会で一般化してきたのは、恋愛が個性的個人観に社会的な実質を与えるコミュニケーションだったからであり、また恋愛結婚が配偶者選択における個人の自由を最大化してきたからであると整理することができる。

3　恋愛と友情の違い

■ルービンの議論

　恋 愛（ロマンティックラブ）は個人の個性を承認する機能があるということが見えてきた。だがそうだとすれば、次に疑問として浮上するのは、お互いの個性を認め合うようなコミュニケーションは、友人同士でも頻繁になされているのではないか？　ということである。友人関係と恋愛関係はどう違うのだろうか。そして、なぜ友情に基づいて結

婚相手を決める「友愛結婚」ではなく「恋愛結婚」が 19 世紀以降の欧米社会（と 20 世紀中盤以降の日本）で「標準化」してきたのだろうか[2]。

「友情と恋愛はどう違うのか」という問いは、恋愛心理学という新たな研究領域を切り拓くものとなってきた。1970 年代の北米で恋愛心理学は社会心理学における「対人心理」の下位領域として興隆してきた。この恋愛心理学において、友情と恋愛の違いがどう整理されてきたのかを見ていこう。

心理学者のジック・ルービンは、「恋愛」と「友情」をどちらも「ある人間が他の特定の人間に対して抱く態度」と定義した上で、その特徴を測定している（Rubin 1970）。「態度」とは感情、思考、行動に関する規則性のことである（ルービン 1991: 311）。

ルービンによれば、友人に持つのは「好意（liking）」である。好意は相手と自分が似ていると感じる「類似」や、相手を社会的に望ましい人とする「尊敬」などから成り立っている。「恋愛（loving）」は、それらに加えて、相手にとって自分が一番でありたいという「独占」や相手のことが頭から離れずつねにその人のことを考えてしまう「没頭」、「相手に近づきたい」「いつも一緒にいたい」と思う「密着（愛着）」、相手のためになることをしたいという「ケア（援助）」、相手の「理想化」といった態度から成り立っている（ルービン 1991: 317-319）。このように友情の特徴に加えて、それとは質的に異なるいくつかのものから成り立っているのが恋愛であるというのがルービンの議論である（図 1-1）。

たしかに、このようなルービンの議論には納得できるところも多い。だが、ルービンが「恋愛」の特徴としているものは、友人に対しても持つことがあるのではないかという疑問は残る。筆者自身、友人と親しくなればなるほど、その人の役に立つことやその人が喜ぶことをしたいという「ケア」の気持ちや、その人と「ずっと喋っていたい」という「密着（愛着）」の欲求を持つ。また、友人とあれこれ話して

---

2) ルーマンは、18 世紀の西欧では「友愛礼賛」が見られ、二者間の愛（ラブ）よりも友人同士の親密な関係の方が重視されていたことを指摘している。友愛は、性的関係に踏み込むことなく成立可能であるという点でより「一般的な」愛であり、また柔軟な持続性を持っているがゆえに、18 世紀には二者間の愛よりも上位に置かれていた。だが、19 世紀に、「情熱」というコードを組み込んだ恋愛結婚という愛の形が広がり、同時期に価値上昇が起こったセクシュアリティと愛が共生メカニズムを成すものとなったことで、友愛ではなく愛がパーソナルなコミュニケーションにおける優位なものとなったというのがルーマンの議論である（ルーマン 2005: 175-179）。

Ⅰ　社会制度としての恋愛と結婚

図 1-1　好意と恋愛の違い（Rubin 1970 に基づいて筆者が模式図を作成．ルービンが作成した図の翻訳ではないことに注意）

　別れた後、1週間くらいは何かにつけてその人のことを考えていることが多く、「あの人ならこの場合、こう言うだろう」なんてことを思ったりしている。これは相手のことが頭から離れないという「没頭」の定義に、部分的には当てはまってしまう。さらに、個人的にはあまりそういう経験はないのだが、自分の友人が違う友人たちと親しくしている様子を見たときになんだか落ち着かないような気持ちになったり怒りを感じたりすることがあるとしたら、それは友人に対する「独占」欲求を持っているために起こる現象である。
　これらのことをふまえると、ルービンが区別した友人への好意（liking）と恋人への恋愛（loving）は、質的に異なる感情や態度というより、強度（強さ）の差でしかないようにも思われる。すなわち、友情の場合には相手を「尊敬」するのに対して、恋愛の場合には「理想化」になり、友人の場合には「お互いに似ていること（類似）」を実感することで満足できるのに対して、恋愛の場合には「密着」を求めるというように、感情が強かったり激しかったりするのが「恋愛」なのであり、その意味で両者は程度差なのではないか。本当に、恋愛と友情の間のどこかに、明瞭な境界線を引くことは可能なのだろうか？

■恋愛と友情の違いに関する社会学的解答の不十分さ
　このような疑問に対して、社会学的な方法を取る場合、とりあえずは比較的簡単に答えを出すことができる。社会関係の「形式」に着目するという形式社会学の方法（既述のジンメルが提起した方法論である）に基づけば、恋愛は二者関係を「原型」とするのに対し、友情は複数人へと開かれている点で、異なっている。社会的に妥

当とされる独占欲求の水準や密着の仕方（性的な関係の有無など）が異なっているのも、この関係形式の違いに基づいていると説明することができる。これは、ジンメルの「二者関係」と「三者以上関係」という社会形式についての議論（ジンメル 1994b）を、恋愛と友情の違いの説明に適用したものである。

　ただし、このような関係形式に着目した分析方法は、その関係を形成している「内容」の部分をそぎ落としがちという特徴がある。そのため、恋愛を特徴づけている具体的な感情や認知、行動についてさらに明らかにしていくには恋愛心理学の知見が有用である。

　社会学にとっては他領域の知見も真摯に学び、批判的に検討しながら社会学的な議論の中に取り入れていくのは重要な作業であると筆者は考えているので、引き続き恋愛心理学の議論をもう一つ見ていこう。恋愛を「友情 + α」として捉える枠組みを提示したのがルービンであったが、この議論を受け継ぎながら、恋愛とは「友情＋情熱」であると論じたのが心理学者のロバート・スタンバーグである。恋愛は情熱という要素をあわせ持つ点で友情とは質的に異なるとする議論だ。

4　恋愛の特徴を成す情熱

■ スタンバーグの「愛の三角理論」

　スタンバーグによれば、「愛（love）」は「親密さ（intimacy）」、「情熱（passion）」、「決断／コミットメント（decision/commitment）」という三つの要素から成っており、その組み合わせのバリエーションとして、多様な愛の形を整理することができる（Sternberg 1986, 1997, 図 1-2）[3]。

---

3) スタンバーグは「愛の三角理論」の各要素を測定するための尺度を何度か改訂している。Sternberg（1997）版の邦訳化とその妥当性の検証をしたものとして金政・大坊（2003）があり、本章も、基本的にはこの訳語を踏まえているが、一部、社会学の用語に合わせて変更したところがある。たとえば、「親密性」は「親密さ」とした。社会学において「親密性」とは一種の包括的な概念となっており、愛の構成要素の一つであることを指し示すためには「親密さ」とした方が理解可能性が高まると思われるからである。

　これらの各要素を測定するためにスタンバーグが開発した尺度の妥当性は繰り返し検証されており、この尺度を用いた世界各地での実験・調査も多くなされている。2020年に 25 カ国で行った調査として、Sorokowski et al.（2020）がある。

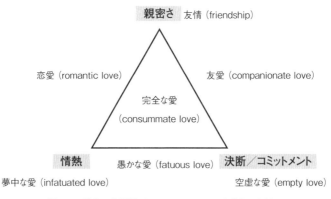

図1-2 愛の三角理論 (Sternberg 1986 の図を筆者が翻訳)

　親密さとは、「親しさ (closeness) やつながり (connectedness)、絆 (bondedness) の感覚 (feeling)」のことで、良好な親子、家族、恋人、友人関係などの関係において経験される穏やかな温かさのことを指す (Sternberg 1998: 119)。この親密さは、愛着を生み出すことで、長期的な愛の関係をもたらす。

　それに対して、情熱とは「ロマンスや身体的魅かれ、性的達成などを導くような動因 (drive)」であり (Sternberg 1986: 119)、具体的には「相手と一つになりたい (union) という密着や感情的つながりを求める欲求のこと」である (Sternberg 1986: 122)。この定義からもわかるように、スタンバーグはロマンティックな情熱と性的な情熱が混在したものとして「情熱」を定義している。

　「ロマンティックな情熱」を説明するためにスタンバーグが引用しているのが、心理学者ドロシー・テノフ (1999) のリメレンス研究である。「リメレンス」とは日本語の「トキメキ」や「ドキドキ」に相当するもので、感覚・官能の鋭敏化や固有の多幸感、そして自己を揺るがすような不安の経験のことを指す。リメレンスの状態に陥ると、「世界は色づいてより美しく見え」、「陽の光はより温かく喜びに満ちたものになり」、相手との間で起こるかもしれない可能性をあれこれ考える空想の楽しさによって満ち足りた気持ちになるが、逆に相手のことを考えると「自分が自分でなくなるような気持ち」になったり、落ち着かない気持ちになったり、過度の不安に陥ったりもする。これらが、リメレンスの典型的経験である (Tennov 1999)。リメレンスには、具体的な相互関係にある対人的な関係だけなく、ロックスターやハリウッドスターなどへの情熱的憧憬も含まれている。

テノフは、このようなリメレンスはロマンティックな情熱であって性的情熱からは区別できるものとしている。「リメレンスの相手（limerence object）を望ましい性的パートナーとしても想定している」点で、リメレンスは「性的な側面」を持たないわけではないが、リメレンスの最終的な目的として求められているのは、「身体的一体化（union）」というよりも「互恵的な感情的コミットメント」であるという点で、「リメレンスは必ずしも性的な情熱に還元できるものではない」（Tennov 1999: x）というのがテノフの議論であり、これは納得できる定義だと思われる。

スタンバーグはこのようなリメレンス研究に言及しつつも、自身は「情熱」をロマンティックな情熱と性的な情熱の混在したものとして議論を進めている。そして、情熱のみから成る「夢中の愛（infatuated love）」は短期的な関係になりやすいという。夢中の愛とは「ひとめぼれ」とも呼ばれるもののことで、相手との直接的な相互行為がなく「親密さ」が形成されていない状況において、一瞬で相手のことが気になったり、相手という存在に対して興奮を覚えたりすることを指す。多くの場合、心拍数の上昇や血中のテストステロン値の上昇、性器的興奮などの身体的変化を伴っており、本人にとってもその身体的興奮のいくつかは感じ取りやすいため、情熱は意識されやすい（Sternberg 1986: 124）。また、このような身体的興奮状態は一定期間の後に沈静化するというメカニズムがあるため、これとの類比で「情熱」を理解しようとすると、「情熱は持続しない」という印象がもたらされる。

しかしながら、スタンバーグの議論を丁寧に見ていくと、長期間持続するような「情熱」のあり方についても論じられていることに気づく。それを示すのが、図 1-2 の中央に描かれている「完全な愛」である。完全な愛とは、「親密さ」、「情熱」、「決断／コミットメント」という三つの要素のすべてを備えた愛のことを指す。「決断／コミットメント」における「決断」とはその時々に持たれる「この人を愛そう」という意志を伴った愛のことであり、「コミットメント」とは愛の関係を維持するための経済的・時間的・感情的労力投入のことである（Sternberg 1986: 119）。

そして、三つの要素を備えた「完全な愛」とは、具体的には「15 年以上続いたパートナー関係でなお、お互いをとても近く（close）感じており、すばらしい性的関係を持ち、相手以外の誰ともこのような幸福な関係を想像することができないとお互いに感じている」ようなもののことを指すと説明されている（Sternberg 1997: 22）。つまり、長期にわたって性的関係を保ってきた愛情関係のことである。このような形で、スタンバーグの愛の三角理論では、長く持続するような情熱というあり方もまた想定されていることが確認できる。

情熱のみからなる関係は、情熱が消えるのと同時に関係そのものも終わるために短期間の関係となりがちである。だが、情熱だけでなく、お互いがよく知り合うことによって生まれる親密さや、相手との関係を維持しようという意志を伴った愛がその関係に加わることで、関係は長期的なものとなりその中で「情熱」が持続することがある。これが、スタンバーグの議論から読解できることである。

■短期的な情熱と長期的な情熱

こう見てくると、どうやら情熱には短期的な情熱と長期的な情熱があるらしいということがわかってくる。少なくとも、20世紀後半以降のアメリカ社会での愛をモデル化して広く受け入れられてきた「愛の三角理論」では、そのようなものとして「情熱」が論じられている。

短期的な情熱とは、関係形成初期に見られるロマンティックな情熱や性的情熱のことで「相手との距離を縮めたい」、「相手に近づきたい」という密着の欲求に駆動された情熱のことである。それゆえに、両者の距離が埋まって「一つになる」という目標——すなわち結婚や性交——が達成されれば「消える」ようなものとして、これまで繰り返し語られてきた（ルージュモン 1993）。これは、「距離を糧にして駆動される情熱」とでも名づけることができるだろう。恋愛や性的な情熱として、真っ先に連想されるのは主にこのようなタイプの情熱だが、これが「情熱」のすべてではないというのが、スタンバーグの議論を読み解くなかで見えてきたことだ。

それが「長期的な情熱」とでもいうべきものであり、持続的なカップルに見られる情熱のことである。これは「仕事に情熱的に取り組む」とか「スポーツに情熱を注ぐ」というような形で言われる情熱的なあり方と似ている。仕事やスポーツ、趣味の活動などに対する情熱は、日々の努力・労力投入とそれによる目標達成という報酬を糧として持続する。なにより、その活動を行うことそのものが充実感をもたらし、生活のハリをもたらすようなものとしてある（セリグマン 2014）。パートナーとの二者関係における情熱も、これと同様のメカニズムを持つものと考えることができるだろう（高橋 2023）。良い関係を継続していくための労力投入と、その関係から得られる満足感や充実感を糧にしてさらに駆動されるような情熱であり、これを「充実感を糧にして駆動される情熱」と呼ぶことができる。

短期的な情熱が長期的な情熱へと推移していくかどうかの違い（スタンバーグの言葉で言えば「恋愛」が「完全な愛」になるかどうかの違い）は、「意志／コミットメント」の要素が付け加わるかどうかにある。ここで言われている愛の「意志的」な要

素とは、「結婚するかしないか」という二者択一的な決断だけを意味するわけではない。日々の日常生活の繰り返しのなかで持たれる「相手との関係を維持していきたい」という自発的な気持ちのことであり、実際に相手との関係に自分の時間を割き、経済的・感情的な労力を投入するといった行動のことを指している[4]。

このように恋愛および結婚を「情熱を伴った二者関係」として連続的に捉え、その関係内部における「相手を愛そう」という意志的な要素の多様性や成立・消滅条件を特定していくことで、二者関係の変化に関する内在的な分析が可能になる。それは、恋愛と結婚の違いを「恋人」から「夫婦（夫夫、婦婦を含む）」へと社会的役割が切り替わることによる責任の大きさの違いだとする社会的役割論の説明では取りこぼされてきた側面に光を当てるものとなるだろう。

このように社会心理学の知見を補助線として用いることで、恋愛と友情の違いは情熱の有無にあり、恋愛と結婚の違いは、それぞれの愛を構成する情熱が「短期的な情熱（距離を糧にする情熱）」か、それとも「長期的な情熱（充実感を糧にする情熱）」かの違いであるというふうに、たとえば整理することができる。

5　個人主義的な愛としての情熱が持つ可能性——現在でもなお情熱だけがパートナーの選択根拠となるべきなのか？

冒頭で掲げていた「恋愛結婚の謎」とは、さまざまな点で異なる「恋愛」と「結婚」を直結させた「恋愛結婚」が、近代社会において一般的なものとして広がってきたのはなぜなのかというものであった。「夫婦」のような形で「家族になる」ことを最終的な目的とするならば、「情熱」などという得体の知れないものを媒介させず、最初から家族愛と相性のいい「親密さ」に基づいて相手を選んだ方が適切であり自然であるように思われる。そうであるにもかかわらず、なぜ情熱を伴った愛を結婚の根拠とする「恋愛結婚」が広がったのか。

---

4) 愛が「意志」によって構成されているという議論に対して、仏教的な「愛」理解の文脈を持つ日本語文化圏では違和感がつきまとうかもしれないが、神の愛や神への愛の文脈で「愛」の議論を蓄積してきているユダヤ・キリスト教圏では、誰かを愛そうという内発的な意志もまた愛の一要素として論じるのはよく見られるものである（たとえば、フロム 2020 など）。

| 社会制度としての恋愛と結婚

その理由は、「情熱」という第三者が合理的に説明できないタイプの愛が結婚の正統な根拠となることではじめて、周囲の人の干渉を排した個人の配偶者選択権を確立することができたからである。それに加えて、スタンバーグの概念的区別に依拠すれば、「親密さ」よりも「情熱」の方が個人主義の原則に合致する愛だったからということも指摘できるだろう。親密さは、自分が生まれ育った家族に対する愛のような、自分が選び取ったわけではない関係でも醸成される。その点で、親密さは個人の社会的「埋め込み」——既存の社会的関係のなかに個人をより深く定位させること——を強化するような愛と言える。それに対して、「ひとめぼれ」などをもたらすような「情熱」は、個人の瞬間的な強い感情として成り立つ愛であるがゆえに、個人の「脱埋め込み化」と「再埋め込み化」を可能にする装置となってきた。脱埋め込み化とは、既存の社会的ネットワークから個人が脱することであり、再埋め込み化とは新たな社会的ネットワークを形成しそこでのつながりを強めることを指す。

このように、情熱——あくまでも19世紀以降の意味論的布置の中で理解された、恋愛結婚をもたらすような情熱のことであるが——は、社会的流動性の高まりに適応した近代的な愛であり、個人の内面の自由を拡張し、個人の決定権を拡大するものとなってきたということができる[5]。そしてこれからも、個性的個人観が信じられ続ける限り、それと相補的に成立してきた「情熱を伴った二者関係」は個性承認機能を首尾よく果たすものとしてあり続けるだろう。

ただし、恋愛結婚だけを優遇している現在の社会的諸制度は是正されていく必要がある。そのような制度によって、誰もが「恋愛」して「結婚」しなければならないという恋愛結婚規範が再生産され、人々に押し付けられているからである。

筆者は大学で授業を担当するようになってから「気の合う友人同士で死ぬまでずっと一緒に暮らしていきたい」という希望を持つ大学生によく出会うようになったのだが、現在の社会制度のもとで、このような希望を持つ人たちは制度上の差別を被っている。配偶者という法的地位を獲得しない限り、扶養者控除などの税制上の保護（夫婦や子には認められている保護）が受けられず、地方自治体が実施している住

---

5) 特に、女性たちの法的・政治的な権利が大きく制限されていた19世紀の欧米において、恋愛結婚の確立は文字通り女性たちが自分の人生を決める重要な権利であった。近代社会を「女性にとっての個人主義」というパースペクティブで再検討するという社会思想史研究上の課題において、恋愛結婚の成立という主題がいかに重要なものであるかということは、ここでぜひとも強調しておきたい。

宅政策の対象に該当せず、賃貸契約の場では「友人同士で一緒に住む」ことが「不安定」なものだとみなされるがゆえに大家は貸し渋り、なにより身近な人々がそのような希望は実現不可能だと一笑に付すばかりか「現実逃避」だという批判の言葉を投げかけることで、その希望はこの社会では実現しにくいものとなっている。「情熱」に基づいて結婚にたどり着いた関係のみが制度上の優遇を受けられ、それ以外の形で一緒に住んだり家族になったりすることを決めた関係が社会的保障を受けられないような制度は公正とは言えない。

　パーソナルなコミュニケーションが個性の承認を求めてなされるのだとすれば、それぞれの個性に合わせた多様な関係のあり方が登場するのは、個性的個人主義の延長線上で理解できる当然の成り行きである。いま必要なのは「恋愛結婚」に限らないそれらの多様な親密関係に適切な制度的保護を保障することだ。そのような社会の中でこそ、「情熱を伴った二者関係」もまた、個人の自由を拡張するという目指されてきた本来の形をよりよく実現できるようになるだろう。

●引用・参考文献

金政祐司・大坊郁夫, 2003,「愛情の三角理論における 3 つの要素と親密な異性関係」『感情心理学研究』10(1): 11–24.

ジンメル, G. ／木田元［訳］, 1994a,『ジンメル著作集 4　カント　カントの物理的単子論』白水社.

ジンメル, G. ／居安正［訳］, 1994b,『社会学（上）——社会化の諸形式についての研究』白水社.

セリグマン, M. E. P. ／宇野カオリ［監訳］, 2014,『ポジティブ心理学の挑戦——"幸福"から"持続的幸福"へ』ディスカヴァー・トゥエンティワン.

総務省統計局, 2021,『令和 2 年国勢調査』〈https://www.stat.go.jp/data/kokusei/2020/index.html〉（2024 年 8 月 26 日最終確認）

高橋幸, 2023, 「生活の充実感をもたらすものは何か」品田知美・水無田気流・野田 潤・高橋幸『離れていても家族』亜紀書房, pp.67–105.

ノッター, デビット, 2007,『純潔の近代——近代家族と親密性の比較社会学』慶應義塾大学出版会.

フロム, E. ／鈴木晶［訳］, 2020,『愛するということ』紀伊國屋書店.

ルージュモン, D. de ／鈴木健郎・川村克己［訳］, 1993,『愛について——エロスとアガペ』平凡社.

ルービン, Z. ／市川孝一・樋野芳雄［訳］, 1991,『愛することの心理学』思索社.

ルーマン, N. ／佐藤勉・村中知子［訳］, 2005,『情熱としての愛——親密さのコード化』

木鐸社.

Lystra, K., 1989, *Searching the Heart: Women, Men, and Romantic Love in Nineteenth Century America*, Oxford University Press.

OECD iLibrary, 2024, "Society at a Glance 2024: OECD Social Indicators". 〈https://www.oecd-ilibrary.org/sites/918d8db3-en/1/3/1/index.html?itemId=/content/publication/918d8db3-en&_csp_=61beec0ed49f645ee9b09417e102cf6f&itemIGO=oecd&itemContentType=book〉(2024 年 8 月 26 日最終確認)

Rubin, Z., 1970, "Measurement of Romantic Love", *Journal of Personality and Social Psychology*, 16(2): 265–273.

Sorokowski, P., & Sorokowska, A., Karwowski, M., et al., 2020, "Universality of the Triangular Theory of Love: Adaptation and Psychometric Properties of the Triangular Love Scale in 25 Countries", *The Journal of Sex Research*, 58(1): 106–115.

Sternberg, R. J., 1986, "A Triangular Theory of Love", *Psychological Review*, 93(2): 119–135.

Sternberg, R. J., 1997, "Construct Validation of a Triangular Love Scale", *European Journal of Social Psychology*, 27 (3): 313–335.

Tennov, D. 1999, *Love and Limerence: The Experience Of Being In Love*, Scarborough House.

02 日本の家族社会学はいかに 「出会いと結婚」を扱ってきたか

永田夏来

1　なぜ「出会いと結婚」に注目するのか

　本章では、戦後の日本における「出会いと結婚」に関する研究について家族社会学の知見を中心に紹介する。ここでいう「出会いと結婚」とは、男女が何らかの形で出会って法律婚に至る過程という、恋愛全般から見ればきわめて限定された局面だ。それにもかかわらず本章で取り上げる理由として以下が挙げられる。まず一つ目は、研究の歴史が長い点だ。後述するように「出会いと結婚」については村落を対象とした研究が戦前からあり、歴史人口学に基づいた新しい知見が現在でも生み出されている。現代とは異なる「出会いと結婚」について知ることは、今日の恋愛を考える上でもさまざまな示唆を与えてくれるだろう。二つ目は「出会いと結婚」は社会の影響を受けて変化しているという点だ。今回は高度経済成長期と 1990 年代半ばの二つの時代を取り上げる。そして三つ目は「恋愛と結婚のメタ制度」に起因している。山田昌弘は身体や感情レベルの個人的な現象ともいえる「恋愛」と社会制度である「結婚」の齟齬を指摘し、両者を矛盾なく社会に位置づけるためのメタ制度として「恋愛と結婚の結合戦略」があると論じている。ここでいう結合戦略とは、端的にいうと、「恋愛＝結婚したい気持ち」と定義することにより恋愛が社会秩序を維持する方向に働くという仕組みである (山田 1994: 126)。このメタ制度ゆえに「出会いと結婚」の研究が恋愛の研究と位置づけられる状況が生み出され、今日まで一応は維持されているのだ。

　次節から、日本の村落を対象にした「出会いと結婚」のレビュー、社会変化を参照しながらの「出会いと結婚」にまつわる状況整理を行ったうえで「恋愛と結婚の結合戦略」について検討する。家族社会学的な恋愛研究の成果と限界を考察するの

が本章の目的となる。

2 村落を対象にした「出会いと結婚」の研究

　人が出会いを経て結婚に至る過程、すなわち配偶者選択は、古くて新しいテーマだ。ここに着目した研究には戦前からの蓄積があり、特に戦前から戦後間もなくに行われた明治、大正、昭和前半における村々の婚姻慣行に関する聞き取り調査は、民俗学や農村社会学における重要な成果の一部となっている。これらの研究意義について理解するためには、当時の日本では村落人口が多数派であり、そこでの慣習や風習に即した暮らしを送っている者が少なくなかったことを踏まえておく必要があるだろう。その一方、明治以来の国策としては家父長的な家族制度を推進していて、地主など上層の家や都市部においては見合いによる結婚が進められていた。村落文化が解体されようとしていた時代のなかで行われた婚姻慣行の研究について、上子武次は「若者たちがかなり自由に男女の付き合いをし、自らの意思で配偶者を選んでいたことを発見し」「忘れ去られようとしていた比較的自由な結婚の存在を明らかにした」（上子 1991: 8）点が大きな功績であると評している。

　この問題意識は社会史や家族史、そして歴史人口学に引き継がれ、徳川時代における家族やライフコースについては今日でも新しい知見が加えられ続けている。落合恵美子によれば、当時の初婚年齢は地域ごとにばらつきがみられ、子どもをもつ年齢なども踏まえると国内には多様で流動的な「出会いと結婚」の実態があったという。たとえば、東北の農村では女性は 10 代、男性は 20 歳そこそこで結婚していて早婚であるといえるのに対し、西九州の漁村での初婚年齢は 10 歳ほど高く、女性 20 代前半男性 30 歳前後となっている。また、離婚や再婚が珍しくなかったこと、結婚後すぐに夫婦が同居するわけではなくさまざまなプロセスが存在すること等が宗門改帳のデータベースを利用して実証されている。こうした多様性を理解するには、さしあたり、結婚の主眼が労働力確保にあるのか生殖にあるのか等、地域における暮らしの事情を踏まえる必要がある。東北の結婚は労働力確保に力点があり、若くして結婚するものの夫婦共に奉公に出るケースが多かった。彼らが実際に子どもをもつのは結婚して数年後ということになる。西九州では結婚の主眼は生殖にあり、婚前交渉を経て子どもが生まれてから結婚をする形が多かった。このため、初婚年齢が高くなるとみられるのだ（落合 2004, 2006, 2015）。

前述の上子が「比較的」という留保をつけていることからもわかるように、労働力の確保や生殖に主眼を置く当時の「比較的自由な結婚」は、現在わたしたちが想像するような自由恋愛とは大きく異なっている。明治後半から大正時代に生まれた男女を対象に愛知県周辺で3万件もの聞き書きを行った服部誠によれば、配偶者選択の過程は当事者に任せられてはいるものの決して無秩序なものではなく、ルールを破れば共同体からの排除を伴う厳しい管理がなされていた。一方で、子どもがいない場合の離婚が当たり前に行われていて再婚も容易であるなど、現在に比して「緩やか」にみえる部分もあった（服部 2017）。労働力確保や生殖を重視した「出会いと結婚」を考えるならば、結婚しても同居しないことや子どもができたのをきっかけに結婚すること、そして離再婚を繰り返すことはある種の合理的な社会のあり方として理解できる。しかし、西洋に肩を並べる近代社会を日本が志向していく中で離婚や婚前交渉が「古い慣習」として統制されるようになり、見合いが普及していくのと相まって配偶者選択は失敗できないライフイベントになっていった。歴史を振り返ると、現在のわたしたちが考えるものとは大きく違う「出会いと結婚」の仕組みがかつて日本にあったことがみえるのだ。

3　社会の変化と「出会いと結婚」の変化

■ 見合い結婚から恋愛結婚へ

国立社会保障・人口問題研究所の『出生動向基本調査』のうち、見合い結婚と恋愛結婚の推移を図 2-1 に示した。1935 年に見合い結婚が占めた割合は 69.0% であったが、2010 年代には 5.3% にまで低下している。対照的に恋愛結婚は 1935 年の13.4% から 2010 年には 87.9% に上昇した。結婚のありかたが見合い結婚から恋愛結婚へ移行していった背景として、1947 年に施行された日本国憲法の成立とそれにともなう民法改正をまずは押さえておく必要がある。旧民法においては戸主が家族の法的な代表者であり、婚姻をはじめとした家族に関する事柄について絶対的な権力を有していた。戦後の新憲法では結婚が両性の合意のみに基づいて成立すること、夫婦が同等の権利を有することが規定されている。見合い結婚から恋愛結婚への移行は、家制度から脱却して夫婦が対等な家族を作るという、戦後の新しい社会像の表れと考えることもできる。

1940 年には 50 ポイント以上あった見合い結婚と恋愛結婚の差は 1950 年には 20

Ⅰ　社会制度としての恋愛と結婚

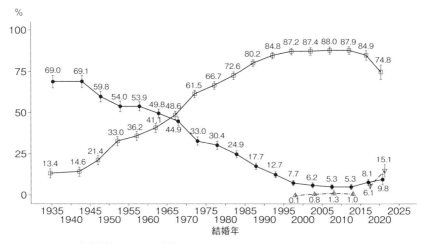

図 2-1　結婚年次別にみた、恋愛結婚・見合い結婚の構成割合（国立社会保障・人口問題研究所 2023）

ポイント程度まで小さくなり、1960年代後半には恋愛結婚が見合い結婚を上回るようになる（国立社会保障・人口問題研究所 2023）。この期間は1950年代にはじまり1973年のオイルショックで終焉した高度経済成長期と重なっていて、これは団塊の世代が生まれて結婚に至る時期と重なる点も確認しておこう。内閣府による『平成20年版高齢社会白書』によると、団塊の世代のインパクトとしてまず挙げられるのは男性を中心とした高学歴化であるという。また、2005年時点で就業している団塊の世代のうち71.5%がサラリーマンとして働いていること、進学や就職などをきっかけにした村落から都市への転出が多かったこともその前の世代にはみられない特徴だ。団塊の世代における三大都市圏の居住率を見てみると、1950年では32.7%であったのが2005年には49.2%になっていて、この世代の約半分が東京／名古屋／大阪のいずれかに定住していることがわかる（内閣府 2008）。つまり、若者が都市に出てきて企業に就職して結婚し、サラリーマンと専業主婦からなる核家族世帯を形成するという現在の私たちが考える「出会いと結婚」の典型が広く普及したのがこの時期なのである。

　こうした社会変化の中で、新しい時代に適応した結婚への関心が高まることになった。見合い結婚と恋愛結婚の比較を主眼とした調査として、東京都内の団地に住む子育て世帯444組を対象に1959年に行われた面接調査の記録がある。アメリカ

20

の家族社会学者ロバート・ブラッドによる日米比較研究を目的に実施したものだ。ブラッドはウルフと共に 1955 年から 1959 年にかけてデトロイトで夫婦の勢力関係についての実証研究を行った、世界的にも著名な研究者である。当時の日本で生じていた他に見られないユニークな状況、すなわち見合い結婚と恋愛結婚の違いに注目したうえで出会いから結婚に至る過程や夫婦関係について分析し、さらに日米での比較を行うことが彼らの目的であった。

　この調査によると、回答者の 2 割程度が「純粋な見合い」結婚で、その特徴としては以下のようなものがある。まず、紹介があること、当事者以外の判断に委ねられる部分が多いこと、そして、ほとんど交際することなく結婚に至っていることだ。回答者の半数を占める「純粋な恋愛結婚」はその逆で、自ら相手を選び、交際を経て愛を確かめた結果、結婚に至ったという特徴を持つ。自分達の結婚は「純粋な恋愛結婚」であるとみなす夫婦は「一週間も会わないと淋しくてたまりませんでした」、「いわば運命と思ったから、ぜがひでも結婚しなければならないと考えました」、「お互いに激しく惹かれて、一年間またとない情熱的なつきあいをしました」（ブラッド 1978: 31）と自分達の結婚の経緯について語っている。一方、自分達の結婚を準見合い結婚、準恋愛結婚とする者も 3 割程度いた。たとえば、出会ったきっかけは見合いだったがその後の交際で相手への愛情を確認していたり、自分で相手を選んで結婚したもののロマンチックが欠けていたりすると、純粋な見合い結婚または恋愛結婚だとは言いづらくなるのではないかとの分析がなされている（ブラッド 1978）。「純粋な恋愛結婚」の当事者のインタビューからは、当時の若者にとっての恋愛結婚が強い情熱に突き動かされた劇的な体験だったことがうかがえる。しかし、その後の夫婦関係はどのようなものだったのだろうか。

　ブラッドの分析によれば、見合い結婚の場合は妻の家事分担が比較的重く、夫の勢力がやや強い傾向だという。ただし、違いはまったくないとは言えないが、あったとしてもわずかなものだという主張だ。この調査は対象者設定についてランダムサンプリングなどの統計的手続きが取られておらず、対象となった団地の住民は特定の地理的、社会的、経済的背景を持っている可能性がある。こうした制限を考慮に入れたことが、慎重な記述に結びついたものと考えられる。ブラッドが収集した個票データを 2000 年代に再集計して統計的な検討を加えた青柳涼子によれば、配偶者選択の違いによる差異は子どもとの対応などに一部確認できるものの、夫婦関係についてはほぼ確認できなかったとされている（青柳 2008）。村落での結婚とも見合い結婚とも違う、自立した若者による自由な選択であるように見えたのがここ

で検討された恋愛結婚だ。しかし、そこから形成される夫婦関係においては、見合い結婚と恋愛結婚の間に大きな違いは見られなかったのである。

　この結果をストレートに受け止めるならば、当時の家族は性別役割分業に基づいた画一的なものであり、「出会いと結婚」は単なる入口の違いに過ぎないという話になるだろう。そこに恋愛結婚と見合い結婚は実質的には同じ「出会いと結婚」なのだと投げかけたのが、上野千鶴子による議論だ。夫による妻の支配、すなわち家父長制的な夫婦関係が成り立つためには、婚家における嫁の地位の低さが不可欠であると上野は言う。父親の反対を振り切って結婚するのが恋愛結婚の王道だとするならば、実家とのつながりを女性が自ら切断して進んで自分の立場を弱くするという点で、恋愛結婚こそ夫が妻を支配する上で都合が良い仕組みなのではないか。ロマンスとは「「父の支配」から「夫の支配」へと娘が自発的に移行するためのスプリングボードの役割」（上野 1995: 72）を果たしていると上野は主張する。さらに、実家の家業、年齢、学歴などにおいて共通点がある相手を配偶者に選ぶ傾向が恋愛結婚と見合い結婚の両方にあることを踏まえた上で、本人の自由意志で選んだ相手が親の意に沿う相手と同じ傾向にあるのが実際であり、親の基準を内面化したうえで相手を「自主的に」選択したというプロセスを恋愛結婚と呼んでいるに過ぎないと結論づけている（上野 1995: 78）。

　自分と同じ出生階層の間での結婚は同類婚と呼ばれ、1950 年代から 1980 年代にかけての同類婚傾向に関する分析として志田基与師らの論考がある。それによると、父親同士が同一階層の出身であるという内婚性は 1955 年代以降徐々に弱くなっているものの、夫婦が同一学歴であるという学歴内婚の傾向が維持されているという（志田ら 2000）。なお、この分析では短大と大学を「同一学歴」としてカテゴリーしている点に注意が必要だ。団塊の世代が大学に進学した 1965 年の大学進学率は男性 20.7%、女性は 4.6% にとどまっている（文部科学省 2023）。学歴内婚といっても、ここでは大卒男性と短大卒女性の組み合わせや高卒同士のカップルを想像しておいたほうがよい。自由に相手を選んでいるはずの戦後の恋愛結婚が見合い結婚と同様に同類婚になってしまうメカニズムは、当時の恋愛結婚がほぼ職場結婚であったことを考えれば納得できる。学歴や出身などによるスクリーニングを経て入社した社員同士であれば、学歴はもちろん、出生階層においてもそれほど大きな違いがあるとは考えづらいだろう。見合い結婚から恋愛結婚への移行は、たしかに制度の上では大きな変化だった。しかし、結婚後の夫婦関係や配偶者として誰を選択するのかという観点では連続性があり、むしろ現状維持であったと見ることができるのだ。

02 日本の家族社会学はいかに「出会いと結婚」を扱ってきたか

■ 婚前交渉の一般化と女性の高学歴化

高度経済成長期の次に注目するべき時代として1990年代半ばに触れておきたい。戦後からおよそ50年にあたるこの時期は、今日につながる社会変化が形になり始めた起点として、しばしば参照される。1995年の阪神淡路大震災や地下鉄サリン事件など象徴的な事件が起きる一方で、1997年に山一証券が自主再建を断念して廃業を決めるなど、バブル崩壊後の不況がさらに深刻になったのもこの頃だ。企業が新卒採用の人数を減らしたことで生じた就職氷河期は2000年代以降まで続くことになる。この時期に生じた、出会いや結婚に関連する大きな変化として、女子への教育指向と婚前交渉の一般化について以下で見ていこう。

NHK放送文化研究所は1970年代より5年おきに『「日本人の意識」調査』を実施していて、これを見れば高度経済成長期以降の日本に生じた意識の変化を追うことができる。荒牧央によると、この45年間で大きく変わったのは家庭・男女関係についての考え方だという。なかでももっとも顕著なのが、図2-2に示した女性の教育に関する意識と図2-3に示した婚前交渉に関する評価の推移だ。図2-2にみられるように、女性の最終学歴として望ましいのは1973年では「高校まで」とする者がもっとも多く、「大学まで」は21.7%にとどまっていた。しかし男女雇用機会均等法施行を受けた1988年以降「大学まで」が伸び始め、2018年には61.2%となっている。平成の30年間だけみても女性の最終学歴として「大学まで」が30ポイントも増加しており、注目すべき変化だと荒牧は指摘している。婚前交渉に関する評価の推移は図2-3に示した。1973年には58.2%が「不可」としていたが年々下がり

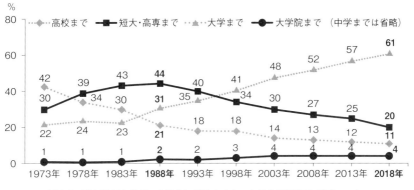

図2-2 我が子が女性だった場合に受けさせたいと思う教育程度（荒牧 2019）

I　社会制度としての恋愛と結婚

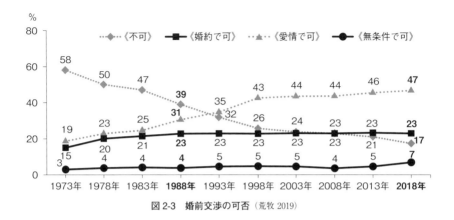

図 2-3　婚前交渉の可否（荒牧 2019）

続け、1993 年には「愛情があれば可」と逆転して 2018 年には 16.6% となっている。1998 年以降は減少傾向が鈍化するものの、全体としては 40 ポイント減少していることになる（荒牧 2019、本文中の数値は筆者計算による）。子どもの教育や婚前交渉への評価への価値観が変容したのが 1993 年から 1998 年であり、この時代が高度経済成長期に続く戦後 2 回目の「出会いと結婚」の端境期だったことがわかる。

　こうした状況下にあった 1990 年代の家族社会学での議論として、「出会いと結婚」の多様化および経済的な観点からの結婚研究の二つをみておきたい。これは 1960 年代以降に欧米圏を中心に顕著になったカップル関係の多様化、すなわち婚前交渉の活発化、同棲の普及、婚外子の増加、子どもをもたない夫婦の出現、そして女性の社会進出などの新しい状況を踏まえたものである。

　海外の多様な「出会いと結婚」については多くの論者が言及しているが、スウェーデンにおける同棲の法制度化について善積京子は以下のように述べている。かつては逸脱行動とみなされていたスウェーデンの同棲だが、1969 年の法務省による「ライフスタイルの〈中立性〉の指針」の発表を契機に明確な社会的な位置づけを与えられるようになった。その背景には、社会の基本単位を法律婚による家族から個人に置き換えるという変化がある。1987 年に同棲法が制定されたことによりスウェーデンでは同棲が法律婚に匹敵するライフスタイルとしての地位を確立するに至ったのだ。善積はこのようなスウェーデンの変化をポストモダンに適合した新しい社会規範の表現と評価している（善積 1993）。経済的な観点からの結婚研究についてもみておこう。経済学における結婚についての分析は歴史が古いが、フェミニズ

ムの成果と 1992 年にノーベル経済学賞を受賞したゲーリー・ベッカーの知見を踏まえ、大橋照枝は以下のようにいう。年長の男性が権力を持つ家父長制を前提とした場合、結婚は効率が良いシステムだ。なぜなら、本来国家が負担するはずの再生産（家事や育児）のコストを女性に肩代わりさせ、その代償は結婚相手である男性が負担するためである。したがって女性が社会進出をして経済的自立ができるようになると、家事能力が高い男性が相手でもない限り、女性にとって結婚のメリットがなくなっていくのだ（大橋 1993）。

　2020 年の現在から日本を振り返ってみると、同性婚や選択的夫婦別姓の法制度化といった善積のいう「ポストモダンに適合した新しい社会規範の成立」がままならないだけでなく、夫婦間における家事・育児の分担やシャドウワークに代表される女性の搾取など大橋の出した論点もまったく解決していないことに驚くばかりだ。ともあれ、今日指摘される「出会いと結婚」に関する問題点の多くは 1990 年代に既に示されている。なかでも結婚をメリット／デメリットおよびコストパフォーマンスという側面から考察する経済学的な立論は、2000 年代以降に引き継がれてさまざまな発展を遂げた。本章では親密性と経済合理性を組み合わせた山田の議論を紹介する。

■「恋愛＝結婚したい気持ち」と読み替えるメタ制度を問い直す

　結婚とは「親密性の期待水準」と「生活水準」の移行を伴うライフイベントだと山田はいう。ここでいう「親密性の期待水準」とは、性的関係を含めたカップル間の親密さに対する期待である。婚前交渉が一般的でなかった時代において、結婚は「親密性の期待水準」を高める機能を果たしていた。しかし、婚前交渉への忌避感が減少した 1990 年代以降、肉体的結びつきを伴う親密な関係を築く未婚のカップルが一般化した。結婚が性的排他性を伴うことを考えると、結婚後に得られる親密性の質や程度について事前に考慮する必要が出てきたということができる。この「親密性の期待水準」が結婚前より高ければ人は結婚に踏み切るが、低ければ結婚には至らないというのが結婚と「親密性の期待水準」の構図である。「生活水準」も同じように、結婚で水準が高くなることが期待できれば結婚が促進され、期待できなければ抑制される。山田のいう「生活水準」とは消費の水準と家事・育児の水準を合算したものとして定義されるが、その前提に以下の二つを山田は置いている。一つは多くの女性が専業主婦になるため、婚姻後の経済状況は夫に依存すること。もう一つは、消費の水準に加えて結婚後の家事・育児の水準もまた、婚姻後の経済力、

I 社会制度としての恋愛と結婚

すなわち夫の収入で左右されるということだ。これらを踏まえ、山田は以下のように記述する（山田 1996: 42）。

男性にとって結婚はイベント／誰と結婚しようが生活水準は変わらない
女性にとっては結婚は「生まれ変わり」／結婚相手によって生活水準が変わる

したがって、特に女性にとっては「よりよく生まれ変わらせてくれる」相手との結婚が理想的な展開であり、それに適した相手との恋愛を目指すことが合理的な行動となる。これが性別役割分業に即した特性、たとえば男性のリーダーシップや女性の家事能力などが性的魅力として認識される所以であり、このことを「身体化した性別役割分業」と山田は呼んでいる（山田 2000）。

これまでにない社会の変化が生じた際、従来の延長にある秩序を維持するための価値観を当事者が内在化してしまい、社会に包摂されやすい恋愛のありかたを自ら選択してしまうことがある。高度経済成長期の「出会いと結婚」におけるこの構造を見抜き、見合いと同じように親が気に入りそうな相手を選んで恋愛をしていることを指摘したのが上野の論考であった。1990 年代の若者もこれと同じように、ジェンダーステレオタイプを自らの「好み」として内面化し、性別役割分業に基づいた恋愛を是とすることで社会的に包摂されることを目指したのではないだろうか。女子の進学に対する意識が変化したとはいえ、1995 年の大学進学率は男性 40.7% に対して女性は 22.9% にとどまっている（文部科学省 2023）。また、1992 年に育児介護休業法が施行されたものの、1996 年の男性の育休取得割合はわずか 0.1% であった。国際的には多様化や男女平等が現実的なものとなる一方で、国内では性別役割分業が根深く存在し、先行きのみえない経済と雇用の問題が露見していた。山田は個人的な「恋愛」と社会制度である「結婚」を結びつけるためには「恋愛＝結婚したい気持ち」と読み替えるメタ制度が必要だとしている（山田 1994）。「身体化した性別役割分業」はこのメタ制度の一部であり、性的魅力を媒介に性別役割分業を温存しただけでなく、諸々の条件で結婚が実現しなかった人々にスティグマを与えるまでになったのだ。

4 膨れ上がった「その他」をひとつずつ吟味する

　日本の村落における「出会いと結婚」の成果を踏まえると、結婚しても同居しないカップル、出産を契機に結婚する夫婦、離再婚を繰り返す人々、シングルマザーなど、さまざまな出会いや結婚が当たり前に存在していた過去が見えてくる。つまり、出会い、結婚、妊娠、出産、家族形成、という出来事の組み合わせや順序に現在の我々と同じような画一的な前提が必ずしもなかったことが理解できるのだ。しかし見合い結婚から恋愛結婚への移行、女性の高学歴化、婚前交渉に対する意識の変化を経て、現在の「出会いと結婚」は画一的な前提や優劣を持つようになっている。本章が見てきた1990年代までの家族社会学の知見に基づくと、これは恋愛を社会秩序の維持に結びつける「恋愛と結婚の結合戦略」というメタ制度に起因すると考えられる。具体的には、親の基準を内面化したうえでの結婚相手の選択や性別役割分業に基づく性的魅力の身体化がその要因といえる。2009年から2013年にかけてのデータをもとに配偶者選択基準を分析した三輪哲によれば、男性は全体の6割が「容姿・外見」、5割が「年齢」を重視すると回答する一方で、相手の学歴や年収などはあまり重視していない。これに対し女性は「年収」を重視する割合が5割5分を超えていて、「容姿・外見」「年齢」は5割、「学歴」が3割と満遍なく重視する要素がある。ただし男女ともに特定の基準を重視しすぎない人の方が結婚できる確率が高くなる（三輪2019）。恋愛系YouTuberや婚活アドバイザーはこのことを経験的に理解しており、ターゲットの年齢を踏まえた効果的な振る舞い、異性の目に魅力的に映る髪型や服装、相手との信頼関係を積み上げて親密さを深める方法などを豊富に提供している。これらのアドバイスは「モテる」方法としてはたしかに有効かもしれないが、たとえ結婚を前提にしていなかったとしても、異性間の恋愛はジェンダー秩序の内部にしか成立できないのかという印象をも与える。また、このような関係に居心地の悪さを覚える人々は、結婚はもちろん、恋愛からも距離を置く可能性があるようにも思える。

　時代的制約があるとはいえ、山田のいう「身体化した性別役割分業」はジェンダーステレオタイプを重視しすぎる傾向があり、多様性が十分に考慮されているとは言い難い。現代では対等性や個人の成長を支え合うカップル関係という視点が不可欠であり、今日の、そしてこれからの恋愛を論じる上では新しい視点が必要なのは言うまでもないだろう。「恋愛と結婚のメタ制度」すなわち「恋愛＝結婚したいとい

う気持ち」であり、その先にあるのは夫婦が協力して子どもを育てる家族であるという、社会秩序の維持には有利かもしれないが、個人の視点では飲み込みづらい前提をまず疑うことが恋愛について考えるスタートとなる。この側面を分析に含めづらいのが家族社会学的な恋愛研究の限界であり、同時に恋愛社会学の可能性でもあるのだ。恋愛に関する社会学的な考察は、結婚という社会制度とは独立し、誰かの幸福を祈ったり誰かのために尽くしたりする想いを基点にした行為や関係づくり等を丁寧に考察することが第一歩になるだろう。これまでこうした関係は「夫婦」か「恋人」であることが自明視されていて、いずれにも該当しない関係は「その他」の枠に入れられてきた。現在の恋愛はあまりにも結婚と関連づけて語られすぎていることを反省的に踏まえるならば、まずは「夫婦」や「恋人」の外にある「その他」のバリエーションに目を向ける必要がある。

　恋愛と社会の関係を再考察することは、私たちが感情をどのように体験し、表現するかを理解する上でも欠かすことができない。なぜなら、既に見てきたように恋愛は単なる個人的な感情に留まらず、社会的、文化的な構造に根ざしているからだ。多様な恋愛の再発見はそれぞれの個人が幸福を見出す前提になるだけでなく、より広範な恋愛の可能性を開くことにつながるだろう。

●引用・参考文献

青柳涼子, 2008,「結婚と夫婦関係の変容過程——1950 年代の夫婦調査結果の分析をとおして」科学研究費補助金研究成果報告書.

荒牧央, 2019,「平成でどんな意識が変わったか——「日本人の意識」調査の結果から」『中央調査報』739.〈https://www.crs.or.jp/backno/No739/7391.htm〉（2023 年 10 月 31 日最終確認）

上野千鶴子, 1995,「「恋愛結婚」の誕生」吉川弘之［著者代表］『東京大学公開講座　結婚』東京大学出版会, pp.53–80.

大橋照枝, 1993,『未婚化の社会学』日本放送出版協会.

落合恵美子, 2004,「歴史的に見た日本の結婚——原型か異文化か」『家族社会学研究』15(2): 39–51.

落合恵美子［編著］, 2006,『徳川日本のライフコース——歴史人口学との対話』ミネルヴァ書房.

落合恵美子［編著］, 2015,『徳川日本の家族と地域性——歴史人口学との対話』ミネルヴァ書房.

上子武次, 1991,「配偶者選択に関するこれまでの研究」上子武次・原田隆司・門野里栄

子・田中正子・佐藤繁美『結婚相手の選択——社会学的研究』行路社, pp.7–47.

国立社会保障・人口問題研究所, 2023, 『現代日本の結婚と出産——第16回出生動向基本調査（独身者調査ならびに夫婦調査）報告書』〈https://www.ipss.go.jp/ps-doukou/j/doukou16/JNFS16_ReportALL.pdf〉（2024年5月30日最終確認）

佐藤信, 2019, 『日本婚活思想史序説——戦後日本の「幸せになりたい」』東洋経済新報社.

志田基与師・盛山和夫・渡辺秀樹, 2000, 「結婚市場の変容」盛山和夫［編］『日本の階層システム4　ジェンダー・市場・家族』東京大学出版会, pp.159–176.

田村健二, 1970, 「夫婦関係——婚姻と離婚をめぐる問題」山室周平・姫岡勤［編］『現代家族の社会学——成果と課題』培風館, pp.19–40.

内閣府, 2008, 『平成20年版高齢社会白書』〈https://www8.cao.go.jp/kourei/whitepaper/w-2008/zenbun/html/s1-1-6-03.html〉（2024年5月30日最終確認）

服部誠, 2017, 「近代日本の出会いと結婚——恋愛から見合へ」平井晶子・床谷文雄・山田昌弘［編］『家族研究の最前線2　出会いと結婚』日本経済評論社, pp.317–346.

ブラッド, R. O. ／田村健二［監訳］, 1978, 『現代の結婚——日米の比較』培風館.

松信ひろみ, 2021, 「家族社会学における夫婦の勢力研究の原点——グループ・ダイナミックスの観点に基づくハーブストとウォルフの研究に着目して」『駒澤大学文学部研究紀要』78: 11–45.

三輪哲, 2019, 「結婚を阻む「壁」の在り処——結婚意識と配偶者選択」佐藤博樹・石田浩［編］『格差の連鎖と若者2　出会いと結婚』勁草書房, pp.15–43.

望月嵩, 1972, 「配偶者選択と結婚」森岡清美［編］『社会学講座3　家族社会学』東京大学出版会, pp.37–62.

文部科学省, 2023, 『学校基本調査』〈https://www.e-stat.go.jp/stat-search/files?page=1&toukei=00400001&tstat=000001011528〉（2024年5月30日最終確認）

山田昌弘, 1994, 『近代家族のゆくえ——家族と愛情のパラドックス』新曜社.

山田昌弘, 1996, 『結婚の社会学——未婚化・晩婚化はつづくのか』丸善.

山田昌弘, 2000, 「結婚の現在的意味」善積京子［編］『結婚とパートナー関係——問い直される夫婦』ミネルヴァ書房, pp.56–80.

善積京子, 1993, 「非婚同棲カップルのライフスタイル」『家族社会学研究』5(5): 59–65.

I 社会制度としての恋愛と結婚

03 恋愛・結婚における親の影響
被差別部落の事例から

齋藤直子

1 結婚に親が口を出すということ

「昔は、結婚相手を自由に選べなかったものだ」と、年長の人から聞いたことはないだろうか。あるいは大正時代や昭和初期を舞台にした漫画やアニメで、好きでもない人の許嫁に指定されたり、勝手に見合いをセッティングされて困惑したりするシーンを観たことはないだろうか。このような場面をみて、恋愛感情を持たずに結婚したり、親や親戚が決めた相手と黙って結婚することに、違和感や息苦しさを感じたり、そのような時代に生まれなくてよかったと感じたことがあるかもしれない。このような描写を通じて、日本にはかつてはこのようなことが、一定程度当たり前に行われていたらしいということも、われわれは同時に学んでいる。漫画やアニメで知ったのではなく、実際に自分の祖父母が見合い婚だったという読者もいるかもしれない。

さらに時代を遡ると、戦国時代や江戸時代の時代劇や大河ドラマなどでは、政略結婚のシーンをみることがある。メディアを通じて、「昔」は結婚を親や親戚の意向で決めていたが、それは時代を遡るほど厳しく、現代に近づくほど緩くなっているという感覚を、わたしたちは持っているのではないだろうか。

しかし実は庶民の結婚に関していえば、「昔」のほうが親の影響は強かったとはいえない。庶民のレベルでいえば、見合い婚が盛んであったのは、歴史のなかのほんの一時期にすぎない。大正時代の見合い婚の時代をさらに遡ると、庶民は一定の条件のもと比較的自由に配偶者を選んでいた。

では反対に、見合い婚が中心であった時代が過ぎ去った現在において、親の影響はなくなったといえるのだろうか。言い換えると、現代の若者は、親や周囲の意向などから解き放たれ、完全に自由に配偶者を選んでいるといえるのだろうか。

03　恋愛・結婚における親の影響

　この章では、結婚相手を選ぶときに親や親戚が介入するようになった歴史的な変遷について述べる[1]。そして、その影響力が現在においても残っているのかどうかについて考察する。その手がかりとして、社会的マイノリティ——その中でも特に、被差別部落出身者（以下、部落出身者とする）——との結婚に対する親の介入をとりあげる。

2　プレ見合い婚の時代

　日本で見合い婚が主流であった時代は、1920年代から1960年代であるが、それ以前はどのようにして結婚相手を見つけていたのだろうか。江戸時代の末から、見合い婚時代が隆盛する大正期までの、配偶者選択のあり方の変遷をみていきたい。

　江戸時代の社会は今の私たちの感覚からいえば、社会階層的にも地域的にも、とても流動性の低い社会だった。厳しい身分制度があったことは、読者のみなさんもよく知っているだろう。そのため、身分間での通婚には制限が設けられていた。身分制度と並び、村請制度も近世社会の基本的な構造のひとつであるが、これは共同体（村）で連帯して年貢を収めるというしくみである。すでに江戸時代に庶民にも「家」意識が広まっていたとはいえ、当時は「村」の経済的・社会的な縛りが強かった。たとえば、農民たちの結婚は、生まれ育った村や一定の範囲のなかで行われることが多かった[2][3]。同じ村の中で配偶者を得る結婚のことを「村内婚」というが、この村内婚が多数みられる社会だった。このように、日本中あるいは世界中の

---

1) この章では、男女の恋愛を中心に据えているが、注10で後述するように、同性での恋愛・結婚も、この章の中心テーマである部落問題と同様、親の反対や介入を受ける対象のひとつである。そのような意味において、SOGIE（性的指向・性同一性・性表現）に関する差別もまた、本章の問題関心に沿った分析が可能であると考えられる。
　　また、本章では扱えなかったが、部落出身者でありなおかつSOGIEにおいてマイノリティ性を有する人々など、インターセクショナリティの観点からの考察も必要である。
2) 通婚の範囲は村内に限られているわけではない。徒歩で日帰り可能な近隣の村の住人との結婚（近隣婚）や、日帰りできない自村から四里（約15.7km）以上離れた者との結婚（遠方婚）もみられた（川口 2017: 253）。たとえば平井晶子の二本松藩仁井田村の研究では、仁井田村生まれの女性のおよそ三分の一は一三歳までに死亡し、三分の一は村外へ嫁ぎ、村に残ったのは三分の一であったという。男性の場合、婚出は一割、村に残ったのが約半数であった（平井 2008: 125）。

31

人々と出会うことができる現代の私たちからみれば、江戸時代における通婚の範囲
は、身分的にも地理的にも大きな制約があった。

　なお、近世の村の人口は、平均すれば400人程度であった（渡辺 2015: 18）。近世
の村は明治期の大字にあたり、大字は現在の「○○市××町」の「町」となってい
るところが少なくないので、「町」をイメージするとよいだろう（市町村合併によって、
○○市××町△△の「△△」がもとの大字になっている場合もある）。現在の小学校区は、
ひとつの町かあるいはいくつかの町が集まって学区を形成していることが多いので、
村内婚の範囲は今の小学校の学区と同じかそれよりも狭いということになる。

　村内婚では、村の中でさえあれば、親に相手を決められることなく"自由"に結
婚相手を決めることができた。ただし、一定のルールがあった。男子は一定の年齢
に達すると、「若者仲間」とか「若者連中」などと呼ばれる未婚の男子だけの年齢
階梯集団に所属する（長島 2011: 122）。それに対応して、一定の年齢に達した女子は
「娘仲間」「娘組」などと呼ばれる同輩集団に所属した（阪井 2021: 37）。こうした集団
に入り、村内の義務や労働に参与することで、「男性は「求婚資格」を、女性は求婚
を受けるかどうかの「決定権」を獲得した」（同上）。男性たちは仲間うちで援助し
あいながら、夜中に娘の家に忍び込んで性関係を持った。そして、当人同士が"合
意"すれば、結婚という運びになった。また、若者たちは他村の男たちから娘たち
を守る役目も担ったという。

　このような説明からは、かつてはおおらかな庶民の性と恋愛があったような印象
を受ける。しかし見方を変えれば、若者たちは、地域内の娘たちを自らの管理下に
置いて、支配していたともいえる（阪井 2021: 39）。だれといつ性行為を持つのかさ
えも、若者の"自由"であった。配偶者選択や性の"自由"には、ジェンダーの非
対称性があったことを忘れてはならない。

　明治期になると、近世の身分制度や村請制度は解体された。人々は、身分という
上下関係の規制からも、村という空間的な規制からも放り出された。それは「解放」
でもあったが、これらの規制は村の人々の仕事や経済的安定を保護する側面もあっ
たので、身分的な社会集団という「袋」が破れたことによって、人々は「家」[4] 単

3）なお、武家や農村の一部の上層階級においては仲人を介した結婚がすでに定着していた
　（阪井 2021: 14）。
4）近世以降の村落に現れた農民にとっての「家」は、家産としての土地、家業、家名（屋
　号）を媒介として超世代的に存続を希求される制度体である（西野・米村 2019: 14）。

位で市場経済に投げ込まれた（松沢 2022: 66）。過酷な競争を生き抜くための責任は、「家」に委ねられた。このような変化は、配偶者選択にも影響を与えたと思われる。

　また、通婚の範囲にも変化が生じた。村外との結婚が増加し、村内婚が減少した。都市化や工業化、交通網の発達、経済圏の拡大に伴い、人口の流動性が高まったことが、ひとつの要因である。たった１本の道路の開通や、1、2本のバスの往来であっても、それらは人々の生活圏を拡大し、通婚圏を拡大させるのに貢献したという（瀬川 2006: 60）。

　なお、この時代には、工業化や都市化に伴って階層分化が進み、都市の新中間層や、都市雑業層など、新しい階層が登場しはじめた。かれらの結婚は、上層の人々や農村の人々とは、また別のあり方を発展させた。

　以上、見合い婚が主流になる以前の、庶民の配偶者選択のあり方をみてきた。見合い婚以前は、「家」や親の意向よりもむしろ共同体のルールのほうが強かったことがわかるだろう。庶民の結婚において、いつの時代も親の影響力が強かったわけではないのである。

3　見合い婚時代とポスト見合い婚時代

　この節では、配偶者選択における親の影響が大正期に強まった後、戦後に再び弱まっていったプロセスを辿っていく。

　前述のとおり、近世の社会集団という袋が破れ「家」単位で放り出されたことによって、明治以降、「家」の存在感が増していった。さらに、1898 年に明治民法の親族相続編が制定され、「家制度」――つまり、家を単位とした戸籍制度――が成立した。「家」のリーダーである戸主は、「家」が生き残るための中心人物であるというだけでなく、法的にも強い権限が与えられた。子の結婚は「家」の利害に関わるので、戸主の強い権限のもとにおかれた。結婚相手を決める権限を有するどころか、「家」の維持のために娘を芸妓・娼妓・酌婦に身売りする権限さえ持っていた（小野沢 2014: 123）。

　「家」の存在感が増すにつれ、結婚は家と家とのつながりが大切であるという意識が強くなっていった[5]。結婚においては、当人同士の意向よりも、親や親戚にとっての利害であるとか、「家格」（「家」の「価値」を示すもの）が重大な関心事になり、親や親戚が介入することが当然であるとみなされるようになっていった（阪井 2021: 41）。

| 社会制度としての恋愛と結婚

　「家」は、親の権限を強めただけでなく、感情面においても子の選択を縛った。近代以降の日本の「家」は近代家族的な側面を持っていたとされるが、母子の濃密な情緒的関係はその特徴のひとつであるとされている。このような母子関係は、子が親の意向を無視し「家」を破壊するような行動を封じる役割を果たした。牟田和江は、以下のように説明している。

　　外界へ開かれた「家」の内部で母と子は特に濃密な家族的情緒関係を取り結ぶ。父親は「家」の権威を象徴し、外的世界の「家」への規制を表現するものとして外部との接続を体現する。こうした関係の中で母と子は共に「家」の犠牲者であるゆえに一層親しみあう。しかし母はあくまで「公」と「家」の規範の遵守者であって、この母との関係のゆえに子は「家」を破壊することができないのである。すなわち、このような「家」の二重構造の中で、母子関係に基づく近代的な家族の心性は、逆に「家」を支える構造単位として、ひいては日本の前近代的国家体制を支えるものとして機能するのである。(牟田 1996: 22)

　結婚における親の影響力の増大は、通婚圏の変化からも、もたらされた。たとえば村内婚の場合、相手の顔や性格、家族や「家」の暮らしぶりなどは、村内の者であるならお互いによく知っていた。しかし、通婚圏が広がると、相手のことをよく知らないので、「身元」に関する情報が必要となってくる。その情報を入手するために、媒酌人（仲人）を介した見合い結婚の習慣が広まっていった。見合いは、江戸時代には武士や上層の人々の習慣であったが、明治期に庶民にも広まっていった。明治に入っても農漁村では、村内婚や近隣婚が主流であったが、人の移動が激しくなる明治中期以降には「斡旋者」の役割が大きくなっていたようだ（湯沢 2005: 190）。時代がくだるにつれ、かつて当たり前であった村内婚は、媒酌人のいない野蛮な「野合」であり、遅れた風習であるとみなされるようになっていった（阪井 2021: 13）。

　また、西欧文化が進んだものであるとみなされるにつれ、離婚もまた忌避されるようになる。そして、離婚を避けようとする意識が、親の影響力の増大につながった。平井晶子は次のように説明している。

---

5)「家制度」的な規範が庶民に浸透したのは、民法親族相続編の制定から 20〜30 年のタイムラグを経た 1910 年代から 20 年代にかけてであった。

徳川期もそうであったように、日本では離婚が忌避されることはなく、結婚は
やり直しのきくイベントであった。ところが、離婚を「野蛮」とみなす西欧文
化が支配的になると、配偶者選択は失敗できないイベントになる。そこで相手
を見定める必要が高まり、親が口を出しはじめる。また、階層差が広まるなか、
家の釣り合いを見定め、少しでも良い暮らしを求める心情が現れる。そのこと
が、親の影響力を強める見合い結婚の浸透を後押しした。本人の意思を無視す
るわけでもなく、親が強権を発動したわけでもなく「子どものため」「良い暮
らしのため」に親子ともに見合いへの変化を受け入れていった。現代につなが
る「より良い相手」を求める結婚、より良く生まれ変わるための結婚のはじま
りである。(平井 2017: 18)

　以上のように、「家」制度の浸透、「家」の近代家族的情緒関係、通婚圏の拡大、離
婚の忌避など、さまざまな要因が複合して結婚における親の影響力が高まったので
ある。
　なお新中間層においては、見合い婚が主流でありながらも、西欧からもたらされ
た「恋愛至上主義」を理想とする考え方が広まっていた。だが実際には、若い男女
を 1 対 1 で会わせる「男女交際」は、あまりにもリスクが高いと考えられていた。
また西欧の進んだ「男女交際」が、庶民の「野蛮」な村内婚とはまったくの別物で
あることを示す必要にせまられた。そこで「恋愛」を理想としながら、「不純」な
「男女交際」を避けることのできる、見合い結婚こそが「正しい」結婚であるとみ
なされるようになった (大塚 2003: 7; 阪井 2009: 94)。見合いの中で、「配偶者選択に
おいて少しでも当人の意思が尊重されると、それは「恋愛結婚」と呼ぶ傾向があり、
また完全に親に決められた見合結婚の場合でも、その後、夫婦間に多少の愛情が生
まれてくると、それも「恋愛の生活」と呼ばれる傾向」があった (ノッター 2007: 65)。
このように、新中間層においては、見合い婚のなかに、西欧的な恋愛結婚の要素を
読み込む傾向があった。愛情を感じられる相手を選ぶことがよいとされるのと同時
に、親と子がお互いの意向に配慮しあった末に、子が配偶者を選択することもまた
理想とされていた (桑原 2017: 134)。つまり、親子仲の維持のため、子がある意味
において親に「忖度」して、相手を決めるのがよいとされていたのである。桑原桃音
は、このような自己のあり方を「家族関係主体」と名づけた。
　このように新中間層においては、見合い婚の慣行と恋愛至上主義との折り合いの
なかで、親の意向を内面化しながら相手に恋愛感情を探し出すという、複雑な「自

己決定」が行われていた。こういった自己の在り方は、現代の恋愛における配偶者選択においても見出すことができるのではないだろうか。

ところで、都市化や人口の流動化が進み、見合い婚が増加するとともに、身元調べを行う興信所や結婚調査所があらわれた（大塚 2018: 171; 桑原 2017: 128）。村内婚や近隣婚では、相手の人物や暮らしぶりは自明であったが、見合い婚では相手の情報が不足しているため、情報が売買されるようになったのである。また、この時期、部落出身者への結婚差別事件も目立つようになった（黒川 2021: 62）。部落出身者だけでなく、ハンセン病患者（赤松 2017: 148）、「犬神持」（瀬川 2006: 145）などの「憑きもの筋」とされる「家筋・家系」[6]、婚外子など戸籍に関すること（下夷 2019: 186）、障害──遺伝であると信じられていた──や病気など優生学的な差別に関わること（阪井 2021: 100）、「花柳病」と呼ばれていた性感染症（阪井 2021: 124）などが忌避の対象であった。身元調べの末、これらの属性を持つとみなされた者は、見合いから排除されていったのである。

このように、複雑な要因が絡み合って見合い婚という制度は成り立っていた。大正から昭和戦前期にかけて、全婚姻の 80〜90% までもが見合い婚であった（阪井 2021: 85）。

ところが敗戦後、新たに制定された憲法によって、このような家族や結婚のあり方は突然否定される。新しい憲法の第 24 条には「婚姻は、両性の合意のみに基づ」くと明記された。結婚は当人同士が決めればよいことであって、親や戸主が介入す

---

6)「憑きもの」とは、「野にいる動物や霊魂、人間の生き霊、精霊や神が突発的に憑依するものと、特定の家筋が憑きものとなる動物霊等を使役しているとするものが存在」し、後者には「霊能を自称し意図的に憑きものを使役する家筋と、無意識のうちに動物霊を使役していると周囲からされてしまう「憑きもの筋」に分類することが出来る」（酒井 2014: 123）。瀬川が例を挙げている「犬神持」は、この「憑きもの筋」の一種である。「憑きもの筋」は、「西日本を中心として近世に出現したとされ」、上述の他の「憑きもの」の類型と比べて比較的新しく出現したものであり、「憑きもの筋とされた家筋の者は、周囲の者から結婚を忌避される、意地が悪い、嫉妬深いなどと謂われ無き人格攻撃を受けるといった強い差別に晒されてきた」（酒井 2014: 123）。酒井貴広は、従来の研究では犬神筋などの「憑きもの筋」への差別は経済格差に対する嫉妬から生じたという説が有力とされてきたが、現代においては「コミュニティ内で憑きもの筋の情報が交換されなくなった」ことによって「同和問題との近接などインフォーマント個人の解釈による多様な犬神筋が生まれている」と、「憑きもの筋」の意味づけにおける現代的な変容が生じていると指摘している（酒井 2014: 37）。

ることではないと断言しているのである。このような法的な位置づけの変化もあり、次第に見合い婚は廃れていき、見合い婚と恋愛婚の割合は 1960 年代に逆転した。

ただ 1960 年代以降、増加を続けた「恋愛婚」は、「恋愛」と名がついているものの、その内実は会社内でマッチングを行う「職縁婚」も少なくなかった。つまり、職場の狭い範囲で相手をみつけたり、上司の娘を紹介されるなど、半分見合いのような「恋愛」である。しかし 80 年代以降、この職縁によるマッチングも縮小していった[7]（岩澤 2010: 47）。結婚相手を見つけようと思う人は、自力で見つけなければならなくなった。つまり、人々は恋愛の市場に投げ出されたのである。

4　親の影響と「結婚差別」

親や親戚などが結婚に介入するのは、どのような場合があるだろうか。親たちにとって申し分ない相手であれば、口を挟む必要はない。介入が起きるのは、子が選んだ相手が親たちの望んでいたような人物像と違った場合であろう。より厳しく介入されるのは、望んでいなかったような相手の中でも、明確に避けたいと考えている属性を持つ相手だった場合である。その場合、「結婚はやめろ」、「結婚は諦めなさい」、「絶対に許さない」、「考え直しなさい」、「もし結婚するなら家から出ていけ」といった言葉を使って、親たちは結婚をやめさせようとするかもしれない。

特に、相手が社会的マイノリティであることを理由に、結婚を避けようとしたり反対したりする行為は、「結婚差別」と名付けられている。この節では、社会的マイノリティのなかでも特に、被差別部落出身者への結婚差別を例に、親の介入について考えてみよう[8]。

結婚差別は、広義では、結婚相手が社会的マイノリティであることを理由に結婚を避けようとすることであり、行為の主体は限定されない（齋藤 2022: 309）。狭義では、本人同士が結婚を合意しているにもかかわらず、相手が社会的マイノリティであることを理由に、もう一方の親や親戚などが結婚に反対するという意味である。一般的に、結婚差別問題としてイメージされるのは後者であろう。つまり結婚差別

7）なお、企業においては、入社の時点ですでに就職差別目的の「身元調べ」が行われていたことが少なくなかったので、職縁婚は実質的には多くのマイノリティを排除したうえでの「恋愛」であったといえる。

という概念は、配偶者選択において親や親戚の反対がありうることを前提として使われている言葉なのである。特に、部落出身者に対する結婚忌避に対して用いられてきた。

現在においても、部落出身者との結婚について、親などが口を出し、子が結婚を断念するようなことはあるのだろうか。ひとつの例をみてみよう。次の発言は、NHK E テレの『バリバラ』で放送された特集「Black in Buraku」（2020 年 2 月 6 日放送）での街頭インタビューからの引用である。

> （インタビュアー）「部落問題、差別は、まだ今もありますか？」
> （女性 4 人組）「でもそんなにないよね」「ない」「まわりには全然ない」「まわりでは感じない」「でも結婚となるとさあ」「ねえ」「親」「本人同士じゃないからね、家族も」「世間体とかを気にしちゃうかもしれない」「周りの目とか」「うん、周りの目」

> （ひとりの女性）「部落の人とたぶん結婚するとかなったらたぶん親に絶対無理って言われると思う。えー、イメージ悪いもん、親からちっちゃい頃から言われてきたから」

このように、自由に恋愛しているようにみえる若い世代であっても、親や世間を気にして部落出身者をあらかじめ選択の外におこうとする態度がみられる。

では、部落出身者との結婚の際、親などが反対するケースや、親などに反対されて結婚を諦めてしまうケースは、どのぐらいの頻度で起こっているのだろうか。実は結婚差別事象は、暗数の多い社会現象であるため、件数をカウントすることが難

8）被差別部落をめぐる社会問題（「部落問題」「同和問題」とも呼ばれている）の概略について述べておこう。中世末期に皮革業などに携わっていた被差別民が、近世の身分制度のもと「かわた」「えた」と呼ばれる賤民身分として固定化した。明治 4（1871）年に出された「賤民廃止令」によって「平民同様」とされたにもかかわらず、近代化のプロセスにおいて差別は新しいかたちに再編され、現代においてもなお重要な社会問題であり続けている。1969 年から 2002 年までは、被差別部落と一般社会の格差を解消することを主眼においた「同和対策事業」に関する特別措置法が施行されていた。2016 年には、従来的な差別だけでなく情報化の進展に伴う新しい形の差別が出現しているとして「部落差別の解消の推進に関する法律」が施行された（寺木・野口 2001; 神村・森 2019）。

しい。そのため、代替の指標として、人権意識調査のデータが用いられてきた。

部落出身者との結婚を親が反対・介入することについて調べる場合、次のような定番の質問項目がある。「もしあなたのお子さんの結婚しようとする相手が同和地区出身者（部落出身者）だった場合、あなたは結婚に反対しますか」（「子どもの結婚」項目）や、「仮にあなたが同和地区出身者（部落出身者）と結婚しようとしたとき、親や親戚から反対された場合、あなたはどうしますか」（「自分の結婚」項目）といった項目である。結婚のときには、親の介入がありうることを前提とした質問項目である。

2020年代以降の調査（都道府県レベル）では、「子どもの結婚」項目の調査は、栃木県（2021）、静岡県（2020）、三重県（2020）、福岡県（2022）で行われており、「自分の結婚」項目は、東京都（2021）、栃木県（2021）、福岡県（2022）で扱われている。

「子どもの結婚」項目で、子の結婚に反対すると回答している割合は、栃木4.9％（「家族や親類の反対があれば、結婚させない」3.4％＋「絶対に結婚させない」1.5％）、静岡11.3％（「本人の意思を尊重したいが、自分以外の家族や親戚の反対があれば、結婚を認めない」8.2％＋「結婚は認めない」3.1％）、三重26.4％（「迷いながらも結局は考えなおすように言う」18.8％＋「考えなおすように言う」7.6％）、福岡5.8％（「家族や親類の反対があれば結婚は認めない」4.1％＋「絶対に結婚を認めない」1.7％）であった。栃木県、静岡県、福岡県が数％から10％程度であるのに対して、三重県が26.4％と突出して高いのは、選択肢の違いによると考えられる。三重県以外の選択肢が「認めない」や「結婚させない」といった強権的な文言を使っているのに対し、三重県は「考えなおすように言う」であり、反対ではあるが子の主体性にまかせているような文言になっている。親からすれば、無理やり反対するより、子の側から「忖度」して自ら結婚を断念してくれるのが理想的だということを意味しているのかもしれない[9]。

一方、「自分の結婚」で、親や親戚が反対したら結婚を諦めると回答している割合は、東京都14.7％（「家族や親戚の反対があれば、結婚しない」8.9％＋「絶対に結婚しない」5.8％）、栃木県11.4％（「家族や親類の反対があれば、結婚しない」9.5％＋「絶対に結婚しない」1.9％）、福岡県9.4％（「家族などの反対があれば結婚しない」）であった。

調査によって質問項目や選択肢が少しずつ異なるため、単純に比較はできないの

---

9) 2018年の奈良県調査においても、三重県と同様に「考え直すように言う」といった、子どもが自ら結婚を断念するように説得するニュアンスのある選択肢が使われているが、その割合は16.8％と高い割合を示している。

Ⅰ　社会制度としての恋愛と結婚

だが、結婚相手が部落出身者であるときに、子の結婚に反対するだろうという人は
おおむね 5 〜 25%、親から反対されたら結婚を諦めるだろうという人は 10 〜 15%
程度は存在することがわかる[10]。

　部落出身者をはじめとする社会的マイノリティとの結婚について、親たちが反対
するであろうことを予期している若者は一定程度いるだろう。そのような場合、親
たちの反対しそうな「条件」をあらかじめ意識して恋人を選ぶこともありうるだろ
う。また、結婚を親たちに反対されて結婚できないかもしれないという不安を抱え
ながら、社会的マイノリティと交際している人も一定数いると考えられる。

　このように考えてみれば、われわれは完全に自由に配偶者を選んでいるわけでは
なく、親たちの反対や世間体といったものを考慮にいれながら、好きになる相手の
選択をしているといえるのではないだろうか。前の節で紹介した、親に配慮して配
偶者を決める「家族関係主体」という在り方を理想とする考え方は、現代において
も引き継がれているのではないだろうか。

---

10) 部落問題以外の人権課題では、結婚差別についての項目が設けられることは少ないの
だが、参考にいくつか挙げておこう。三重県（2020 年度）調査では、「もし仮に、あな
たのお子さんが恋愛し、結婚したいといっている相手が A 〜 D の人であれば、あなた
はどのような態度をとると思いますか」という質問で、上述の A「同和地区出身者」以
外に B「障がい者」、C「外国人」、D「HIV 陽性者、ハンセン病回復者の家族、難病患
者」についてもたずねている。「障がい者」の場合、子の結婚に反対すると回答してい
る割合は、41.7%（「迷いながらも結局は考えなおすように言う」31.2% +「考えなおす
ように言う」10.5%）、「外国人」25.1%（17.2% + 7.9%）、「HIV 陽性者、ハンセン病回
復者の家族、難病患者」67.4%（42.0% + 25.4%）と非常に割合が高い。奈良県（2018
年度）では、「問 6 で選んだ望ましいと思われる条件を備えているお子さんの結婚相手
が、次のような人であった場合、あなたはどのような態度をとると思いますか。A 〜 H
のそれぞれについて、あてはまるものを一つだけ選び、その番号に○をつけてくださ
い」という質問に対して、「考え直すように言う」と回答している割合は、「同和地区出
身者」16.8%、「日本で生まれ育った在日韓国・朝鮮人」25.3%、「日本で働き、永住を
希望している日系ブラジル人」21.2%、「車椅子が必要な人」31.4%、「精神の障害で通
院している人」63.6%、「その親が破産宣告を受けた人」39.8%、「その親が刑を終えて
出所した人」48.1%、「子どもと同性の人」54.9% であった。病気や障害、同性カップル、
親が刑を終えて出所した人などについては、ほぼ半数かそれ以上の親が反対の態度を
示すということになる。

40

5 私たちは自由に相手を選んでいるのか

この章では、結婚相手を選ぶときに親や親戚が介入するようになった歴史的な変遷と、部落出身者への結婚差別を例に、現代における親の「介入」とその影響について考察した。

親などの影響力は、必ずしも昔に遡るほど強くなるわけではなく、近代化のプロセスにおいて見合い婚という形で、大正期から戦後のある時期まで特に強まった。そしてその後、見合い婚は衰退していくと同時に、親の影響力も弱まったといえる。だが現代においても、親たちの影響力は完全になくなったとはいえない。社会的マイノリティへの結婚の忌避といった場面で、親の介入は起こりうるし、また子の側もそれを予測してあらかじめ交際を諦めたり避けたりする可能性がある。

私たちは、「家」や「家族主義」という意識を通じて、社会的マイノリティを排除することを正当化する認識に知らず知らずのうちに絡め取られていることを自覚しなければならない。

「家なんてもう気にする人はいない」と主張する人もいるだろうが、「家」は形を変えて、私たちを縛り続けている。米村千代は、「現代において「家」の継承の葛藤を抱える人には、単に「家」と個人意識との狭間で悩むというより、そこに、親や祖父母に対する愛情が介在している場合が少なくない」（米村 2014: 210）というように、親たちへの愛情を介在して「家」は継承されていると述べている。

「家族主義」もまた、結婚における親の影響を裏付ける。「家族主義」とは、家族がその成員の福祉に対して最大限の責任を負うべきであるという考え方である（Esping-Andersen 1999=2000; 阪井ら 2012）。家族が最大のセイフティネットであるならば、結婚をめぐるコンフリクトによって親子関係が不安定化することは、家族にとってのリスクになるとみなされうる。また、新たに家族を創設するときに社会的マイノリティをメンバーから排除するために、家族主義的言説が正当化の理由として利用されるかもしれない（齋藤 2017: 179）。つまり、家族に社会的マイノリティを参加させることは、自分たちにも不利益が及ぶかもしれないから、排除して当然であるというかたちの正当化である。家族主義は、「失われた 20 年」における雇用の不安定化や所得の伸び悩みに対応するために、2000 年代以降、強化されているとの指摘もある（宮本 2020: 11）。「親と子が所得を持ち寄る」ことによって生活レベルを維持することが、「状況適応的な戦略」となるからである。

Ⅰ　社会制度としての恋愛と結婚

　このように私たちは自分たちが考える以上に家族関係に絡め取られており、配偶者選択は完全に「自由」であるとはいえない。親や周囲に「忖度」して配偶者選択をしている可能性さえある。友人等との会話で「理想の相手」について語り合った経験がある人もいるだろう。また、結婚の「条件」を考えてみたことがある人もいるだろう。だが、そういった「理想」や「条件」を考えるとき、同時に、自分が何に囚われており、自分が何を排除してしまいかねないか、そうしないためにはどうすればよいかということについても、常に考えていかなければならない。

●引用・参考文献

赤松啓介, 2017, 『性・差別・民俗』河出書房新社.

岩澤美帆, 2010, 「職縁結婚の盛衰からみる良縁追及の隘路」佐藤博樹・永井暁子・三輪哲［編著］『結婚の壁——非婚・晩婚の構造』勁草書房, pp.37–53.

エスピン-アンデルセン, G.／渡辺雅男・渡辺景子［訳］, 2000, 『ポスト工業経済の社会的基礎市場・福祉国家・家族の政治経済学』桜井書店.

大阪府府民文化部人権局, 2021, 『人権問題に関する府民意識調査報告書』大阪府.

大塚明子, 2003, 「戦前期の『主婦の友』にみる「愛」と結婚」『文教大学女子短期大学部研究紀要』46: 1–11.

大塚明子, 2018, 『『主婦の友』にみる日本型恋愛結婚イデオロギー』勁草書房.

小野沢あかね, 2014, 「戦間期の家族と女性」大津透・桜井英治・藤井譲治・吉田裕・李成市［編］『岩波講座日本歴史　近現代3』岩波書店, pp.107–139.

川口洋, 2017, 「十九世紀の越後国から陸奥国への遠方婚からみた地域変化」平井晶子・床谷文雄・山田昌弘［編著］『家族研究の最前線2　出会いと結婚』日本経済評論社, pp.253–289.

黒川みどり, 2021, 『被差別部落認識の歴史——異化と同化の間』岩波書店.

桑原桃音, 2017, 『大正期の結婚相談——家と恋愛にゆらぐ人びと』晃洋書房.

齋藤直子, 2017, 「結婚差別問題と家族」永田夏来・松木洋人［編］『入門家族社会学』新泉社, pp.166–180.

齋藤直子, 2022, 「結婚差別と「家」制度」朝治武・黒川みどり・内田龍史［編著］『講座近現代日本の部落問題3　現代の部落問題』解放出版社, pp.307–340.

酒井貴広, 2014, 「現在までの憑きもの研究とその問題点」『早稲田大学大学院文学研究科紀要　第4分冊』59, 123–140.

阪井裕一郎, 2009, 「明治期「媒酌結婚」の制度化過程」『ソシオロジ』54(2): 89–105.

阪井裕一郎, 2021, 『仲人の近代——見合い結婚の歴史社会学』青弓社.

阪井裕一郎・藤間公太・本多真隆, 2012, 「戦後日本における〈家族主義〉批判の系譜——家族国家・マイホーム主義・近代家族」『哲學』128, 145–177.

静岡県健康福祉部地域福祉課同和対策室・静岡県人権啓発センター, 2020, 『人権問題に関

する県民意識調査結果報告書』静岡県健康福祉部地域福祉課同和対策室・静岡県人権啓発センター.

下夷美幸, 2019,『日本の家族と戸籍——なぜ「夫婦と未婚の子」単位なのか』東京大学出版会.

神村早織・森実［編著］, 2019,『人権教育への招待——ダイバーシティの未来をひらく』解放出版社.

瀬川清子, 2006,『婚姻覚書』講談社.

寺木伸明・野口道彦［編］, 2001,『部落問題論への招待——資料と解説』解放出版社.

東京都総務局人権部, 2021,『人権に関する都民の意識調査 報告書』東京都.

栃木県県民生活部人権・青少年男女参画課, 2021,『人権に関する県民意識調査 報告書』栃木県.

長島淳幸, 2011,「近世——嫁入り婚と小家族の展開」服藤早苗［監修］『歴史のなかの家族と結婚——ジェンダーの視点から』森話社, pp.102–151.

西野理子・米村千代［編著］, 2019,『よくわかる家族社会学』ミネルヴァ書房.

奈良県, 2018,『人権に関する県民意識調査報告書』奈良県.

ノッター, デビット, 2007,『純潔の近代——近代家族と親密性の比較社会学』慶応義塾大学出版会.

平井晶子, 2008,『日本の家族とライフコース——「家」生成の歴史社会学』ミネルヴァ書房.

平井晶子, 2017,「歴史と比較から読み解く日本の結婚」平井晶子・床谷文雄・山田昌弘［編著］『家族研究の最前線2 出会いと結婚』日本経済評論社, pp.1–22.

福岡県福祉労働部 人権・同和対策局調整課, 2022,『人権問題に関する県民意識調査』福岡県福祉労働部 人権・同和対策局調整課.

松沢裕作, 2022,『日本近代社会史——社会集団と市場から読み解く 1868-1914』有斐閣.

三重県環境生活部人権課, 2020,『人権問題に関する三重県民意識調査報告書』三重県環境生活部人権課.

宮本みち子, 2020,「"失われた20年"で中期親子関係はどのように変わったか」『家族研究年報』45: 7–25.

牟田和江, 1996,『戦略としての家族——近代日本の国民国家形成と女性』新曜社.

湯沢雍彦, 2005,『明治の結婚明治の離婚——家庭内ジェンダーの原点』角川学芸出版.

米村千代, 2014,『「家」を読む』弘文堂.

渡辺尚志, 2015,『百姓の力——江戸時代から見える日本』角川書店.

| 社会制度としての恋愛と結婚

Column 1

明治から第二次世界大戦前までの「恋愛」の系譜

恋愛の歴史社会学的研究の知見から

　第 1 部で述べられてきたように、恋愛は現代に限ったものではない。恋愛をめぐる理念や価値観、その実際の関係性は、社会の歴史・文化的背景に強くむすびついている。これまでの恋愛のありようをめぐっては、主に雑誌や新聞などのマスメディアにおける記事や読者からの投稿、知識人の言説を資料とした、歴史社会学的アプローチによる研究蓄積がある。このコラムでは、2000 年前後以降の歴史社会学的研究の知見を中心に、現代の恋愛にもつながる、いわば「近代日本の恋愛」の系譜を確認したい。なかでも、「恋愛」や「家庭」という西洋近代的理念が日本へと持ち込まれた明治（1870 年頃）から第二次世界大戦前（1930年頃）までを対象に、男女一対の異性愛の枠組みが社会を構成する一つの要素として形成され、価値づけられ、推奨されていったプロセスを整理しよう。

　まず、「恋愛」という言葉は、西洋語の訳語として明治に生まれた。日本で"love"が最初に翻訳されたのは、明治 4（1871）年の中村正直『西国立志編』とされるが、「恋愛」の由来は 1860 年代に香港で版行された『英華字典』の中国語訳だという。その後しばらく訳語は不安定で、"love" の訳語として「恋愛」が定着したのは、明治 35（1902）年頃とされる（飛田 2002: 99-107）。明治初期の明治維新と自由民権運動という政治的な動きが落ち着いたのち、明治 20（1887）年頃から個人の内面が社会的関心の的となっていった（井上 1998: 224）。

　そのなかで、"love" の訳語として「恋愛」が社会で知られるようになった契機の一つは、プロテスタントの巌本善治による明治 23（1890）年の『女学雑誌』での論考である（柳父 1982: 89-91）。巌本が示した恋愛観は、肉体的な情欲としての「色」とは異なる精神的な「愛」であった。ただし、この当時、実態のうえでは、中流階層以上では、親が財産や家格にもとづいて結婚相手を決めるかたちが主流であり（田中 2019: 38）、明治・大正の「恋愛」は、実態というよりも理念や言説としての側面が強かった点に注意されたい。

　明治 20 年代に、理念としての恋愛を論じた先駆のもう 1 人が北村透谷である。北村は明治 25（1892）年の「厭世詩家と女性」という論考でロマン主義的な「自己」観にもとづく、肉体とは切り離された精神的なものとしての恋愛観を示した。この「自然」な「自己」を至上とした北村の恋愛観は、社会的な役割を内包した結婚とは切り離された点で独特なものであったという（田中 2019: 56）。

Column 1 明治から第二次世界大戦前までの「恋愛」の系譜

　そのため「自己」を実現する関係は異性愛に限ったものではなく、「同性間の恋」もありえた。田中亜以子の研究によると、特に明治30年代から40年にかけては、投書雑誌『中学世界』の匿名投稿にみられるように、男性同士の恋もめずらしくなかったようである。男性同士の恋は、「男らしい」結合である「男色」とは異なり、「立身出世」などの主流の男らしさに収斂されない「自己」を求めてのことであったという（田中2019: 70–73）。

　他方で、田中は女性同士の恋にも目を向けている。近代における女性同士の恋については、ジェンダー格差が大きいなかでロマンティック・ラブの理念を身近な女学校の女性同士で実践したのではないかという赤枝香奈子（2011）の仮説を挙げたうえで、別の側面を示した。それは、男女の関係において「自己」を実現しえなかった「新しい女」たちが「自分の仕事」に生き、「妻」・「母」といった性別役割に収斂されないために、女性同士の親密な関係を希求したという側面である（田中2019: 149）。

　しかし、明治40年代から大正初期にかけて、社会全体としては国家主義的なイデオロギーに加え、自然主義の影響を受けた優生学的思想や性欲本能説の輸入のもと、「国家社会」の秩序や「よりよい子孫」に寄与するものとして異性間の恋愛が論じられるようになり、恋愛の夫婦への囲い込みが進んでいった（菅野2001: 108–111; 大塚2018: 63–65; 田中2019: 167–171など）。

　さらに、明治43（1910）年に文学雑誌『白樺』が創刊されたころから、教養主義を背景とした「人格」を重んじる恋愛観と恋愛至上主義ともいえる理念が広がっていった（大塚2018: 65）。その流れのなかで、特に大きなインパクトを与えた論者が京都帝国大学教授であった厨川白村である。厨川は、大正10（1921）年、朝日新聞で「近代の恋愛観」を連載し、翌年その連載が単行本化されるとベストセラーとなった。厨川の恋愛は、「霊肉一致」によって性欲が純化・聖化された、全人格的なものであった。この恋愛観では、「正しき恋愛」は永続的なものであり、結婚後も持続することが想定された（厨川1922）。

　他方で、厨川の意に反して、一般の人々の間では「恋愛」と夫婦の「愛」は、区別された。通史的に『主婦の友』を分析した大塚明子によると、戦前大衆婦人誌の代表ともいえる『主婦の友』では、従来の当人の意に沿わない「不自由結婚」を批判するものの、完全な「自由恋愛」による結婚は、その不安定性により家庭・国家社会の秩序を乱すことへの懸念から否定されたという。また、社会的にも自由な男女の交際には否定的な状況が続いており、「自由恋愛」とは異なるかたちで「愛」のある結婚がめざされた。とりわけ、「見合い」によって若い男女が純潔を守ったうえで互いの「人格」を理解し、親や第三者の冷静な判断を取り入れた結婚をするようになっていった（大塚2018: 184–189）。結婚後も「高潔な人格」と結びついた永続的な「愛」が重視されるが、男性において妻への「愛」と娼妓などの「玄人」への性的情熱としての「恋愛」は、並立しうるとみ

なされるなど（大塚 2018: 208–209）、ジェンダー非対称な点もあった。

　この純潔と生殖を重んじ、妻が「高潔な人格」を持つ夫を「敬」し、精神的に「同化」し「一心同体」になる、という大正から昭和初期に広がった「愛」の理念は、欧米のロマンティック・ラブとは微妙に異なるとする議論もある。その嚆矢であるデビッド・ノッター（2007）は社会史家ローレンス・ストーン（1991）の言葉を借り、戦前日本でもたらされたのは、イギリスの近代家族形成期に類似した「友愛結婚」であったと表現した（ノッター 2007: 81–82）。ノッターの影響を受けた大塚は、戦前から終戦直後の日本の恋愛結婚の特徴についてより具体化し、①精神主義的で意志的な「愛」、②「ただ一人の人」という個別志向性の欠落、③明示的な言葉や身体接触による愛情表現の回避という 3 点を挙げ、「家庭基盤型の近代恋愛結婚イデオロギー」と名付けた（大塚 2018: 597–600）。その後、法制度やメディアを通じたアメリカの影響もあり、1950 年代頃から、官能的情熱としての「恋愛」が肯定されるようになっていく（大塚 2018: 354–358）。

　以上は、先行研究の要点のみを押さえた概略にすぎず、着目する年代や地域、階層、分析に用いる資料によっても、「恋愛」のみえかたは微妙に異なりうる。とはいえ、歴史社会学的・比較文化的な視点に立てば、近代日本で "love" が輸入されたのち、実際には欧米とは異なる文化や思想、明治・大正・昭和という 社会背景のもとで、独特の恋愛観が形成されてきたのである。この延長線上に現在の恋愛も位置づけられる。だからこそ、現代の恋愛を考えるうえでも、歴史的かつ比較文化的な視点を意識しておきたい。（岡田玖美子）

●引用・参考文献

赤枝香奈子, 2011,『近代日本における女同士の親密な関係』角川学芸出版.
井上輝子, 1998,「恋愛観と結婚観の系譜」総合女性史研究会［編］『日本女性史論集 4 婚姻と女性』吉川弘文館, pp.221–238.
大塚明子, 2018,『『主婦の友』にみる日本型恋愛結婚イデオロギー』勁草書房.
菅野聡美, 2001,『消費される恋愛論──大正知識人と性』青弓社.
北村透谷, 1965, 「厭世詩家と女性」『日本現代文学全集 9　北村透谷集』講談社, 26–30.
厨川白村, 1922,『近代の恋愛観』改造社.
ストーン, L. ／北本正章［訳], 1991,『家族・性・結婚の社会史──1500~1800 年のイギリス』勁草書房.
田中亜以子, 2019,『男たち／女たちの恋愛──近代日本の「自己」とジェンダー』勁草書房.
ノッター, デビッド, 2007,『純潔の近代──近代家族と親密性の比較社会学』慶應義塾大学出版会.
飛田良文, 2002,『明治生まれの日本語』淡交社.
柳父章, 1982,『翻訳語成立事情』岩波書店.

Ⅱ

実証研究からみる
若者の恋愛と結婚

雑誌を用いた言説分析、アンケート調査、インタビュー調査といったさまざまな手法を用い、結婚を視野に入れた異性間の恋愛についての実証的な論考を集めました。現代社会に焦点を当て、身近で具体的な議論を行います。

II 実証研究からみる若者の恋愛と結婚

04 1980年代の「恋愛至上主義」
『non-no』と『POPEYE』の言説分析を通して

木村絵里子

1 雑誌メディアにみる恋愛の文化

　1993年に出版されたある社会学のテキストには次のように書かれている。「(テレビや雑誌は)若者にとって恋愛が重大な関心事、体験することが望ましいというメッセージを送っている。[…]若者向けの雑誌はさまざまなデートマニュアルを繰り返し紹介し、純愛や熱愛を描くテレビ番組やコミックが高い人気を集め愛のメッセージを語る作家やミュージシャンが教祖的存在となる。男女を問わずこれほどの関心事として社会に容認されたのはきわめて現代的現象といってよい[…]」(牟田 1993: 303)。高度消費社会が始まった1980年代を中心とする恋愛文化の盛り上がりと強迫性については、ある年代以上の人であれば、おそらく肌感覚で知っているだろう。それだけに、これを具体的な対象に即して分析したものは意外と少ない。
　谷本奈穂(2008)は、1970年代後半から2000年代初頭までの女性ファッション誌と男性ファッション誌の恋愛記事から、1980年代を通じ1990年代で「恋愛の社会的物語」は大きく展開し、結末部分(結婚、別れ、失恋など)が弱体化し、その代わりに相手の「魅力」や「アプローチ」というプロセスが重視され、恋愛においては「遊び」としての要素が多くなったことを指摘する。だが、谷本は、1970〜80年代は1978〜80年までの3年間の記事を対象にした検討しか行っておらず(谷本 2008: 23)、1980年代の分析の余地は多分に残されている。結論を先取りしておくと、たしかに1980年代の恋愛では「遊び」の要素が強くなるのだが、しかし、1980年代のそれは、1990年代とは異なり、恋愛関係を築く両者の関係性の内側に限らず関係性の外側にある都市の文化や消費文化を通しての「遊び」だったのであり、実はそれが、若者が恋愛に夢中になっているように見え、若者のあいだで恋愛を至高とす

04　1980年代の「恋愛至上主義」

る価値観が共有されたことと密接にリンクするものだった。

　本章では、女性向けの雑誌の分析（木村 2021）[1]に、男性向けの雑誌の分析を加えて、1980 年代の恋愛文化を描きだしてみたい。ただし、当時の雑誌に書かれていることが、そのまま恋愛意識や行動の実態を示すとみなしているわけではなく、本章では、雑誌メディアにおける言説を媒介として構成される恋愛文化を明らかにしたいと考えている。その際、恋愛についての言説を内在的に記述するという方法をとることになるが、それも生起したことを固有な分散状態のうちに保ちながら記述する。特に異性愛を中心とする恋愛関係では、性別役割におけるジェンダーの非対称性が露呈する場であることから、それらをまとめていくをできる限り留保する必要がある[2]。ただし、本章は以下に述べるように分析対象を二つの雑誌に限定していることから、言説分析とはいえず、どちらかというとその途上にある。今後、分析対象となる資料を徐々に加えていきながら、恋愛について多角的に記述していくことになる。

　本章で分析の素材とするのは、18～23 歳の女性を読者層として 1971 年 5 月に集英社より創刊された、女性ファッション誌『non-no』と、若い男性を読者層として 1976 年 6 月に平凡出版（現マガジンハウス）より創刊された男性ファッション誌『POPEYE』である。

　『non-no』と、その前年に創刊した『an・an』（1970 ～現在、マガジンハウス）が登場したことにより、その後の女性誌の地図は大きく塗り替えられたといわれている（井上ら 1989）。この両誌が洋裁（型紙）を誌面から取り払い、カラー写真を用いて既製服のコーディネートや着こなし方を提示するという「ビジュアル・ファッション誌」という様式を確立させた（坂本 2019: 176-177）。「アンノン族」という語は、両誌が新しい女性文化を先導する存在であったことを象徴している。坂本佳鶴恵によると、こうした女性文化は、妻・母になるまでの準備期間という伝統的な性役割から切り離された「女の子」という新しい世代のあり方（「女の子」文化）を提示するものであった（坂本 2019: 234）。

　戦後女性文化に焦点を当てた雑誌分析は、どちらかというと先端的な女性像を示

---

1) 本章は、主に女性ファッション誌『non-no』の分析を行った木村（2021）および木村（2024）の内容と重複する箇所がある。
2) 本章で取り上げる雑誌メディアの恋愛に関する記事は、主に異性愛を前提にしている。しかし、当然のことながら、本章は性的マイノリティを排除するという立場にはない。

す『an・an』に着目することが多かった（上野 1992; 落合 1990; 浅野 1999; 牧野 2012 など）[3]。だが、後述するように『non-no』の発行部数は桁違いに多く、また、『an・an』の「先駆性」に対して、「穏健さと大衆的親近性」（井上ら 1989: 37）によって支持された『non-no』の恋愛文化とは、ある意味で『an・an』以上に、新しい「女の子」文化の中心を占めるものだったのではないだろうか。

　一方、男性ファッション誌については、辻泉が指摘するように、女性ファッション誌の蓄積に比べるとこれまで十分な研究がなされてきていない（辻 2013）。『POPEYE』は、1975 年に出版された『Made in U.S.A catalog』を前身とし、米国のカウンターカルチャーに関連するスニーカーやテニスなどの商品アイテムをカタログ的に紹介する雑誌として創刊された。ところが、1977 年を通じて、レジャーエリアとして東京のおしゃれな街が紹介され、また、レジャーアイテムとして、オフロード 4WD、フリスビー、テニス、ギャル、デートなどが発見され、マニュアル化していく（宮台 1994: 252）。『POPEYE』の表紙の言及分野を調査した辻によれば、「おしゃれ」、「生き方」、「余暇」が 3 大テーマとなるが、1970 年代は「余暇」、1980 年代と 1990 年代では「生き方」、そして 2000 年代は「おしゃれ」が、それぞれ多くの割合を占めていた（辻 2013: 42）。1980 年代の生き方のなかでは、「恋愛・友人」や「ライフスタイル」の割合が高く、特に女性との関係性を円滑に保つためのハウツーなどが取り上げられていたのだという。

　『non-no』と『POPEYE』は、いずれも創刊から 1980 年代にかけて発行部数が大幅に増加したという特徴がある。1979 年の『non-no』の発行部数は 85 万部、1985 年は 120 万部、1979 年の『POPEYE』の発行部数は 36 万部、1985 年は 75 万部となっている[4]。もちろん『non-no』と『POPEYE』だけが、恋愛文化を語っていたというわけではない。他の女性誌や男性誌にも、当然こうした語りは多く認められるが、まずは、雑誌におけるこの中心地帯に注目してみたい。

3）学術研究以外のものとして、『an・an』では北原（2011）や酒井（2017）など、『POPEYE』では椎根（2008）などがある。

4）青少年研究会による 2014 年の全国調査によれば、16～29 歳の女性の 54.3%、男性の 18.0% がファッション誌を購読しており（N = 543）、雑誌購読者のうち 22.2% が『non-no』を、1.0% が『POPEYE』を購読していると回答している（N = 207）（木村 2016b: 109–110）。発行部数が大幅に減少した後でも『non-no』は他誌に比べると比較的多くの若い女性の読者を獲得している。

04 1980年代の「恋愛至上主義」

2 ファッション誌における「恋愛」の語られ方

　本節では、1970年代から1980年代までの恋愛関連の記事を取り上げ、そこで語られる恋愛がどのように変化したのかを確認しよう。

■恋愛結婚から恋愛へ

　1970年代の女性誌では結婚に関する記事が多くみられたといわれている（谷本2008）。『non-no』でも、芸能人や一般の読者のカップルが度々誌面に登場し、「甘い甘い恋愛時代を経て、結婚という"花園"に」たどりついたと紹介され（「non-no スイート・レポート夫婦三景 ボクらは結婚1年生」1974年5月20日号）、結婚生活や子どものことなどが語られる。ここで言及されているのは、恋愛と結婚と性が結びついた幸福なロマンティック・ラブと、自由な「愛の共同体」（見田 2011: 111）についてである。いわゆる「恋愛結婚」が多数派となったのは高度経済成長期以降のことであり、自らの意志で相手を選び、恋愛を経て結婚へと至る恋愛結婚自体も、当時は、親世代とは異なる新しい様式だった。

　ところが1980年代になると、恋愛と結婚の関係が変化し、恋愛の価値が向上する。1985年1月20日・2月5日合併号の「なんと55％が結婚と恋愛は別」では、『non-no』の誌上アンケートの結果を受けて「半数以上の女性たちが、恋愛と結婚の対象をかなり明確に分けている」ことが驚きをもって伝えられている（p.73）。23歳のフリーライターのインタビュー内容を長くなるが紹介したい。「恋愛と結婚って全然、別なものじゃないかしら。男性を好きになるときはインスピレーションがビビッとくるけど、結婚が頭によぎるわけではないですよね。先が見えるとつまらないと思うし、結婚が目標の恋なんて、それはもう恋とはいえないと思いますけど。恋って生活感がみなぎっているものではないでしょ。だから私の場合は、恋は恋、結婚は結婚だと思っています。お見合いとか結婚相手の紹介所なんてあるけど、結婚を目的として男女が出会うなんてことはとっても不純だと思いますね」（p.74）。結婚は生活感がみなぎるものだが恋はそうではない、結婚を前提とした恋愛は不純であると、恋愛と結婚の矛盾や両立し難さを「女性」が語るようになったところが1980年代的であるといえるだろう。彼女の言葉からは、ロマンティック・ラブの価値が変化していることがよくわかる。恋愛結婚という様式が浸透してから間もなく、必ずしも結婚には結びつかない恋愛の価値が高まったのである。

51

それでは、『POPEYE』の場合はどうだろうか。1970年代の『POPEYE』は「余暇」が中心に取り上げられており（辻 2013）、恋愛に関する記事はほとんど見当たらない。銀座ガイドのなかのごく小さな記事として「オリーブとのデート・コース」が掲載されていたり（「Ginza pikc-up」『POPEYE』1977年10月25日：116）、クリスマスにプレゼントをくれる彼女に向けた特集が組まれていたり（「thank you Olive 今年もらいたいモノのカタログ」1978年12月25日号：59）、あるいは、『POPEYE』が度々組んでいた「男前になるための秘密」という特集のなかで、「女のコ」が考える「男前」像が紹介されたりする程度である（「女のコにとって男前とは何だろう。」1978年11月10日号：100）。これらの記事は、その後の恋愛マニュアルの記事の登場を予感させるものでもある。ただし、『POPEYE』では、『non-no』とは異なり、「恋愛結婚」から、「結婚から切り離された恋愛」へという流れは確認されない。先述したように『POPEYE』では、恋愛が都市の消費文化におけるレジャーアイテムの一つとして位置づけられていたからであろう。

■ 恋愛の疑似体験

1980年代の『non-no』の誌面には、結婚を目的としない恋愛が登場していたのだが、それはどのようなものとして語られたのだろうか。まず注目したいのが読者による恋愛体験の手記である。1985年8月5日号から開始された「私のロストラブ体験記」という連載では、「失恋」について読者が投稿した手記が掲載されている。この「失恋」の語られ方は、1970年代のものと明らかに違っている。

1970年代後半の「non-no 愛のゼミナール」という連載は、読者が体験したさまざまな恋愛の障害について取り上げたものである。これらは、一見すると結婚から切り離された恋愛のことが語られているようにも思える。だが、たとえば彼が年下であることによって両親に結婚を反対されたというエピソードのように、恋愛そのものではなく、結婚に至るまでの障害、つまり、「結婚に至ることができなかった恋愛」が語られているのである（1977年12月5日号：57-63）。恋人との別れをテーマにした読者の手記でも、別れとは、結婚の約束をして「唯一と信じ、永遠にと願った愛」との決別を意味していた（1976年9月20日号：82-88）。

一方、先の1980年代の「私のロストラブ体験記」では、失恋について次のように語られる。「失恋って［…］"恋を失う"のではなく、また新しい恋を見つける"たったひとりの運命の男性を探し出すためのチャンス到来！ってことだと思う［…］」（1985年8月20日号：139、引用元のルビは削除）。そして、この読者の言葉を、ある著

04　1980年代の「恋愛至上主義」

名人が「前向きな姿勢」として評価する。「たったひとりの運命の男性」との出会いを求める点は、たしかにロマンティック・ラブではあるのだが、しかし、運命の男性との出会いそのものは人生においてすでに一度限りのものではなくなっている。投稿者は社会人だけではなく、高校生や大学生が多くなっており、失恋経験の低年齢化が影響しているとも考えられる。記事のタイトルも、失恋をわざわざ「ロストラブ」と横文字のカタカナに言い換えているという点が1970年代と比べて「軽さ」が感じられる。

　さらに、読者の体験が「あなただけの美しい体験談」として誌面に紹介され、そのなかから「優秀作」や（1985年8月5日号：142）、「せつない女のコの気持ちが手にとるように分かって、胸キュン大賞」が選ばれている（1985年8月20日号：139）。これは、失恋の体験記が「せつない」「心に残る別れのシーン」の、いわばコンテンツとして他の読者に経験されることを示すものである（p.139）。「私のファースト・キス体験記」（1986年1月20日・2月5日号〜）でも、「女の子なら、だれでも一度は夢見るファースト・キス♡思いっきりしたいもの［…］」と（1986年2月20日号：142）、「ファースト・キス」が恋愛関係における「胸キュン」や「ドキドキ」を呼び起こすものとして位置づけられ、読者の間で共有されるのである。

　街中を「幸せそうな顔して歩いているカップル」15組を紹介した記事も、同様の類いである。この記事の担当記者は「イイナ、イイナ。ふたりで恋して、デートして。互いに見交わす目と目には、チカチカって電気が走っているし、ハイ、写真撮りますといえば、頼みもしないのに、ベタベタくっつくし。［…］そんなふたりの姿ばかり見ていると、一人の自分が情けない。この取材で分かったことは、恋するふたりの周りには、ひと足先に春がきて、一人者のところには、ひと足遅れて春がくる、ということ」（「ねェ、いい恋してる？」1983年5月5日号：71）と、恋人たちのことを羨ましがり、一人者の自分を嘆いてみせる。これは、女性から女性へのコミュニケーションにおける一種のサービスでもあるのだろう。筆者にとっては非常に既視感のある、幸せそうな恋人たちに対する紋切型の振る舞いである。以上の記事では、ふたりの関係が成就すること（結婚）はもはや問題とされていない。それよりも、他人の恋愛を覗き見て、せつない気持ちになったり、「胸キュン」したりして、「私もいつかこんな恋愛をしてみたい」と、恋愛そのものに対する憧れが積極的に語られている。恋愛とは、非生産的で「今、ここ」における生の充溢をもたらすものであり、裏返せば、恋愛は恋愛として自己目的化され、消費されるようになったのだ。

53

II　実証研究からみる若者の恋愛と結婚

　一方、1980 年代の『POPEYE』では、恋愛の疑似体験のような物語は語られておらず、後述するマニュアルを通して恋愛が語られるだけである。

3　マニュアル化される恋愛文化

■恋愛の技術とデート文化

　自己目的化された恋愛では、当然、婚姻関係のように関係がおのずと持続していく状態にはないので、関係を続けていくためには相手に対するコミットメントが続けられなければならない。具体的な相手に対するコミットメントとは、端的にいうと相手とのデートを重ねることによって可能になる。だからこそ、1980 年代に多くみられた、いわゆる恋愛のハウツーやマニュアルは、主にデートの作法や技術を執拗に説くのである。『Hot-Dog PRESS』（1979 ～現在［デジタル版］、マガジンハウス）や『POPEYE』（1976 ～現在、マガジンハウス）などの男性誌や、田中康夫の一連の著作は、恋愛マニュアルをそれこそカタログ化していくようなものだった。1970 年代では、異性へのアプローチの方法が取り上げられていたのは男性誌だけで、女性誌では見当たらなかったが（谷本 2008）、1980 年代になると、女性向けの雑誌メディアでも恋愛マニュアルに類するものが数多く登場するようになった。

　『non-no』で習熟を促される恋愛の技術を具体的に見ていこう。まずはデートの際の行動様式に関するものが挙げられる。これらは「彼らの女性観」「男の本音」と、男性の視点を通して、デートのときにふさわしいとされる振る舞いやしぐさ、言葉遣い、化粧、ファッション、コーディネート、スタイルなどを提示する。

　「男の子にモテるセクシー」を特集した記事では、「髪」がもっともセクシーを感じる女性の体の部分として紹介され（1989 年 8 月 20 日号：84）、また、「男のコの好きなしぐさ、嫌いなしぐさ」を掲げた記事では、「やっぱりサラサラの長い髪って魅力的。その髪を、さあってかき上げるしぐさに、おれ、ホントにヨワいんだよね［…］」という 21 歳の大学生の声が掲載されており（「男の子の好きなしぐさ嫌いなしぐさ」1986 年 9 月 5 日号：107）、とりわけ「髪をかき上げるしぐさ」がセクシーでかわいいしぐさとして位置づけられている。

　また、「近ごろ、パリよりオシャレとウワサのある東京の女の子たち。［…］そんな女の子たちを、男性は、どんな目で見てるのかしら」（「ぼくはこんなおしゃれが好きです！」1985 年 7 月 20 日号：43）と、ファッションの記事にも男性の目線が組み込

まれ、ファッションアイテムを示す言葉にも、「ペアルック」や「デートルック」など、恋愛の要素が加えられた。これは実際に男性のインタビューやアンケート結果が載っている場合もあれば、男性の目線だと女性読者が想像するものを構造化し、組み込まれているものもある。

　ただし、「男性にどう見られるか」といいながら、それはテクニック論というよりもよりもはるかに、「幸せな二人がまわりからどう見られるか」という「ルック」の問題なのである。もっといえば、「見られている私たち」についての、じつはかなり自己満足的な閉鎖回路（赤坂 2007）が「ルック」なのだった。

　以上のように恋愛の技術を伝授する記事を通して、振る舞いやしぐさ、言葉遣い、化粧、ファッション、コーディネート、スタイルという、女性たちのセクシーな、あるいはかわいい、おしゃれな外見的要素が、恋人としての魅力、すなわち、恋愛関係における性的魅力に結びつけられて語られるようになった[5]。こうした魅力によって相手を惹きつけること、それがとりわけ女性に課された恋愛の技術なのである。

■「奢り／ワリカン」の意味論

　一方、『POPEYE』で男性に課されていた役割が「二人の関係をリードすること」である。たとえば「最低でも2通りのコースを設定して、その日の女のコの気分や状況に応じたデートができる配慮が欲しい」、「車でのデートの場合、特に道や駐車場は細かく調べておきたい。できれば、事前に出向いてみて、どこをどう通れば近道なのか［…］チェックしておきたい。［…］お店に行く場合は営業時間や定休日を調べておくことも忘れずに」（「ウキウキと胸も高鳴る初デート。20 のチェックポイント」『POPEYE』1985 年 4 月 10 日号：57）と十分に注意することが求められるが、しかし、「『ポパイ』のデート特集を見ながら歩いてはいけない。［…］場所をしっかりと覚え、さもいつも来ているような顔で彼女を連れて行くことが大切」でもある（「初

5）とはいえ、1970 年代において女性たちの振る舞いや外見と性的魅力とが結びつけられて語られることがまったくなかったわけではない。たとえば『non-no』1972 年 4 月 5 日号「このスタイルを男性はどう見る！？」、同 1973 年 3 月 20 日号「男にとって可愛い女とは？」、同 1978 年 12 月 5 日号「セミロング、ナチュラルヘア赤き唇の君が好き！」など。ただし、1970 年代は主に恋愛結婚のことが語られていたわけで、先の 1973 年の記事でも「男が結婚相手として描くイメージ」や「結婚という長い付き合いのなかでは［…］」などと、結婚相手としての魅力が語られている。

図4-1 『POPEYE』1985年2月10日号：92

デート、してはいけない7つの心得」『POPEYE』1985年4月10日号：60)。また、ある有名タレントの女性が「面白い話をたくさんしてくれる人のほうが、知性を感じるし、私を楽しませてくれてるんだぁと思いやりが優しさを感じます」と語るように（「こんな話をしてくれる人だーい好き」『POPEYE』1985年2月10日号：34)、男性には、デートコースのみならず、デートの際に「その場その場でふさわしい」話題を提供することが求められる（「これだけ知ってれば"ヤルナ"と思われる。」『POPEYE』1985年2月10日号)。『non-no』では「デートはボクがリードしなくちゃと［…］四苦八苦。［…］だから、せめて彼好みのかわいいファッションで心をなごませてあげるのがあなたの役目」と、それぞれの性別役割がはっきりと位置づけられている（「ノンノBOYS白書 第4回」『non-no』1985年7月20日号：122)。

デート代については、1988年の『non-no』誌上アンケートの結果によると「（男性が）全額おごる」が33％、「男のほうが多めに払う」43％、「ワリカンがベスト」が11％とある（「'88版ノンノ・ボーイフレンド白書」1988年10月20日号：154)。こうした数値はあくまでも誌上アンケートの結果に過ぎないが、少なくとも「ワリカン」はごく少数派だという印象を読者に与えるものである。ちなみに別の誌上アンケートによると1回のデート費用は平均6,800円だった（「'89ノンノ・カップル白書」『non-no』1989年6月5日号：160)。『POPEYE』では、「サイフの中に1万円札を数枚しのばせておくのはもちろんだが、クレジットカードも忘れずに持っていきたい。思いがけず高級レストランに入ってしまったり、彼女に何かプレゼントしてあげたくなったときなんか、大変心強いし、スマートだからね」(「ウキウキと胸も高鳴る初デー

ト。20のチェックポイント」『POPEYE』1985年4月10日号：58）と、男性が奢ること
がごく当然のこととして語られている。

　ところで、なぜ、デート代は男性側が負担する必要があるのだろうか。それは、
恋愛関係の駆け引きに関わるデートの行動様式であるからだ。『non-no』には男性
側の意見としては次のようなものが紹介されている。「カフェバー、居酒屋は男の
テリトリー。店もよく知ってるし、なじみの店員さんもいるから、黙っておごらせ
てほしい。ホテルへの序章という意味でも、このへんからリードしたいね」、「こっ
ちがおごるつもりでいるときに、レジで「ワリカンじゃなきゃイヤ」という女はサ
イテー。それなら席を立つ前に言えよ。店員の前で、ふたりの距離感を公言するな
っていうの」（「デートのときの経済学 PART2・おごられるのも楽じゃない!!」1988年10
月5日号：119）。男性側の申し出を断り、女性側がワリカンを提案すると、頭を下げ
て「おごらせてくれ」と懇願されたという、いささか奇妙なエピソードも登場する
（p.120）。

　男性の「奢り」は「ホテルへの序章」となり、「ワリカン」は距離のある関係を示
すものになる。男性側がおごることのできる関係とは、性交渉の可能性をも含む親
密な関係にあることを裏付けるものなのである。だからこそ、「おごらせてくれ」と
懇願するのだし、断られた場合には、「男のプライドを傷つけられたと同時に、「あ
んたなんて好きじゃないわ」といわれたような大きなショックを受けることにな
る」（「'88版ノンノ・ボーイフレンド白書」1988年10月20日：154）。『POPEYE』の「こ
れくれたら、私、ア・ゲ・ル。」というあからさまな特集では「女のコを落とすには、
雰囲気と極めつきのプレゼントをもってすれば OK!!」とある（1986年1月10日号：
37）。

　他方、女性側は、実質的に費用の負担をかけたくないという思いとともに、「お
ごってもらってしまうと対等の関係でなくなってしまう」ことを懸念する（1988年
10月20日：154-155）。デート代の「奢り／ワリカン」とは、男性側がリードしてふ
たりの関係を先に進めようとするときに用いられる、女性側の意思確認のための符
牒のようなものなのだ[6]。さらに、こうした男性側の思惑が、男性誌ではなく女性
誌のほうで詳細に語られているのは、相互行為儀礼として、女性側の判断やその表
出が重要になるからなのだろう。

■ 性のダブルスタンダード
　先に『non-no』では、「私のファースト・キス体験記」（1986年1月20日・2月5日

号〜）のように「ファースト・キス」が恋愛関係における「胸キュン」や「ドキド
キ」を呼び起こすものであったことを取り上げたが、実は、率直に「胸キュン」で
きるのは「キス」までである。1970〜1980年代の『non-no』では、婚前性交（婚約
や結婚前の性的行為）の可否、または自由性交（婚前ではない恋愛関係のなかの性的行
為）の可否が度々問われている。たとえば1970年代では、白無垢の打掛や花嫁衣裳
は処女性の象徴であるが、婚前交渉の経験のある人に対しては「結婚の持つ意味の
尊厳を考えたうえで」なら「必要以上の劣等感や嫌悪感を抱く必要はない」と不承
不承に語られる（「しあわせな結婚のためにこれだけは知っておこう」1971年9月20: 綴
じこみ、傍点引用者）。1980年代でも、恋人間のセックスの有無は「恋愛のうえで起
こるいろいろな問題」のひとつとして位置づけられている（「20歳の生活白書」1980
年1月5日号: 57）。「セクシーさ」が女性の重要な性的魅力でありながらも、性的行
為は決して手放しで称揚されるものではなかった。

　しかし、『POPEYE』では、そもそも結婚について言及されないように、性的行
為はとうに結婚からも切り離されている。『POPEYE』は、1986年1月10日号で初
めての「SEX」特集を組み、写真やイラストを用いた具体的なハウツーが掲載され、
別の記事でも「女のコが求めているのは愛情なの。愛されてるって実感が欲しい」
という女性の声が紹介される（「教えてあ・げ・る。アノ時のこと。」『POPEYE』1986
年8月25日号: 27）。ただし、「遊びのつもりで声をかけ、お酒の勢いにまかせてホ
テル」に行ったものの、「下手をすれば、いつの間にやらエンゲージリングを買わさ
れるハメに陥る」「危ない女」を見極める方法についても取り上げられている（「遊
びのつもりが・・・危ない女」『POPEYE』1986年8月25日号: 38）。『POPEYE』では、
本命の彼女とのみならず、「遊びの女」との性的行為まで、その是非を問うことな
く語られるのである。吉澤夏子は、1970年代の総合雑誌『平凡』において「愛し合
っていればセックスするのは当然だ、それは良いことなのだ、という（潜在的な新
しい）規範と、結婚までは処女でいなければならないという（潜在的な伝統的）規範

6）1980年代後半には「メシをごちそうするだけの男性」を意味する「メッシー」が、「女
　の子のハートをつかむには、ひたすらプレゼント攻撃をかけるしかない」と考える「み
　つぐ君」が、女性の足がわりになって車で送り迎えする「アッシー」などともに流行語
　となったが、それは「奢り＝男性のリードに身を任せる（関係を進展させる）」という
　前提があったからこそ、「奢ってもらっても身を任せない」ことが特異なものとして取
　り沙汰されたのである（「ぼくたち、デート代で破産しちゃう！」『non-no』1989年4月
　20日号: 185）。近年の「奢り奢られ論争」については、木村（2024）も参照のこと。

が、真っ向から対立するせめぎ合い」を見出している（吉澤 2000）。『non-no』はいまだ純潔主義を引きずるが、『POPEYE』はそれを軽々と乗り越えていることから、1980 年代においても性のダブルスタンダードは顕在だといえる。

■ 異性愛という「ジェンダー秩序」

　女性は外見的魅力を備えて男性を惹きつけ、男性がデートに誘い、二人の関係を先に進めたいという思いを、デート費用を負担することで表明し、女性がそれに応じる／応じないかを決定する……。以上の『non-no』と『POPEYE』のデート文化記事では、「男性がリードし、女性が応じる」という行動様式を規定するそれぞれの性別役割について記述されていた。恋愛関係とは、こうした性別役割に基づく分業（性別役割分業）体制になっていると捉えることができるだろう。ここでいう「分業」とは、必ずしも「生産」や「労働」に限定されず、役割に応じた実践を意味する。

　先に 1980 年代は、恋愛の自由が拡大し、恋愛のゴールが必ずしも結婚ではなくなったと述べた。とはいえ、たとえば 1987 年時の平均初婚年齢は女性：23.8 歳、男性：26.9 歳であり（厚生省人口問題研究所 1983）、現在に比べて驚くほど若い（2021 年平均初婚年齢は女性：29.1 歳、男性：31.0 歳）（国立社会保障・人口問題研究所 2023）。このことから判断すると、1980 年代の結婚は、比較的恋愛のすぐ近くにあったといえる。結婚した後の妻の就業状態はどうだったかというと、結婚期間が 0〜4 年で子がいない場合には半数が勤めているのに対して、子がいる場合には 7 割近くがパートタイムにも従事していない専業主婦となっており（厚生省人口問題研究所 1983）、多くの家庭では「男は仕事、女は家庭」という性別役割分業体制にあった。

　結婚から一時的であれ切り離された恋愛関係の性別役割は、既存の家庭内における性別役割が参照されたという可能性も考えられる。恋愛関係内における性別役割分業と家庭内のそれの連続性はむしろ都合が良い。二人の関係をリードして、奢ってくれる男性は、収入も多く、結婚後もきっと頼りがいのある夫になるだろうというように。では、女性のほうはどうだろうか。恋愛関係においては性的魅力が、そして家庭内においてはケア役割が要請されるとなると、これらは切断しているようにも見える。だが、実は、「ジェンダー秩序」（江原 2021）において、これらは密接に関連し合っている。というのも、性別分業において女性というカテゴリーは「他者の必要や欲求を実現すること」と結びついていることにより異性愛においては、性的欲望の主体である男性を惹きつけ、その望みをかなえることが自分の努めであ

59

るように感じられるからである（江原 2021: 155-156）。さらに、それによって恋人が得やすいなどという恋愛の場におけるアドバンテージに結びつくと認識されれば、「女らしい」外見やふるまいを積極的に手に入れる努力がなされるようになるのだろう。

■「東京」のデート文化

　これまでデートの場における性別役割と技術について取り上げてきた。最後に、デートがなされる場所、あるいは恋愛がなされる舞台について検討したい。

　消費社会化が進むなかで、渋谷の公園通りをはじめとして、都市のおしゃれな街が記号としてのモノの消費の舞台として編成されてきたことが議論されてきた（吉見 1987）。その頃から都市における特定の街は、雑誌メディアと結びつきながら、若者文化や流行を作り出す強い磁場として機能してきた。この都市の若者文化のなかには、恋愛、とりわけデート文化が含まれている。

　『non-no』や『POPEYE』によれば、デートとは、「東京」を楽しみ、消費することだった。たとえば、「どうしても一度は、彼と手をつないでシットリ歩いてみたい外苑いちょう並木がすぐ近くにある」青山の「カプッチョ」、渋谷のパルコPART Ⅲの１階の天井までガラス窓のあるシャトレーヌは「明るい気分にさせてくれる」、「お小遣いがタップリのときは、ホテルセンチュリーハイアットのプールがいい。［…］ちょっと高いけれど［…］夜はイルミネーションを眺めながら泳ぐのって、最高に豪華な気分［…］」（ちなみに当時からナイトプールがあったようだ）。ここに挙げたのは、図4-2の1983年の『non-no』の「最新東京デート図鑑」（5月20日号：122-140）で紹介されているもののほんの一部に過ぎない。「東京」を楽しむデート文化は、『POPEYE』でも多々確認でき、「好きになり始めの胸のドキドキはみんな同じだと思います。そして、その気持ちを持続させるには、努力しなくてはいけません。キレーイなところへ一緒に行ったり、オイシーイものいただいてゴチソーサマしたり［…］」（「元気いっぱいキミとの東京デート！」『POPEYE』1981年11月10日号：19）とあるのだが、実は先の『non-no』の記事でも「映画を見て、公園を歩いて、食事をして［…］そればっかりではデートも飽きてしまいます。お互いを見つめ合って幸せ、なんて時間は、そう長くは続かないのが悲しい宿命。［…］顔を見合っているよりは、同じものを見て、同じことをして、それで楽しいのが最高」（『non-no』5月20日号：122）とあり、「そんな楽しさがいっぱい詰まっているのが東京」なのである。

04　1980年代の「恋愛至上主義」

図 4-2　「最新東京デート図鑑」『non-no』1983 年 5 月 20 日号：121–122

　先にも述べたように、婚姻関係のように外的な係留装置のない恋愛関係では、互いのコミットメントとしてデートを重ねて、関係性を継続させる必要がある。1980年代の『non-no』と『POPEYE』は、これに対して、互いに見つめあってどのようにコミュニケーションをとるのかを問うのではなく、どのような場所でどのようなデートをするのかというかたちで答えようとしたのである。池袋サンシャインの高層水族館の次は「プラネタリウムを見に来ようね」というように（『non-no』5 月 20 日号：126）、あるいは「ふたりの関係を、もっとドラマチックに進めたいから。渋谷にある "ムーダ" で待ち合わせ」というように（「真夏の東京 夜遊びデート」『non-no』1989 年 8 月 20 日号：101）、互いを見つめ合う幸せを十分に感じられなくても、東京にある無数の非日常性を感じられるデートスポットがある限り、デートを継続させる理由がたしかに存在しているのである。クリスマスやバレンタインというイベント時のデートも、同様の機能を備えている。日本には 1％も存在しないキリスト教徒の宗教行事のクリスマスが、若い恋人のあいだでプレゼント交換や宿泊旅行が行われる一大イベントとなったが、このようなロマンティックな消費文化の定着において『non-no』などの雑誌が大きく寄与した（石田 2015: 130）。都市空間のおしゃれな街が結婚から切り離された恋愛という新しい親密性を演出する舞台となり、恋人たちの関係を支えるインフラとなりつつあった。

61

4 都市のメディア化された文化としての「恋愛至上主義」

　誌面に掲載された恋愛の体験記と恋人たちのデートを物語化させたものが、1980年代末以降の「東京」を舞台としたトレンディドラマであるといえるのではないだろうか。雑誌メディアに描かれた消費と結びついた恋愛文化を追いかける形で、ドラマのなかには、おしゃれなファッションブランドやレストランなどのデートスポットがしきりに登場している。トレンディドラマに映し出された東京は、まさに「恋愛のための場所」だった（松山 2019: 232）。恋愛文化は、マスメディアを通して、大都市に住む若者だけではなく地方に住む若者をも巻き込んでいき、東京への憧憬と恋愛への憧憬が重ねられたのだろう。

　恋愛は、若者たちの遊びやライフスタイルなどと同様に、雑誌や TV などのメディアによってその文化が構築されるという、「メディア化された経験」となった。それは、性別役割やコミュニケーション、消費に至るまで、恋愛によってしか「〈世界〉を有意味化することができない」ことを示すものでもある（宮台 1994: 233-234）。近代の恋愛至上主義は、厨川白村の『近代の恋愛観』（1922）のように結婚や性的行為は恋愛なしでは一切価値がないとみなすようなものであったが、1980 年代の「恋愛至上主義」は、都市の消費文化を楽しむためには「恋愛」こそがもっとも重要なものとして位置づけられるようになったことだといえるだろう[7]。

　ただし、あれほど輝いていた「恋愛のための場所」としての「東京」は、平板な拡大をしながらフラット化していく。1980 年代の恋愛文化のように、社会の全域を巻き込んで、多くの者を一定の方向に向かわせたようにみえる運動はもはや確認しにくい（遠藤 2010）。

　こうした動きのなか、東京の情報を中心に発信されていた『non-no』や『POPEYE』の恋愛文化マニュアルも、次第に色合いを変えていく。バブル期の急

7）青少年研究会が 1992 年、2002 年、2012 年に大都市の若者を対象に行った調査によれば、1992 年の恋人保有率が 51.9％と他の年次と比べてもっとも割合が高く、また、恋人や異性の親友の存在が生活満足度に影響を与えていた。さらに、音楽を聴きながらのドライブ、カラオケ、ディスコ、高級ブランド品の購入など、当時の新しくおしゃれな若者文化は、恋愛交際経験のある者のほうが、いずれも経験率が有意に高くなっていた（木村 2016a）。

激な消費社会化のただなかにあったころの、あの妙に浮かれた気分、「デートスポット」や「おしゃれなレストラン」に対する興奮が、消え失せていった。それに代わって、読者の悩み相談では次のようなものが寄せられるようになる。「人を真剣に好きになるってどういうこと？［…］今、つき合っている彼は私のことをとても大切にしてくれますが、彼が私へ注いでくれる愛情の半分くらいしか、私は彼を愛せません。ドラマや映画のような真剣な恋愛を私もしてみたい［…］」（『『20歳の悩み白書』3回』『non-no』1996年10月20日：93-94）。1980年代のデート文化の盛り上がりに隠れて、なかったこととされた恋人たちの「お互いを見つめ合って幸せ、なんて時間は、そう長くは続かない」（『non-no』1983年5月20日号：122）という、結婚から切り離された恋愛関係を継続・維持していく難しさが問題化されていくのである[8]。

●付　記

　本章は、JSPS 科研費 19H00606・21K13425 の助成を受けた研究成果の一部である。

●引用・参考文献

赤坂真理, 2007,『モテたい理由──男の受難・女の業』講談社.
浅野智彦, 1999,「雑誌言説における「私」の構成」『東京学芸大学紀要 第3部門 社会科学』50: 29–39.
遠藤知巳 ［編］, 2010,『フラット・カルチャー──現代日本の社会学』せりか書房.
井上輝子・女性雑誌研究会, 1989,『女性雑誌を解読する──COMPAREPOLITAN 日・米・メキシコ比較研究』垣内出版.
石田あゆう, 2015,「『non-no』「若い女性」のための総合実用雑誌──若者はなぜそれを読んでいたのか」佐藤卓己 ［編］『青年と雑誌の黄金時代』岩波書店, pp.111–142.
上野千鶴子, 1992,『増補　〈私〉探しゲーム』筑摩書房.
江原由美子, 2021,『ジェンダー秩序　新装版』勁草書房.
落合恵美子, 1990,「ビジュアル・イメージとしての女──戦後女性雑誌が見せる性役割」女性史総合研究会 ［編］『日本女性生活史第5巻　現代』東京大学出版会, pp.203–234.
北原みのり, 2011,『アンアンのセックスできれいになれた？』朝日新聞出版.

8）谷本（2008）が指摘する恋愛関係を築く両者の関係性の内側における遊戯性も、実は、恋愛関係を継続・維持することの困難に対する対処と密接に関連するものであると考えられる。

木村絵里子, 2016a, 「「情熱」から「関係性」を重視する恋愛へ——1992年、2002年、2012年調査の比較から」藤村正之・浅野智彦・羽渕一代［編］『現代若者の幸福——不安感社会を生きる』恒星社厚生閣, pp.137–168.

木村絵里子, 2016b, 「ファッションによる自己表現と都市経験」『若者の生活と意識に関する全国調査2014」報告書』青少年研究会, pp.105–120.

木村絵里子, 2021, 「1980年代,『non-no』の恋愛文化——現在を対象化するために」『現代思想』49(10): 91–100.

木村絵里子, 2024, 「「奢り／奢られ論争」と恋愛関係内性別役割分業」『αSYNODOS』vol.323.〈https://synodos.jp/a-synodos/29135/〉（2024年8月3日最終確認）

厚生省人口問題研究所, 1983,『日本人の結婚と出産——第8次出産力調査（結婚と出産力に関する全国調査）第Ⅰ報告書』〈https://www.ipss.go.jp/syoushika/bunken/DATA/pdf/101845.pdf〉（2024年4月22日最終確認）.

国立社会保障・人口問題研究所, 2023,『現代日本の結婚と出産——第16回出生動向基本調査（独身者調査ならびに夫婦調査）報告書』〈https://www.ipss.go.jp/ps-doukou/j/doukou16/JNFS16_reportALL.pdf〉（2024年4月22日最終確認）.

酒井順子, 2017,『an・anの嘘』マガジンハウス.

坂本佳鶴惠, 2019,『女性雑誌とファッションの歴史社会学——ビジュアル・ファッション誌の成立』新曜社.

椎根和, 2008,『POPEYE物語——1976〜1981』新曜社.

谷本奈穂, 2008,『恋愛の社会学——「遊び」とロマンティック・ラブの変容』青弓社.

辻泉, 2013, 「雑誌に描かれた「男らしさ」の変容——男性ファッション誌の内容分析から」『人文学報』467: 27–66.

牧野智和, 2012,『自己啓発の時代——「自己」の文化社会学的探究』勁草書房.

松山秀明, 2019,『テレビ越しの東京史——戦後首都の遠視法』青土社.

見田宗介, 2011,『定本 見田宗介著作集Ⅵ 生と死と愛と孤独の社会学』岩波書店.

宮台真司, 1994,『制服少女たちの選択』講談社.

牟田和恵, 1993, 「愛・性・結婚——男と女をめぐる文化」井上俊［編］『現代文化を学ぶ人のために』世界思想社, pp.302–318.

吉澤夏子, 2000, 「性のダブル・スタンダードをめぐる葛藤——『平凡』における〈若者〉のセクシュアリティ」青木保・川本三郎・筒井清忠・御厨貴・山折哲雄［編］『女の文化 近代日本文化論8』岩波書店, pp.201–225.

吉見俊哉, 1987,『都市のドラマトゥルギー——東京・盛り場の社会史』弘文堂.

05 若者の恋愛の優先順位
質問紙調査の結果から

大倉　韻

1 「若者の恋愛離れ」？

　「若者の恋愛離れ」が指摘されるようになって久しい。「わたしだけを一生涯愛しぬくとちかうか！？」（池田理代子『ベルサイユのばら』集英社、1972 ～ 1973 年）や「きみのためなら死ねる！」（梶原一騎・ながやす巧『愛と誠』講談社、1973 ～ 1976 年）といった命がけの恋愛から遠く離れ、『電車男』や「草食系男子」さえもすっかり古びてしまった現在、若者たちがかつてのように恋愛に熱狂している様子はあまり聞こえてこない。

　しかし彼らが恋愛にまったく興味がないかというとそうでもないようだ。誰もがパートナーを求めて合コンに明け暮れるような状況ではなくなったものの、交際経験のない若者も「いつかは恋愛したい」と素朴に考えるなど、今なお恋愛は多くの若者にとって「よいもの」だと認識されている。おそらく彼らは諸々の条件が満たされれば恋愛に乗り出すと思われるが、ではその条件はなんだろうか。たとえば『友だち地獄』（土井 2008）と呼ばれるほどに友人関係の緊張感が高まっている現代では、恋愛にのめり込んで友だちづきあいを疎かにするような振る舞いは歓迎されないだろう。また多様なセクシュアリティが存在することが広く認知されるようになった現在では、異性愛が当然と考えられていた頃のアプローチ手法をそのまま使うことも難しいのではないだろうか。

　本章では 2020 年代の若者が恋愛をどのように捉えているのかを検討する。冒頭に引用したような命がけの恋愛は恋愛至上主義的価値観、すなわち「恋愛は他のすべてをなげうっても手に入れる価値のある、人生においてもっとも優先されるべきものである」といった価値観を前提としているが、そうした恋愛への向き合い方は

65

もはや支持されているとはいいがたい。では現代の若者にとって恋愛はどの程度重要なものなのか、彼らはどのように恋愛をしているのか／していないのか、を調査データをもとに分析する。

2　戦後日本の恋愛

■「恋愛離れ」か「恋愛至上主義離れ」か

冒頭で恋愛至上主義的価値観の例を挙げたが、そもそも「恋愛」は日本に輸入されてきた時点ですでに「なにごとにも替えがたい」ものだった（北村透谷『厭世詩家と女性』、厨川白村『近代の恋愛観』など）[1]。戦後もその傾向は引き継がれ、さらに1980〜90年代には消費社会化とデート文化が合流することで「若者らしく振る舞うこと」と「恋愛すること」が分かちがたく結びついていた（大倉近刊）。若者であることは恋愛することであり、恋愛を達成するためにはそれ以外の日常生活にかかわる大小さまざまな事柄、具体的には友だちづきあい・家族とのやり取り・学校の勉強・仕事やアルバイトといったものを犠牲にすることもやむを得ない、そうした諸々は後回しにしてでも恋愛を優先すべきである、という態度が共有されていた。小谷野敦（1999）が「恋愛は現代最強の宗教である」と看破したとおりである。

ところで1990年代初頭は趣味に没頭する若者が「オタク」として社会に「発見」された時期でもある。宮台ら（1993）は当時の若者をコミュニケーションの様式によって「新人類」と「オタク」に分類し、オタクを性愛コミュニケーションから撤退したものと類型化した[2]が、この二分法は当時の若者の間で性愛を軸にしたコミュニケーションが自明視されていたことを示している。「現実の性愛に乗り出せば新人類、そこから退却すればオタク」という排他的な区分が受け入れられるためには、その背後に「若者であれば誰もが性愛に参入して当然」という暗黙の前提が存在しなければならない。

だからこそ2000年代後半に「草食系男子」という言葉が衝撃とともに社会に受

1）当初は結婚に対立するものとして認識されていた恋愛が結婚へ接近していく様子は加藤（2004）に詳しい。
2）そして実際、オタクは『電車男』（中野2004）の社会現象化まで現実の恋愛から疎外された存在とみなされ続けてきた（松谷2008）。

け止められたのだといえる（森岡 2008; 深澤 2007）。「女性と恋愛する機会があるにも
かかわらずあえてしない男性がいるが、それはなぜか」という草食系男子に向けら
れた問いが意味を持つためには、その問いに先立って「若い男性は誰もが女性と恋
愛やセックスをしたがるものだ」という前提が共有されていなければならないから
だ[3]。それまで若者の恋愛や性との関わりは全面的関与か全面的撤退しかないと考
えられていたところに、そうした二項対立を相対化する存在が初めて発見されたか
らこそ、草食系男子は当時あれほど世を賑わせたのであろう。そして草食系の議論
と並走する形で、若者の性行動はデータの上でも「不活発化」していった。日本性
教育協会の実施する「青少年の性行動全国調査」によれば、大学生の性行動経験率
（キス・性交）は 2005 年をピークに減少に転じ、2011 年・2017 年と連続して大幅な
低下を続けている（日本性教育協会 2019）。

　そうした視点に立つならば、今起きていることは若者の「恋愛離れ」ではなく「恋
愛至上主義離れ」と、それにともなう「恋愛の優先順位の低下」だという仮説が成り
立つ。恋愛は当初「至上のもの」として日本に紹介されたが、現代の若者にとって
その価値はせいぜい「よいもの」程度に目減りしているのではないだろうか。そし
てもちろん、恋愛至上主義を支持しないことは「恋愛に関心がない」あるいは「恋
愛の実現を求めない」ということを意味しない。それはただ「恋愛を人生における
最優先事項にしない」ということにすぎない。恋愛至上主義を相対化した現代の若
者たちは、自分の生活の他の要素と比較検討した上で恋愛に優先順位を付け、その
範囲内で「無理のない恋愛」をしようと考えているのではないか。木村は 2012 年に
実施した調査の結果から若者が恋愛に求めるものが「情熱」から「安定的な関係」
へと変化していく様子を見出したが（木村 2016）、現在ではその傾向がますます進行
し、恋愛はそもそも「実現するか否か」の段階から検討されるものになっていると
考えられる。

　以上を踏まえて、本章では現代の若者がどのように恋愛と関わっているのかを検
討する。そしてその際彼らが「他の親密性や労働や余暇活動と比較した際に恋愛を
どの程度優先するかは人によって異なる」という仮説を立てた上で、恋愛至上主義

---

3) 林（2019）も指摘するとおりデータ上は男子より女子のほうがより草食化していたにも
　かかわらず、議論の対象となり問題視されたのはもっぱら男子の草食化であったことも、
　こうした前提の存在を裏付けているだろう。また「草食系」というカテゴリがそもそも
　実在するのかという点にも疑問が呈されている（高橋 2013）。

II　実証研究からみる若者の恋愛と結婚

的価値観への賛否と恋愛の優先順位が彼らの恋愛行動にどのように影響しているか
を検討する。

■実施したアンケートの詳細

本章で主に分析に用いたデータの概要は以下のとおりである。青少年研究会のホ
ームページで調査結果の概要が公開されている[4]ので参照してほしい。

調査名：「大学生の生活と意識に関する調査」
調査主体：青少年研究会（研究代表：浅野智彦学芸大学教授　http://jysg.jp/）
調査対象：全国の国公立および私立大学 19 校の社会学系授業の受講者
配布回収方法：オンラインアンケートフォームを用いた集合式調査（一部質問
　　　　　　　紙配布）
実施期間：2020 年 9 月 24 日〜11 月 6 日
有効回収数：1,061 名[5]

また第 3 節の 2 項では同研究会が 2000 年と 2010 年に行った大学生調査の結果
を参照しているが、それらの概要は次のとおり。2000 年調査は同研究会の有志が
2000 年 4〜5 月に首都圏にある四つの大学で実施したアンケート調査で、有効回答
数 820、男性 36.3％、女性 62.9％、性別不明 0.7％。詳細は青少年研究会（2001）を参
照のこと。2010 年調査はやはり同研究会の有志が 2010 年 9〜10 月に全国 26 の大
学で実施したアンケート調査で、調査対象は 2,831 人、男性 36.5％、女性 63.5％で
あった。詳細は辻（2016）を参照のこと。

以下では 2020 年調査の結果を中心に、若者の恋愛交際経験、恋愛至上主義的価
値観、そして日常生活のさまざまな要素と恋愛を比較した際にどちらを優先するか、
といった項目について検討する。そして恋愛の優先順位を表す合成変数を作成し、
彼らにとって恋愛の持つ意味や優先度合いについて検討する。

4）http://jysg.jp/img/flash20210327.pdf（2024 年 6 月 3 日最終確認）。
5）データクリーニングの際に 2 票を削除し、1,059 票を実際の分析に用いた。

3 恋愛の実態（分析結果の検討）

本節では分析結果を検討していくが、ジェンダー差を検討する際には性自認を「男性」あるいは「女性」と回答したものに限定して分析を行っている点に注意されたい [6]。なお性自認の分布は「男性」370 人、「女性」665 人、「その他」6 人、「答えない」10 人、無回答 8 人だった。また分析結果の表記について、n はケース数を表し、統計的検定の結果として***は 0.1% 水準で有意、**は 1% 水準で有意、*は 5% 水準で有意、+ は 10% 水準で有意、n.s. は非有意を表すものとする。

■ 大学生の恋愛経験

まず恋愛交際経験に関する項目を検討する（表 5-1）。交際経験の有無についてみると、大学生全体のうち交際したことのあるものは 64.3% であり、これまでの交際人数（現在交際中の相手を含む、経験なしを 0 人として集計）は平均 1.71 人、交際経験のあるものの最長の交際期間は平均 15.4 ヶ月だった。また調査時点で恋愛交際をしているものは 23.9% で、その交際に満足している割合は 93.3% だった。

「大学生の約 3 分の 2 に交際経験がある」という結果をどう捉えるかは判断の分かれるところだが、2017 年実施の「青少年の性行動全国調査」の結果（大学生男子の 30.7%、女子 31.9% が交際経験なし、日本性教育協会 2019: 222）ともおおむね符合することから、現代の大学生の実態に近いものだと考えていいだろう。そして交際経験者のうち現在交際中のものが半数にも満たないことと、その一方で交際中のものの現在交際満足度がきわめて高いことから、彼らは恋愛交際を「無理をしてまで継続するものではなく、現在のパートナーに満足できないならやめて構わないもの」と捉えているように思われる。なお男女で交際経験に大きな差はみられなかったものの、男性の方が交際人数が多く、女性の方が現在交際中の割合が高いこと、また女性の方が現在の交際に満足していることがわかった [7]。

次に「恋愛は、なにごとにも替えがたいことだ」という恋愛至上主義的価値観への賛否をたずねた項目の分布（表 5-2）をみると、肯定的な回答（あてはまる・ややあ

---

6) 男女以外の性自認を分析に加えていない理由は、該当する回答者が少なく有意性の検定を実施することが困難なためである。なお全体の集計にはすべての性自認を含めているため、人数が男女の合計とは一致しない。

Ⅱ　実証研究からみる若者の恋愛と結婚

表 5-1　恋愛交際経験 [8]

	全体	n	男性	女性	検定	n
交際経験あり	64.3%	1041	66.9%	63.2%	n.s.	1020
交際平均人数	1.71 人	1039	1.93 人	1.59 人	*	1018
最長交際期間（月）	15.4 ヶ月	662	15.2 ヶ月	15.6 ヶ月	n.s.	651
現在交際中	23.9%	1055	19.9%	26.4%	**	1031
現在交際満足度（交際中のみ、満足・やや満足の合計）	93.3%	252	89.0%	94.9%	+	248

表 5-2　恋愛至上主義への賛否

		あてはまる	ややあてはまる	あまりあてはまらない	あてはまらない	検定	n
恋愛至上主義	全体	9.6%	26.6%	37.4%	26.4%		1047
	男性	14.5%	32.1%	31.8%	21.6%	***	365
	女性	6.7%	24.1%	40.6%	28.6%		660

てはまる）をしたものは全体の 36.2% に留まり、6 割強の大学生が恋愛至上主義的価値観に否定的な意見を持っていることがわかった。また男女別にみると女性より男性の方が恋愛至上主義を肯定する割合が 15.8% 高かった。

■低下を続ける恋愛至上主義

　つづいて上の結果を過去の大学生調査と比較したい。質問の形式が統一されていないため厳密な比較はできないが、交際経験率は 2000 年 61.0%→2010 年 69.3%→2020 年 64.3% と明確な増減がみられず、一方で現在交際中の割合は 2000 年

7）調査を実施した 2020 年 9 月〜11 月は新型コロナウイルス感染症（COVID-19）の影響により多くの大学でオンライン授業が導入されていた（総務省 2021: 178–179）ため、学生同士の交流は大幅に制限されていた。そのことが彼らの恋愛交際に影響している可能性を検討したところ、学年と交際経験率には関連がなかったが学年と現在交際中の割合には関連がみられ、学年が上がるほど交際中の割合が多くなっていた（1 年生 15.2%、2 年生 24.2%、3 年生 27.8%、4 年生 34.6%、1% 有意。5 年生以上を除外、表は省略）。
8）割合で示される項目の有意性の検定はカイ二乗検定による（以下同じ）。また交際人数と交際期間の男女差は t 検定による。

32.4%→2010年30.3%→2020年23.9%と単調減少している様子がみられた。また交際人数は2000年調査ではたずねていないが、2010年3.05人→2020年2.66人（どちらも交際経験者のみ）とこちらも減少傾向がみられた。先ほどの解釈を踏まえると、恋愛交際を「無理をしてまで継続するものではない」とみなす態度がこの20年で強化されているように思われる。

　なお同研究会の過去調査では恋愛至上主義的価値観についてはたずねていないが、首都圏の大学生を対象に1990年に実施された宮台らの調査と、それを踏まえて東京都杉並区と愛媛県松山市に住む20歳の若者を対象に2005年からほぼ5年おきに実施されている「グローバル若者研究会」の調査によれば、同項目に肯定的な若者は1990年67.6%→2005年44.4%→2009年44.3%→2015年36.7%→2020年33.2%と減少を続けていた（辻ら2021、2005年以降は東京のデータ）。ここから、恋愛至上主義が近年ますます若者の支持を減らしていること、かつ今回の大学生調査の結果がある程度信頼できる水準にあると判断してよいことがわかるだろう。

■恋愛より優先されるもの

　2020年の大学生のうち大多数はもはや恋愛を「なにごとにも替えがたい」とは考えてはいないことが明らかになったが、だからといって彼らが恋愛をしなくなったわけではない。恋愛至上主義的価値観に肯定的な大学生のうち交際経験があるものの割合は73.7%だが、同価値観に否定的なもののうち59.3%にも交際経験があり（0.1%水準で有意、表は省略）、恋愛はするがそれを至上のものとは考えない若者も相当数存在する。おそらく彼らは恋愛を自分の生活における他のさまざまな要素と比較検討した上で、「無理なく」恋愛をしているのだと推測される。では彼らは恋愛を何と比較しているのだろうか。

　これまでの人生で勉強・仕事や趣味といった日常的な活動と恋愛交際のどちらを、また友人関係や家族関係といった親密な関係と恋愛関係のどちらを優先してきたかをたずねた項目をみると、すべての項目で半数以上の大学生が恋愛以外の要素を優先してきたことがわかった（表5-3、以降「優先項目」と呼称）。まず全体の集計をみると、「これまで、恋愛より勉強や仕事を優先してきた」という項目に「あてはまる・ややあてはまる」と回答した人は62.8%おり、同様に恋愛より友人78.9%、恋愛より家族54.5%、恋愛より趣味71.3%という結果になった。恋愛より友人関係を優先する若者がもっとも多く、ついで趣味、勉強や仕事、家族が優先されていた。

　優先項目を男女別に集計した結果をみると、男性よりも女性の方が恋愛以外の

Ⅱ　実証研究からみる若者の恋愛と結婚

表5-3　恋愛より○○を優先項目

		あてはまる	ややあてはまる	あまりあてはまらない	あてはまらない	検定	n
恋愛より勉強や仕事	全体	24.5%	38.3%	26.1%	11.1%		1051
	男性	21.9%	35.2%	27.6%	15.3%	*	366
	女性	25.9%	39.7%	25.3%	9.0%		663
恋愛より友だちづきあい	全体	39.8%	39.1%	16.5%	4.7%		1051
	男性	33.3%	41.0%	18.6%	7.1%	**	366
	女性	43.0%	38.0%	15.5%	3.5%		663
恋愛より家族関係	全体	24.4%	30.1%	31.7%	13.7%		1049
	男性	15.1%	27.7%	38.2%	19.0%	***	364
	女性	29.7%	31.5%	28.1%	10.7%		663
恋愛より趣味の活動	全体	39.6%	31.7%	19.5%	9.2%		1049
	男性	36.4%	35.1%	17.3%	11.2%	+	365
	女性	41.1%	30.1%	20.8%	8.0%		662

要素を優先する、言い換えると「恋愛を後回しにする」傾向があることがわかった。肯定的回答は「勉強や仕事」で男性57.1%／女性65.6%、同様に友人74.3%／81.0%、家族42.8%／61.2%、趣味71.5%／71.2%となっており、趣味以外の3項目で女性の方が恋愛を後回しにしていることが確認された。

■恋愛の順位は最下位が最多

　次に、大学生が恋愛をどの程度優先しているのかを明らかにするために、上記優先項目をもとに彼らが「恋愛」「勉強・仕事」「友人関係」「家族関係」「趣味活動」の5項目のうち恋愛を何番目に優先しているのかを表す合成変数、「恋愛優先順位」変数を作成した[9]。その結果、恋愛を最優先（1位）している人は8.5%、2位に置く

9）4項目それぞれについて「あてはまる・ややあてはまる」と回答した人を1、「あまりあてはまらない・あてはまらない」と回答した人を0とする新しい変数を作成し、それらを合計して1を加えた。たとえば4項目にすべて「あてはまらない」と回答した人は0+0+0+0+1=1となり恋愛の優先順位は1位、友人と趣味について「あてはまる」と回答した人は0+1+0+1+1=3となり恋愛の優先順位は3位となる。

05 若者の恋愛の優先順位

表 5-4 恋愛優先順位

	1位	2位	3位	4位	5位	検定	n
全体	8.5%	11.3%	18.5%	27.6%	34.1%		1047
男性	10.2%	14.0%	23.1%	25.1%	27.5%	***	363
女性	7.7%	9.8%	15.9%	29.0%	37.6%		662

人は 11.3%、同様に 3 位 18.5%、4 位 27.6%、5 位 34.1% という結果が得られた（表
5-4）。大学生の実に 3 分の 1 が恋愛をもっとも後回しにしていることと、恋愛を最
優先する人は 1 割にも満たないことから、現代の大学生にとって恋愛はもはや「な
にごとにも替えがたい」どころかもっとも後回しにされるものであるようだ。

　また男女別にクロス集計を行った結果、女性よりも男性の方が恋愛の優先順位を
高く回答していることもわかった（男性の方が 1〜3 位の割合が多く、女性は 4・5 位の
割合が多い）。恋愛はこれまでもっぱら女性のものとみなされてきたが、現代におい
てはむしろ男性にとってより重要な事柄になっているといえる。

■「性の不活発化」＝最下位グループの増加

　恋愛優先順位は彼らの実際の恋愛行動にどのような影響を与えているのだろうか。
上で作成した恋愛優先順位ごとに、恋愛至上主義的価値観および恋愛行動の違いを
検討したのが表 5-5 である[10]。

　予想されたことではあるが、恋愛の優先順位が高いほうが恋愛至上主義的価値観
に肯定的であり、また恋愛行動も活発な傾向がみられた。しかしながら注目すべき
箇所も多い。まず恋愛至上主義的価値観はたしかに恋愛優先順位と強い関連を示し
ているものの、1 位グループであっても「恋愛はなにごとにも替えがたい」と考え
る人は半分に留まっていた。また交際経験率・人数・期間については 1〜4 位グル
ープと比較した場合の 5 位グループの極端な低さ・少なさ・短さが浮き彫りになっ
た。とはいえ 5 位グループであっても現在交際満足度は非常に高く、望まない交際
を無理に継続しているような様子はみられなかった。

　羽渕は 1990 年代の恋愛交際経験率の上昇を「恋愛の標準化」と呼んだが（羽渕

10）ここでの分析では一部を除いて男女差は検討していない。各項目に該当する人の数が
　　少なく（男性 1 位 37 人、女性 1 位 51 人など）、統計的検定に耐える分析が難しいため
　　である。

73

II 実証研究からみる若者の恋愛と結婚

表 5-5 恋愛優先順位と恋愛行動 [11]

	1 位	2 位	3 位	4 位	5 位	検定	n
恋愛至上主義肯定	50.0%	46.6%	43.0%	37.3%	24.5%	***	1043
交際経験あり	78.2%	86.3%	67.9%	70.4%	46.7%	***	1034
交際平均人数	2.48 人	2.43 人	1.90 人	1.79 人	1.10 人	***	1032
最長交際期間（月）	17.8 ヶ月	18.4 ヶ月	15.1 ヶ月	15.4 ヶ月	12.9 ヶ月	*	647
現在交際中（男性）	39.3%	34.9%	44.2%	26.2%	15.1%	*	237
現在交際中（女性）	70.0%	49.1%	39.7%	41.8%	30.3%	***	413
現在交際満足	97.4%	97.7%	90.6%	89.0%	95.3%	n.s.	251

2004）、1・2 位グループでは 8 割前後、3・4 位グループでも 7 割程度の大学生に交際
経験があることを考えると、2020 年時点でも恋愛交際を希望するものがそれを実現
すること自体は決して難しくないようだ。したがって他調査で確認された性行動経
験率の低下は、本調査でいう 5 位グループの増加、つまり若者が恋愛を後回しにし
た結果だと考えるのが自然だろう。

　なお現在交際中の割合については男女別の集計を行っているが、1 位グループ女
性の交際割合が極端に高く、それ以外の順位でもおおむね女性の方が交際中の割合
が多くなっている。表 5-4 でみたように恋愛を優先する女性は希少な存在であるこ
とから、彼女たちは交際相手を容易に見つけることができると考えられる [12]。

■ 純愛の 1 位、駆け引きの 2 位

　次に直接的な交際経験から離れて、恋愛に関する意識や経験について検討したい。
恋愛優先順位ごとに恋愛に関する諸行動・意識、また不安だと感じていること・
SNS 経験との関連をまとめたのが表 5-6 である。

　まず注目したいのは 1 位グループと 2 位グループの違いである。1 位グループは

11）「恋愛至上主義肯定」は先の恋愛至上主義項目に「あてはまる・ややあてはまる」と答
　　えた人の割合。交際人数は未経験を 0 人として集計。恋愛優先順位による交際人数・
　　交際期間の差の有意性の検定は分散分析による。

12）男性よりも女性の方が交際相手の年齢幅が広く、交際機会が増大しがちであることも
　　指摘されている（永田 2007）。なお本調査では調査対象者の性的指向（恋愛や性行為の
　　対象となるジェンダー）はたずねていない。

05 若者の恋愛の優先順位

表 5-6 恋愛優先順位と恋愛経験、恋愛意識、不安、SNS 行動

		1位	2位	3位	4位	5位	検定	n
経験	好きな人と性交渉	58.0%	51.3%	38.3%	31.5%	17.0%	***	1037
	それほど好きでない人と交際	28.4%	38.5%	23.3%	25.9%	18.4%	***	1037
	告白した	62.5%	73.5%	52.3%	46.2%	31.4%	***	1037
	告白された	75.0%	80.3%	70.5%	73.1%	58.4%	***	1037
	恋人がいないことに焦り	40.9%	46.2%	56.5%	47.6%	45.9%	+	1037
	恋愛感情をもったことがない	1.1%	1.7%	2.6%	6.3%	18.1%	***	1037
意識	恋愛は疲れる	44.3%	49.2%	59.9%	65.6%	71.9%	***	1042
	異性に好かれる自信がない	51.1%	59.3%	72.5%	74.0%	79.0%	***	1045
	結婚するなら好きな人と	79.8%	73.5%	72.0%	74.7%	65.1%	*	1040
	恋人との結婚を考える	46.1%	40.2%	33.2%	26.3%	20.5%	***	1040
行動	恋人に自分の考えを述べる	50.6%	51.3%	40.9%	41.9%	29.3%	***	1040
	恋人に感情を表せる	49.4%	53.8%	39.4%	40.5%	29.0%	***	1040
不安なこと	勉強	42.7%	48.3%	50.3%	52.6%	52.4%	n.s.	1046
	就職	79.8%	80.5%	81.9%	88.9%	83.5%	+	1046
	家族	18.0%	16.9%	13.5%	16.6%	20.4%	n.s.	1046
	友だちや仲間	16.9%	25.4%	24.9%	29.1%	28.9%	n.s.	1046
	恋愛	19.1%	29.7%	32.6%	27.3%	19.6%	**	1046
	容姿	24.7%	28.0%	33.2%	33.6%	23.2%	*	1046
SNS	「映え」を意識した投稿	50.6%	60.2%	53.4%	58.3%	42.4%	***	1040
	デートに関する投稿	40.4%	33.9%	27.7%	20.1%	10.2%	***	1040
	「匂わせ」投稿	20.2%	23.7%	21.5%	18.4%	7.3%	***	1040
	SNS の反応を気にする	48.3%	53.4%	53.9%	52.1%	39.5%	**	1040

異性に好かれる自信を持ち、SNS 上でデートに関する投稿を活発に行い、恋愛結婚に対する意欲も高いものの、半面で恋人に自分の考えや感情を伝えることについては 2 位と同じかやや不得手だった。一方で 2 位グループは告白した／された経験がもっとも多く、それほど好きでない人とも恋愛交際するなど、交際を開始することに対して積極的な傾向があり、SNS でも間接的に恋人の存在を「匂わせる」投稿をしがちであった。

　紙幅の都合で詳細な検討はできないが、1 位グループは交際関係や結婚といった「形式」にこだわる傾向があり、2 位は恋愛交際の「内容」や他の人間関係との両立

を重視する傾向があるように感じられる。また1位グループの人々の恋愛観は石川のいう「〈純粋な恋愛〉志向」、すなわち「(1) 恋愛に何より高い価値を見出し (2) 愛があれば性関係を結ぶのは当然と考えるが、(3) 一度の恋愛相手はただ一人にかぎるべきであり、… (4) その相手の社会的属性は問わない」というものに近く（石川 2007: 82）、かたや2位グループの人々は谷本が雑誌の言説分析をもとに 2000 年代の特徴として描き出した「曖昧なアプローチ」や「演出」を楽しむような恋愛（谷本 2008: 212）を行っているのではないだろうか。

　また3位グループの回答も注目に値する。彼らは「交際相手がいないことに焦りを覚えたことがある」経験を持つものがもっとも多いグループだが、1・2位グループのように「恋愛を優先し、実際に交際している」わけでもなく、また4・5位グループのように「恋愛を優先せず、したがって交際経験がないことを気にかけない」こともできず、恋愛との向き合い方を決めきれず困惑している様子がうかがえる。彼らは「不安や心配だと感じていること」として「恋愛」や「容姿」を選択する割合の高さから恋愛に対する願望があることがわかるが、同時に SNS の反応をもっとも気にするグループであることから、周りにどう思われるかを気にして思うように恋愛へと乗り出せない状態に置かれているように思われる。

4　後回しにされつづける恋愛

　本章では大学生を対象に 2020 年に実施したアンケート調査の結果を用いて、現代の若者が恋愛をどのようなものとみなしているのかを検討してきた。その結果、現代の若者は恋愛から撤退しているのではなく恋愛を後回しにしている実態がみえてきた。

　羽渕によると日本の若者の多くは情熱的な恋愛をしておらず、一人前の人間として「恋愛ぐらい経験しなければならず、その先にある結婚までたどりつかなければならないという規範に合致する」ために恋愛交際をするという（羽渕 2008）。実際に大学生に聞き取りをしてみても、恋愛にさほど関心ないという人でも「せっかくだから大学にいるうちに恋人を作ってみたい」といった発言をするものは少なくなかった。もちろん個人差はあるにせよ、現代日本の若者の多くにとって恋愛は「せっかくだから」する程度のものになっていると考えるほうが妥当だろう。

　しかし恋愛は「せっかくだから」するものとして経験することが難しい、習熟を

要する特殊技能としての側面を持っている。かつて隆盛を誇ったデート情報誌や若者向けファッション誌ではしばしば恋愛のハウツーを指南する特集が組まれていたが、デートの行き先やそこでの振る舞いといった恋愛交際や性行為に関するさまざまなノウハウは他の関係性を形成維持するためのそれとは異なるものが多い。加えて日常生活の多くの場面でジェンダーによる経験の差が見られなくなりつつある昨今では、「恋愛のようなジェンダー適合的な経験は相対的に希少なもの」になっている（永田 2013: 119）。恋愛交際は近年珍しく「男性らしく／女性らしく振る舞う」ことが求められる経験であり、そうした経験をノウハウの十分な習得なしに「せっかくだから」で実施することは難しい。したがって恋愛交際のハードルは相対的に上昇しているとみるべきだろう。

　加えて初婚年齢の上昇により、今の大学生にとって結婚はかなり先のことになっている。女性に 20 代なかばで結婚および「寿退社」を要求する「クリスマスケーキ」の比喩が廃れて久しい一方で、現代の大学生が結婚を意識するのは仕事がある程度軌道に乗ってからだと予想されるため、結婚の前段階という側面から恋愛を捉えるなら大学生にとって交際は「まだ先のこと」である可能性は高い。まして「おひとりさま」文化が広く浸透した現代日本にあって、交際中のカップルないし夫婦でなければ実現できない体験もさほど多くない[13]。かつて恋愛でしか得られなかった体験もその多くが代替できるようになっており[14]、結婚をはじめとした実際的な利得によって恋愛を行う理由はますます減少している。

　以上より、恋愛しなければならないという規範が解体され、特別な技能が求められるため参入が難しく、結婚も先のことで、恋愛しなければ経験できないことが減少している現代では、若者たちにとって恋愛の優先順位がかつてなく低下しているのも自然なことだといえる。振り返れば 2000 年代半ば以降、活発な恋愛交際を行う若者が「リア充」と呼ばれしばしば否定的なラベルを付与されていたことは、当時の若者が恋愛至上主義的価値観から距離を取って自分と恋愛交際との関係を見つめ直す試みの一環だったのではないだろうか。

　今回の調査では恋愛を日常生活における他の要素と比較した際にどの程度優先するか、という軸で検討してきたが、そもそも各人が恋愛の実現をどの程度望んでい

13）いわゆる「カップル割引」などのサービスも性別を問わないものが多くなっている。
14）「セフレ（セックスフレンド）・ソフレ（添い寝フレンド）」（高橋 2020）や「メイド喫茶」（山田 2019）など。

るか（恋愛交際に向かう熱意）、どういった恋愛を望むか、また恋愛を自身の経験において達成することを希望するか否か、など検討が不足している点は多い。特に 2000 年以降の「萌え」文化（本田 2005）や 2010 年代以降の「推し」文化（本書 10 章）や「フィクトロマンティック」（本書 11 章）の登場に象徴されるように、対象に恋愛感情またはそれに近い愛着を持ちつつそれを自身の交際経験として実現することを必ずしも企図しない行動が目立ってきている。そんな中、あえて現実の恋愛を実現することにこだわる理由がどこにあるのか、言い換えれば「現代の若者はなぜ恋愛しないのか」ではなく「なぜ過去の若者は恋愛していたのか」を問い直すような、現代の若者の性を「不活発」と捉える視点を逆転させ過去の若者の性の「過活発」さを検討する試みこそが今後求められているのではないだろうか。

●引用・参考文献

石川由香里, 2007,「情報源の違いがもたらす性意識のジェンダー差――〈純粋な恋愛〉志向をめぐって」日本性教育協会［編］『「若者の性」白書――第 6 回 青少年の性行動全国調査報告』小学館, pp.81–100.

大倉韻, 近刊,「恋愛結婚か草食系か――「恋愛至上主義」の崩壊とその後」浅野智彦・辻泉・松田美佐［編］『グローカル化する若者世界――外なる格差、内なるフラット化（仮）』岩波書店.

加藤秀一, 2004,『〈恋愛結婚〉は何をもたらしたか――性道徳と優生思想の百年間』筑摩書房.

木村絵里子, 2016,「「情熱」から「関係性」を重視する恋愛へ――1992 年、2002 年、2012 年調査の比較から」藤村正之・浅野智彦・羽渕一代［編］『現代若者の幸福――不安感社会を生きる』恒星社厚生閣, pp.137–168.

小谷野敦, 1999,『もてない男――恋愛論を超えて』筑摩書房.

青少年研究会［編］, 2001,『今日の大学生のコミュニケーションと意識』.

総務省, 2021,『令和 3 年版情報通信白書』日経印刷.

高橋征仁, 2013,「欲望の時代からリスクの時代へ――性の自己決定をめぐるパラドクス」日本性教育協会［編］『「若者の性」白書――第 7 回青少年の性行動全国調査報告』小学館, pp.43–61.

高橋幸, 2020,『フェミニズムはもういらない、と彼女は言うけれど――ポストフェミニズムと「女らしさ」のゆくえ』晃洋書房.

谷本奈穂, 2008,『恋愛の社会学――「遊び」とロマンティック・ラブの変容』青弓社.

辻泉, 2016,「大学生たちのパーソナル・ネットワークの実態」『人間関係学研究：社会学社会心理学人間福祉学：大妻女子大学人間関係学部紀要』18: 125–139.

辻泉・大倉韻・浅野智彦・松田美佐, 2021,「若者文化は 30 年間でどう変わったか――

「遠隔＝社会、対人性、個人性」三領域の視点からの「計量的モノグラフ」（その2）」
『紀要社会学・社会情報学』32: 79-142.

土井隆義, 2008,『友だち地獄──「空気を読む」世代のサバイバル』筑摩書房.

永田夏来, 2007,「性行動の変化と避妊の実行状況」日本性教育協会［編］『若者の性』白書──第6回 青少年の性行動全国調査報告』小学館, pp.101-119.

永田夏来, 2013,「青少年にみるカップル関係のイニシアチブと規範意識」日本性教育協会［編］『若者の性』白書──第7回 青少年の性行動全国調査報告』小学館, pp.101-120.

中野独人, 2004,『電車男』新潮社.

日本性教育協会［編］, 2019,『『若者の性』白書──第8回 青少年の性行動全国調査報告』小学館.

羽渕一代, 2004,「都市青年の恋愛経験」高橋勇悦［代表］『都市的ライフスタイルの浸透と青年文化の変容に関する社会学的分析』平成13～15年度文部科学省科学研究費補助金（基盤研究A（1））研究成果報告書, pp.188-205.

羽渕一代, 2008,「情熱的恋愛と規範的恋愛」羽渕一代［編］『どこか〈問題化〉される若者たち』恒星社厚生閣, pp.163-182.

林雄亮, 2019,「性行動の発達プロセスと青少年層の分極化」日本性教育協会［編］『若者の性』白書──第8回青少年の性行動全国調査報告』小学館, pp.29-46.

深澤真紀, 2007,『平成男子図鑑──リスペクト男子としらふ男子』日経BP社.

本田透, 2005,『萌える男』筑摩書房.

松谷創一郎, 2008,「〈オタク問題〉の四半世紀──〈オタク〉はどのように〈問題視〉されてきたのか」羽渕一代［編］『どこか〈問題化〉される若者たち』恒星社厚生閣, pp.113-140.

宮台真司・石原英樹・大塚明子, 1993,『サブカルチャー神話解体──少女・音楽・マンガ・性の30年とコミュニケーションの現在』PARCO出版.

森岡正博, 2008,『草食系男子の恋愛学』メディアファクトリー.

山田昌弘, 2019,『結婚不要社会』朝日新聞出版.

06 リスク社会における恋愛と結婚

首都圏在住の未婚男性たちへのインタビューと
フォーカス・グループ・ディスカッションによる調査から

大森美佐

1 恋愛や結婚が「リスク」となる社会

　恋愛や結婚に対して現代に生きる私たちはどのような意識を持っているだろうか。また、現代の若者たちを取り巻く恋愛や結婚のあり方はどのようなものがあるのだろうか。

　90年代以降、長く続く少子化傾向を背景に、人々の関心は晩婚化・未婚化現象に寄せられた。さらには、交際率の低さや性経験率の低さなどを理由に、日本では、「草食系男子」「非恋愛化」などのマスコミ用語がつくられ、若者の恋愛行動におけるコミュニケーション能力の欠如や消極的な態度を問題視する風潮がみられるようになった。

　他方で、近年のInstagramやTikTok、Youtubeなどのソーシャルメディアで繰り広げられる若者たちのコミュニケーションの様相を覗きみれば、お揃いのコーディネートを楽しむ「カップルコーデ」や、記念日を祝うカップル、結婚式までの準備期間を投稿する「プレ花嫁」など、恋愛や結婚に関連する行動を楽しむ様子もみられる。なかには、性事情を包み隠さず話し、キスやハグしたりする動画を配信する人気カップルYouTuberも出現し、多くのファンから支持され見守られている。それらの投稿や配信は多幸感に満ち溢れ、恋愛や結婚に対するネガティブな印象や非積極的な印象は微塵も感じられない。

　このようにさまざまな言説や様相が存在するのは、どちらか一方が間違っているとか正しいことを意味するのではなく、それだけ恋愛や結婚の自由度が高まり、人々に多様な選択肢を与えたことを物語っているといえるだろう。

　アンソニー・ギデンズは、ポスト近代社会では、制度や伝統によって担保されて

きた愛情関係は崩れ、代わりに「純粋な関係性」[1]へと移行し、積極的な自己開示によるコミュニケーションによって、親密な関係は築かれるという理念型を仮定した（ギデンズ 1995）。また、その背景には、生殖技術の精緻化の過程があり、「セクシュアリティにとって最終的な〈解放〉」を意味する性交と生殖の分化によって、「セクシュアリティは完全に一人ひとりが有し、他者と互いに取り交わす関係の特性となりうる」（ギデンズ 1995: 47）と論じている。ギデンズは、このように、生殖や親族関係、世代関係など古くからの一体的結びつきから切り離されたセクシュアリティを「自由に塑型できるセクシュアリティ」（ギデンズ 1995: 47）と称し、「今日、愛情とセクシュアリティは、純粋な関係性を介して一層強くむすびついている」（ギデンズ 1995: 90）とも論じている。つまり、ここで重要なのは、個人の意識的かつ選択的な繋がりなのであり、社会から要請される規範や構造・制度ではないというのである。

　しかし、個人の意識や選択によって相手を選択することは、個人へとリスクが帰することになると、ニクラス・ルーマン（2014）は、次のように述べる。

　　結婚すること、さらには親密な関係になることが社会的に解放されればされるほど、こうした関係での失敗は、前もって熟慮しておくべきリスクとして立ち現れる。こうなることを再度防ぐために、愛は「情熱」という形式に変えられ、抵抗できないものとして扱われたりする。それだけにますます、この問題は、ある特定のパートナーを選ぶという自分との決定の問題になるのであり、そうなると［後日、関係が破綻してしまったとき］自分が欲していたものは良いものではなかったと言わなければならない状況におかれてしまうかもしれない。結婚がそもそも両親によってまとめられるのでないかぎり、［…］これは男性の側の問題とみなされていた。今日では、両性の平等によって、このリスクは男性にも女性にも割り振られるようになっている。（ルーマン 2014: 62-63, 強調は筆者による）

---

1)「純粋な関係性」とは、「社会関係を結ぶというそれだけの目的のために、つまり、互いに相手との結びつきを保つことから得られるもののために社会関係を結び、さらに互いに相手との結びつきを続けたいと思う十分な満足感を互いの関係が生みだしていると見なす限りにおいて関係を続けていく、そうした状況」を指す（ギデンズ 1995: 90）。

1898（明治 35）年に施行された明治民法（旧民法）のもと、日本でもかつては、結婚は個人の問題ではなく、「夫の家を存続させる」ために両親によってまとめられるものであった。子どもの結婚に関して、男子は 30 歳、女子は 25 歳になるまで父母の同意が必要であり、自由な結婚は許されなかった。さらに、家父長制により女子のセクシュアリティは父親の管理下に置かれ、少女たちは結婚するまで処女性を守らなければならなかった。しかし、現代に生きる私たちのなかに、「今日からこの人があなたの夫／妻です。家の存続のためにどんなに酷い相手でも辛抱して一生添い遂げなさい」あるいは「結婚までは死んでも純潔を守りなさい」と命じられ、聞き分けよく行動できる人はどれだけいるだろうか。おそらく一人としていないだろう。しかし、制度や規範の強制力が強ければ、「恋愛とは」「結婚とは」の解は社会によって提示される。ルーマンの議論によれば、そのような社会においては、個人の選択による失敗の「リスク」は課せられないことになる。現代においては普遍的な規範や構造・制度があって一方向的に「恋愛」が規定され、人々が行為するのではない。自分が女性なのか、男性なのか、あるいは自分の年齢が社会的・文化的にどのように意味づけられ、また自分が社会階層的にどこに位置しているのか。さらに、そこにいる成員（ここでは恋愛コミュニケーションの相手）は誰で、そこでの相互作用はどのように行われるべきと捉えているのか、という状況の解釈によって、個人の行為の選択は行われるのである。

　つまり、自分とは何者かを問い続けながら、行為の選択が常に求められる再帰的な社会では、「恋愛とは」「結婚とは」が問われ続けることになり、より一層恋愛や結婚が「リスク」となってしまうのである。では、恋愛や結婚がリスクとなる社会において、現代の若者たちは、どのように恋愛や結婚を意味づけ、行動しているのだろうか。本章では、ロマンティックラブ・イデオロギーを支える三つの要素である、「愛−性−結婚」の布置関係に着目しつつ、「結婚」と恋愛、そして性行動がどのように相互に作用しているのか、またそのなかで現代の若者たちはどのような規範を持ち、そしてそれらを運用しているのかを、筆者による 2 種のインタビュー調査で得た 20 代の男性の語りを紹介しつつ考えてみたい。

2　調査方法の概要と本章の目的

　本章で紹介するデータは、2012 年 3 月から 2017 年 11 月までに行った 22 名の若

者を対象とし、ある特定のテーマに関して少人数で議論をしてもらいデータを得る
フォーカス・グループ・ディスカッション（以下、「FGD」とする）と、このFGDへ
の参加メンバーの内12名に対する半構造化インタビューにより得た。彼らは、首
都圏在住の4年制大学卒業以上の高学歴者で、正規雇用で就業する、調査時に20歳
代（1987年〜1990年生まれ）の異性愛者の未婚男女であるが、本章ではそのうち男
性の語りのみを紹介する。

　首都圏在住の4年制大学卒業以上の高学歴・正規雇用者の彼らは、社会構造的な
制約が比較的少なく、恋愛や結婚市場において有利な立場であると思われる。しか
し、社会構造的に恵まれた彼らにとっても、誰と恋愛し、誰を結婚相手とするのか
を多様な選択肢のなかから決定することにはリスクが伴うに違いない。近代家族を
支えてきた「愛−性−結婚」の三位一体イデオロギーはその影響力を弱め、個々の
要素が独立性を強めると同時に、結果として人々に多様な選択肢を与えているとみ
なされている。また、家族の個人化や多様化が進行している今日において、選択可
能な資源や能力のある層は、家族関係や家族形態をみずからの自由な意志にもとづ
いて形成することができると考えられている（池岡 2017; 岩間 2017）。しかし、果た
してそうなのだろうか。確実性や絶対性がないリスク社会に生きる彼らの「恋愛」
をめぐる行動や意味づけについて考えてみたい。

3　規範と自由の狭間での恋愛と結婚

■「付き合う」という契約関係と性規範の運用

　まず、交際前から交際後、「別れ」などの一連のプロセスにおける「性行動」の詳
細と規範意識との関連に注目し、彼らが「付き合う」という関係をどのように意味
づけているのかをみていこう。

　Aさんは、「付き合う」という契約には、セックスすることが権利として包括さ
れるという規範意識のもと、当時の交際相手とデートし、食事を終えた後に一緒に
ラブホテルに行くことをアプローチしたという。彼は、セックスすることに関して
「付き合ってるんだからいいじゃん」と語り、排他的な関係をより強固なものとする
ために、セックスは必要不可欠なものとみなしていた。ゆえに、「付き合う」という
契約を結んだ後の行動とそれ以前の行動との差は明確である。以下の20代男性た
ちによるFGDの会話でも同様に、「付き合う」まえに許される身体的接触の段階が

II　実証研究からみる若者の恋愛と結婚

問われている。

B　「付き合う」まえにしてもいいのは、どこまでなんですか？
C　ご飯食べに行くくらいなんじゃないの？
B　手つなぐのは？
C　手つなぐっていうのはねぇ、ちょっと。
D　象徴的な行動があるかないかが、友だちかどうかの線引きって感じだね。
B　「付き合う」っていうのはもう友だちではないからね。

　このように、「象徴的な行動」の定義は個人によって異なるが、「付き合う」相手と友人との間には各種の性的接触の有無によって線引きがある。そして、その最大限の線引きは挿入行為を含むセックスである。Aさんが、「別れた時点で、そういう深い行為、やっちゃう［＝セックスする］とかは無いって自分の中で思ってるんで。［…］向こうがお付き合いできませんっていって、向こうにやる気もないのに、強引にやっちゃったっていうのは、レイプですよ」と語るように、「付き合う」という契約が結ばれていなければ、セックスを正当化できないという規範意識が確認できる。
　だからこそ、彼らのなかには、性行動に対して慎重になる意識も同時にみられた。たとえば、Eさんは性関係を持つことで責任が課せられることを回避するため、「俺責任感のなさが、もうちょっと責任無い方がいいから［セックスは］やらんのよ。添い寝でちょっと手だすぐらいがちょうどいいのよ」と、あえて「セックス」を行わない選択をとっていると語った。さらに、Fさんも「［多数いる異性の友人の中の１人とセックス］してしまったら僕のなかでバランスが崩れる訳。だから、そこまで踏み込まないっていう子は僕のなかでめっちゃいる。［…］そこでもう一歩［＝性的接触］なんかあったら面倒くさいなって思う」と語った。また、性的接触を回避する背景には、別れをめぐるコミュニケーションへの忌避感もあるようだ。

　結婚を考えないで「付き合う」と、「別れ」を考えなくちゃいけなくなるよね。別れるのはすごく面倒くさい。去年遊んでる時とかも、デートしてて、誰しもがどう思ってんのって話になるじゃん。で、やっぱその状況は面倒くさかったね。「付き合う気あるの？」とか言われて、「まだ考えたい」っていうと、「じゃあもう関係ないね。ばいばい」って。それをやった時に、自分の中で良心の呵責というか、ひどいことしてんなっていうのは思って。［…］［自分には］絶対合

わないからもう遊ぶのはやめようってなった。（Gさん）

　Gさんが、「別れ」がもっとも面倒くさくて「一番嫌かな」と語るように、彼には
できるだけ「別れ」の局面を回避したいという気持ちがある。それゆえ、彼にとっ
て面倒くさい「別れ」や「拒否」を回避するためには、セックスすることも最小限
の範囲（＝結婚を考えられる交際相手）に留めておくべきだと、「遊び」の経験を経て
学んだ。つまり、セックスをしたら「付き合う」べきという必然性はどこにもない
のであるが、彼が良心の呵責に苛まれている様子からは、「性」と「付き合う」こと
を結びつけるような規範意識が見え隠れする。さらに、それは「付き合う」だけで
はなく、結婚をも意識されているということである。
　彼らの性行動に対する非積極的な態度は、いわゆる「草食系男子」とみなされて
しまうかもしれない。しかし、彼らは決して性に対する嫌悪感があるのではなく、
また、性に対してまったく無関心であるとも言い切れない。彼らは、男女関係にお
ける性行動の「責任」が男性の方に重く課せられること、そして性行動と「付き合
う」こと、場合によってはその先の結婚までとが密接に関係していることから、「性
的関係」を回避するという方法で「責任」を軽減したり、性行動から距離を置くこ
とで調整を行っているのである。それが、彼らにとっての合理的な規範の運用のあ
り方だといえる。

■ベストな結婚のための「恋愛」とリスク意識

　次に、結婚に対する恋愛の位置づけについて考えていきたい。現代ではかつてに
比べ、「結婚するのが当然であり、結婚しなければならない」という皆婚社会によ
る規範の圧力は弱まってきている。平均初婚年齢と生涯未婚率は年々上昇しており、
男性の平均初婚年齢はすでに30歳を超えるなど、日本における未婚化・晩婚化は
急速に進展している状況にある。ロマンティック・ラブ・イデオロギーの影響力が
強い社会では、恋愛は結婚と密接に結びつくため、恋愛すれば結婚となり結婚年齢
も早まった。しかし、現代では、恋愛と結婚とが必ずしも結びついているとはいえ
ない。自由に恋愛できる期間が長期化するなかで、結婚と恋愛との関連を彼らはど
のように捉え、行動しているのだろうか。ここではCさんとDさんの語りを紹介
しよう。

　俺的には「恋愛」は人生の経験値を高めるもんだから、いろんな人と出会って、

II 実証研究からみる若者の恋愛と結婚

いろんなことを経験した上で、最後結婚までたどり着ければいいんじゃないか
なとは思うから。（C さん　22 歳）

俺は、まだ付き合った人が 1 人しかいないんで、2、3 回遊んでから結婚したい
なって。恋愛 1 回しかしたことないまま結婚するっていうのはちょっと。ちゃ
んと正しい判断、ベストの判断が出来るのかどうか。［結婚するのは］20 代後半
か 30 代前半かなって。（D さん）

　C さんと D さんのこれらの語りからは、経験値を高めるための恋愛の場合、結婚
と恋愛は切り離して位置づけられていることがわかる。しかし、経験値を重ねる必
要性を感じているのは、最終的なゴールとしての結婚相手を選ぶ際に「正しい判断、
ベストの判断」（D さん）ができるようにするためである。その背後には、ルーマン
が論ずるように結婚相手を自分自身で選択することのリスク意識が見え隠れし、ま
たそれは結婚後の永続的な関係性への希求とも表裏一体の関係にあると推察される。
　木村（2016）は、「青少年研究会」が実施した 16 歳から 30 歳未満の未婚者を対象
とする調査データをもとに、都市部の若年層の恋愛関係の特徴を分析した。その結
果、現代の若者が交際相手に求めるものは、1 対 1 の固定的で安定した関係であり、
「非日常感（＝ときめき）」をもたらしてくれる相手を希求する者は圧倒的に少なくな
ったと指摘する。「非日常感（＝ときめき）」よりも「固定的で安定した関係」を希求
する若者たちの意識は本章の対象者たちの語りからも確認できる。たとえば、G さ
んは次のように語る。

もっといい人いるかなとは思うけど、でもあえてそこで探しに行こうとはまっ
たく思わないよね。それも可能性の問題で、今自分的には満足してるし、結婚
してもいいかなとは思ってる人だから、ベストだとは思ってるけど［…］この
人しかいないって言い切るのはね、できない。よく言う人はいるけど、何をも
ってそう言い切れるんだろうって。冷静に考えると思うよね。理想の彼女の条
件をあげた時に、めっちゃ綺麗で、自分と年が近いです、年収が自分と一緒く
らいです、すごい頭も才女です、自分にないもの持ってますとかあげてった時
に、それにぴったり当てはまる彼女じゃないんだよね。決して。だからベスト
ではないかもしれないけどね。あんまりいなくなったら終わりとか思うとかじ
ゃないから、だからそう思うのかもしれないけど。でも今手放せる存在かって

06　リスク社会における恋愛と結婚

言うとそうじゃない。(Gさん)

　さらに、Eさんは、Gさん同様、「より良い人がいたら乗り換えよう」という考え
は想定できる話ではあるという。しかし、Eさんもまた「乗り換えるほうがリスク
が高い」という理由から、わざわざ他に良い人を探そうとは思わないという意向を
示した。それは、その選択自体が間違っている可能性もあるからである。

　E　よりいい人がいたら乗り換えようみたいな考え方は、話としては有りやと
　　　思うんですね。今までの傾向を考えると、付き合って、2、3ヶ月しないと
　　　自分は見極められないので。1人の人と付き合いながら見極められる気がし
　　　ないので、乗り換えるほうがリスクが高い。この人の方がいいと思ったけど、
　　　全然違ったーってなる気がして、わざわざそうしようとは思わない。
　＊　その選択っていうのは、何に向かってる選択?
　E　結婚なんかなぁ。とりあえずは。結婚ていうか、結婚して子どもできて、
　　　ずっと一緒にいれる人なんかなぁ。
　＊　じゃあ結構結婚を意識して?
　E　かなぁ。今はそうかなぁ。
　＊　昔は違った?
　E　昔はほぼ顔だけだった。はは〔笑〕

　Eさんにとって、「昔はほぼ顔だけ」が恋愛相手としてみられるかどうかの判断
基準になっていた。一方26歳の現在は、選択の目的が結婚であるため、1人の人と
「付き合う」のであれば、「結婚して子どもできて、ずっと一緒にいれる人」かどう
かを見極めなければならないと考えている。つまり彼は、結婚後の関係の安定性と
永続性の見込み、そして子どもを産み育てることを基準に恋愛関係を評価している
のである。結婚相手としてたった1人の人に決めるという選択は、関係の安全性や
永続性を保証する根拠や基準がないままに行わなければならない。ただし、「もっ
といい人いるかもしれない」と他の人へと乗り換えることもしないのは、その選択
行為を行う自分自身も、また自分の選択も絶対に「正しい」という確証は得られな
いからである。
　彼らは、結婚のためには恋愛が必要であると位置づけるが、そこで問われるのは
真の愛情や「非日常感(=ときめき)」ではなく、子どもを産み育てるパートナーと

87

しての結婚相手を選択するための恋愛であると推察される。

■年齢が後押しする行動──その先にある結婚

国立社会保障・人口問題研究所の第 16 回出生動向基本調査によると、18〜34 歳の未婚者の内、いずれ結婚しようと考える者は男性 81.4%（前回 85.7%）、女性 84.3%（前回 89.3%）と前回調査と比較しても減少傾向にある。しかし、8 割以上の若者が結婚の意思を示していることから、依然として「結婚」の持つ意味が大きいことがうかがえる。また、同調査では、結婚することの利点として、「自分の子どもや家族が持てる」の割合が女性ではもっとも高く、男性についても「精神的な安らぎの場が得られる」に次いで、2 番目に高い。結婚において、生殖（子どもをもつこと）に価値を置く傾向は、前項で紹介した E さんの語りでも確認できるが、結婚の意味を生殖に位置づけることで、理想とする結婚年齢も設定されるようだった。

たとえば、B さんは結婚年齢について、「できれば 30 歳とか今から 10 年後くらいには、結婚できるのがベストかなって感じちゃうんですけど、子どものこととかも考えると」（B さん）と、自身が親になる年齢から逆算して結婚希望年齢を設定するという発想がみられた。さらに A さんの次の語りからは、自分の年齢よりも交際する女性の年齢を意識する様子がうかがえる。

> いま［27 歳］は、「付き合う」は、結婚は意識しない。これが 5 年後とかだったら、結婚を前提にとかになるだろうけど。でもこれも相手の年齢によるだろうな。（A さん）

このように「産まない性」である男性としても「付き合う」相手の年齢は、出産年齢に関係するため、結婚に結びつけて意識すべき交際なのか否かが判断されるようだ。結婚に求める最大の意味を「子どもを産み育てる」ことに位置づければ、子どもを産めない年齢や高齢出産のリスクが高まる年齢になったとき、あるいは、子どもを欲しいと思わない場合には、ある一定の年齢（彼らの語りからは 30 歳〜 35 歳）までに結婚する意義は小さくなることが示唆される。たとえば、F さんは、「結婚して得する理由って子どもがいることぐらいじゃないですか、子どもがいたときに結婚してた方が得というか損がないぐらいにしか思ってなくて」と語る。彼には、「結婚＝子どもを産み育てる」というイメージがある。結婚と生殖とは基本的には別もののはずであるが、両者は切り離せないものとして語られる。「子どもを欲しいと

も別に思わない」彼にとって、結婚という契約は「足枷というか制約ができる」と思うほど、デメリットしかないものとして捉えられていた。さらにHさんも同様に、「結婚願望ない。俺子どもいらんもん。まだいらないし、いやとりあえず今いらないし、今の段階では将来的にもいらないって感じかなぁ」と語った。しかし、Hさんは続けて「向こう的には結婚したいと思ってる可能性もまぁある訳やから。となると自分が結婚というものに興味がないから、相手に申し訳ないじゃないですか」とも語った。つまり、子どもをもつことや結婚に対して希望が無いとしても、「付き合う」ことの継続や終焉の決断は、無条件に恋愛感情だけでは成立せず、その先の結婚の可能性に大きく影響されているのである。それは、結婚願望のあるなしに関係なく、自分自身に結婚願望がない場合でも、ある程度の年齢になったら結婚をすることを良しとする社会的規範や圧力に絡めとられてしまう可能性があるといえる。特に、そこで考慮される「ある程度の年齢」とは、女性の出産年齢だといえるだろう。男性の場合、女性ほど強く出産年齢を意識することはないかもしれないが、交際相手の出産年齢を考慮するという点では、まったく無関係とはいえないのである。

4　恋愛と結婚の狭間におけるリスク意識と規範の運用

　本章では、ロマンティックラブ・イデオロギーを支える三つの要素である、「愛−性−結婚」の布置関係に着目しつつ、「結婚」と恋愛、そして性行動がどのように相互に作用しているのか、またリスク社会を生きる現代の若者たちはどのような規範を持ち、そしてそれらを運用しているのか、彼ら自身の語りをもとに論じてきた。

　現代日本は、自由に恋愛できる期間が長期化し、結婚や恋愛についても自由度が高まった。しかし、他方では、ルーマンが指摘する通り、個人の意識や選択によって相手を選択することはリスクを個人の責任に帰することにもなった。本章で紹介した男性たちも、自由でありながらも性行動から距離を置いたり、結婚にとってベストな相手を選択することを目前にし、失敗するリスクを回避するような意識や行動がみられた。

　このようなリスク回避の傾向は、階層性が関連している可能性があることを、阪井俊文（2012）は示唆する。ファッション雑誌の言説分析を行った阪井は、恋愛には、経済成長の鈍化や雇用環境の悪化という時代性に合わせた「適応戦略」が映し出され、またそこには階層差があると論ずる。低階層の若者は、男女ともに経済的に自

立することが難しく、また、親に依存することもできないため、女性は自身が有する数少ない資源である「性的資源」を使って男性パートナーを見定め、男性はナンパといった行為を通じてパートナーとなる女性を見定めるという。その結果、低階層向け雑誌の言説には、「男女の交際は結婚に繋がるべきである」といったロマンティック・ラブのような価値観はまったく見られないにもかかわらず、結婚に至る時期は比較的早い。対して、高階層の若い女性にとって、男性の進路や就職先が確定しない段階で特定の人にコミットメントすることはリスクが大きく、男性にとっても早い段階で特定の人にコミットメントすることにはリスクを伴うため、短期的な関係性を繰り返しながら、慎重にパートナーを見極める戦略が有効であると論ずる（阪井 2012）。つまり、リスク回避の傾向は、階層差を考慮した場合、高階層という彼らの属性がその傾向を強めている可能性があることも示唆される。そのため、リスクを回避し、合理性を追求するなら、若いうちは、結婚に結びつかない交際に積極的になれない時期があったとしても、それは彼らにとって「合理的な選択」であるとも捉えられる。

　他方、リスクを回避するために恋愛から距離を置いていた男性たちも、彼らが結婚のリミットと考える 30 歳前後が近づくにつれて、結婚につながるような恋愛が意識されることも確認された。そして、そのような変化がみられる調査対象者の多くは、結婚の先に「子どもを産むこと」を想定していた。また、そこでは、女性の生殖能力を意味する「妊孕力」というコントロール困難な要因がもっともらしい根拠として用いられている。「年齢」によって規定される生殖能力の有限性は、個人にとっては不自由さを与える一方で、多様な選択肢が与えられている現代の若者たちにとって、行為選択の理由としては安心感を与える規範として作用しているといえる。

　このように考えたとき、現代の若者たちは、自由な恋愛と依然として変わらない「結婚」という制度の狭間で、できる限りリスクを回避しながらも、その時の個人の置かれた状況に合わせて柔軟に規範を運用しながら、「恋愛」を意味づけ、行動しているといえるだろう。

◉付　　記

本章は大森（2017, 2019）に修正、加筆を加えたものである。

◉引用・参考文献

池岡義孝, 2017,「戦後家族社会学の展開とその現代的位相」藤崎宏子・池岡義孝［編］『現代日本の家族社会学を問う──多様化のなかの対話』ミネルヴァ書房, pp.9–32.

岩間暁子, 2017,「社会階層論と家族社会学」藤崎宏子・池岡義孝［編］『現代日本の家族社会学を問う──多様化のなかの対話』ミネルヴァ書房, pp.85–106.

大森美佐, 2017,「日本の若年独身者における親密性──性行動内容に注目して」『人間文化創成科学論叢』19: 135–143.

大森美佐, 2019,「「恋愛」への意味づけの書き換え──愛・性・結婚の結合と分離に注目して」『家族関係学』38: 43–55.

ギデンズ, A.／松尾精文・松川昭子［訳］, 1995,『親密性の変容──近代社会におけるセクシュアリティ、愛情、エロティシズム』而立書房.

木村絵里子, 2016,「「情熱」から「関係性」を重視する恋愛へ──1992 年、2002 年、2012 年調査の比較から」藤村正之・浅野智彦・羽渕一代［編］『現代若者の幸福──不安感社会を生きる』恒星社厚生閣, pp.137–168.

国立社会保障・人口問題研究所, 2023,「第 16 回出生動向基本調査（結婚と出産に関する調査）現代日本の結婚と出産（独身者調査ならびに夫婦調査）結果の概要」〈https://www.ipss.go.jp/ps-doukou/j/doukou16/doukou16_gaiyo.asp〉（2024 年 8 月 16 日 最終確認）

阪井俊文, 2012,『雑誌の内容分析による恋愛の現代的様相──「消費社会化」「ジェンダー」「社会階層」の視点から』北九州市立大学博士号学位論文.

ルーマン, N.／小松丈晃［訳］, 2014,『リスクの社会学』新泉社.

Ⅱ　実証研究からみる若者の恋愛と結婚

07 恋愛は結婚において「必要」か、「オプション」か

首都圏と中国都市部の未婚女性たちへのインタビュー調査から

府中明子

1　なぜ恋愛結婚がスタンダードなのか

　「恋愛0日婚」という言葉を聞いたことがあるだろうか。2019年2月、人気アイドルグループAKB48に2013年7月まで所属していた篠田麻里子さんが公式サイトのファンサイトで結婚したと報告した。サイトやその後の報道の場での篠田さんの話では、出会った日の会話で結婚を意識したという。友人や恋人としての交際期間を経ずに結婚を考えたことが衝撃的だと報道され、「恋愛0日婚」と言われた。その後、俳優の堀北真希さんと山本耕史さんも2015年8月の結婚が「交際0日婚」と報道されている。山本さんが6年半の間、手紙を40通送り続けてアプローチしていたが、その間は堀北さんからの返事などは何もなかったという。結婚同年の2015年5月、舞台で二人が共演し、その「お疲れさまでした」のLINEメッセージのみ堀北さんが送ったことは結婚の際に報道されている。その後堀北さんが仕事で乗っているであろう新幹線に山本さんがアタリをつけて乗り込み、堀北さんを見つけてその場で結婚を申し込んだ。そこで堀北さんが承諾し、約2ヶ月後に結婚したということだったと報道されている。これも「交際0日婚」エピソードとして話題を呼んだ。

　こうしてみると、「交際0日婚」とは、実際に交際0日で婚姻届けを提出したわけではないが、恋人としての交際期間を経ず、友人としての交際期間もほとんどない状態で結婚を想定ないし決定することを指すようである。上記の事例以外にも、芸能人による「交際0日婚」は報道されている。それが注目すべきトピックとみなされたのは「本来ならば友人として、そして恋人としての交際期間、つまり恋愛期間を経て結婚するはずなのに、それをせずに結婚することを決めた」からであろうこ

とは、想像に難くない。このように、結婚では、（女性の）恋愛感情や、恋人としての交際期間があることが当然であり、ないことが一大トピックとなりうるのである。

　本章では、日本において、恋愛結婚がスタンダードであると考えられるようになった昨今、結婚における恋愛が持つ意味とは何かについて、考える。戦後、1960年代半ばに、見合い結婚よりも恋愛結婚が主流となったというデータがある（国立社会保障人口問題研究所 2017）。現在結婚したいと考える人々は、恋愛をし、恋人としての交際期間を経てから結婚することを想定しているのがスタンダードであろうと考えられる。なぜ今、恋愛結婚がスタンダードとなっているのだろうか。恋愛結婚における恋愛とは、どのようなものなのであろうか。それは世界中で普遍的なものなのであろうか。歴史的にみれば新しい価値観である恋愛結婚について、本章では未婚女性たちへのインタビューを通して考える。

　本章では、筆者が日本の首都圏と中国の都市部でインタビューしたデータを分析する。結婚を検討し、時に葛藤している 20〜30 歳代の未婚女性たちに、結婚に対する考えをインタビューした。女性たちの年齢はいずれも平均初婚年齢（人生で初めて結婚したときの年齢の平均、日本女性は 2019 年時点で 29.6 歳、中国上海は 2017 年時点で 29.6 歳、中国北京は 2011 年時点で 26.2 歳）と離れておらず、結婚を想定した語りを多く聞くことができた。既に結婚を経験した女性たちによる振り返りの、いわば「結果論」ではなく、これから結婚しようという意思を持つ未婚女性たちによる想定を聞くことで、現在抱えている葛藤や考え方、あるべき姿（との乖離）がわかり、筆者の研究関心により近づけると考える。

2 「未婚化」を概観する

　本章では、未婚女性へのインタビューを分析すると先に述べた。インタビュー分析に先立って、日本で「未婚化」がどのように取り上げられて来たのか、どのように扱われてきたのかについて先に見てみよう。同時に、筆者のインタビュー対象者が本研究関心の上で適切かどうかも確認していく。

　日本では、未婚化・晩婚化が話題になり、社会問題として扱われるようになって久しい。

　日本は 1974 年をピークとした「皆婚社会」（皆が結婚する社会）であった。当時、結婚を人生で一度は経験する人の割合は、現在の高等学校への進学率——2020 年度

時点で女子 95.7％、男子 95.3％（通信制を含まず）（内閣府男女共同参画局 2021）——
に匹敵するものだったと言ったらわかりやすいかもしれない（女性 97％、男性 91％）。
このような高い割合での皆婚社会は、実は歴史的、世界的に珍しいものであった。
その後、一貫して結婚を経験する人の割合は減少傾向である。

　未婚化・晩婚化という社会現象それ自体は 1970 年以降に発生し、1990 年代に広
く認識されるようになって以来、増加傾向に変化はない。三輪哲は「未婚者に直接
かかわる研究蓄積は決して多くはない。未婚者たちの実像がどのようなものなのか
は、まだよく知られていない部分が多い」と述べており（三輪 2010: 14）、未婚化・
晩婚化の研究は、今や未婚者の実像を探る段階である。男性については、収入の多
寡と恋人、婚活、そして結婚へのアクセスのしやすさが相関関係にあることがわか
っている。一方で、女性については正社員とパート社員（非正規雇用）を比較すると、
恋人がいる割合が 10：5.8 であったこと、休日出勤が多いほど恋人がいる割合が低
いことが挙げられたが、いずれも男性ほど決定的な差異が出なかった（三輪 2010; 中
村・佐藤 2010）。女性の非正規雇用労働者が未婚である可能性が高いことは竹信三
恵子も指摘しており（竹信 2006）、それが男性の正規雇用の長時間労働者を生み出し
ている可能性があることと関連付けて指摘した。中村真由美と佐藤博樹は、大企業
の専門職や管理職の男性の方が、恋人ができにくいことを分析し、男性側の未婚の
割合の方に強く数字として表れていることを確認した（中村・佐藤 2010）。とはいえ、
日本において未婚化・晩婚化は、すべての年齢層で、すべての階層で起きている現
象である。これについては結婚が拘束力のある規範から、選択可能なものへと変化
したことによると言われている（ベック 1998）。

　女性と比較して男性の未婚率の方が高く、結婚と収入との相関関係が明らかとな
っているが、未婚化・晩婚化の議論においては、女性の高学歴化や就業行動の変化な
ど、女性のあり方・生き方に注目されることが多かった。しかし、女性の高学歴化が
起こった 1980 年代や、法整備による就業行動の変化が起こった 1990 年代よりも前に、
1970 年代中盤から未婚化傾向が続いている。女性の未婚化は、男性の未婚化に単に
連動しているのだろうか。それとも、女性には女性の理由があるのだろうか。

　山田昌弘は、「経済生活」と「恋愛感情」を「結婚への積み荷」と表現し、結婚に
際して経済的な側面と同時に「恋愛感情」が求められるものである（山田 2010）と
述べた。経済的理由が主に男性に当てはまるのであれば、もう一つの恋愛感情に注
目し、女性の未婚について追究してみたいと筆者は考える。

　恋愛結婚は、大正時代には「友愛結婚」として普及した（ノッター 2007; 桑原 2017）。

人々は有史以来結婚というものがずっとあるようなものとして捉えがちであり、結婚と言えば恋愛結婚だと考えるのが（むしろ考えもしないのが）現代では当たり前かもしれない。しかし、実は恋愛結婚とは、歴史的には新しく普及したものに過ぎないのである。この恋愛結婚を改めて客観的に捉えることで、恋愛の位置づけに新たな視点を加えられれば幸いである（第Ⅰ部参照）。

　では、どのようにすれば客観的に捉えることができるだろうか。検討したいのは、以下の3点である。①未婚女性が結婚を検討する際に、恋愛は今も必要とされているのか。②恋愛が必要とされているのであれば、どのような恋愛なのか。③なぜ恋愛が必要とされるのか。

　本章では、上記の問いを追究するため、未婚女性へのインタビュー調査（以下、インタビュー）の結果の分析・考察を行う。

3　インタビューの概要と協力者について

　本章では、未婚女性たちに対し、半構造化インタビューを実施したデータを使用する。半構造化インタビューとは、標準化されたインタビューや質問票を用いた調査よりも比較的回答の自由度が高く、インタビュー協力者の見方がより明らかになるという期待を込められたインタビュー方法である（フリック 2018）。半構造化インタビューの実施に際して、具体的な問いや仮説をいかに理論と接合し、かつインタビュー調査に接合するかについては、佐藤郁哉（2002）の調査技法を参考にした。

　調査期間は、2014年7月から2018年9月までである。インタビュー協力者は、日本の首都圏調査で12名、中国の都市部調査で20名に対して行った。人数の違いは、筆者と協力者との関係性の違いによる調査の方法の違いが関係している。首都圏調査では1対1（2件のみ2対1）の対面面接を行った。これは、筆者もまた首都圏にくらす日本人女性であり、協力者の女性たちと比較的近い立場にいるため、行うことができた。中国の都市部調査では、3〜5名ずつのグループ・インタビューを行った。グループ・インタビューを行うことで、初対面の外国人である筆者相手に、会話をしてもらう際の障壁をできる限り乗り越える工夫を凝らした。本インタビューでは、女性たちがくらす社会における共通認識や、標準的だと思っていることを確認し合いながら話を進めることが重要であったためである。そうすることで、女性たちの社会の捉え方や、その社会の中での自分たちのあり方を話してもらうこと

II 実証研究からみる若者の恋愛と結婚

ができるからである。

　本章における調査対象者は、高等教育を受けた、または現在受けている未婚女性たちである。ベック＝ゲルンスハイムの調査によっても、社会層の違いや教育レベルの高さにより違いがあることが明らかとなっている（ベック＝ゲルンスハイム 1995: 150-151）。ここで注意しておきたいのは、高学歴化は女性にのみ起こったことではなく、戦後は男性も女性も高学歴化してきたという点である。女性だけが高学歴化したわけではないが、女性を対象者として検討した際に、本研究においては、高学歴者が調査対象者としてもっともふさわしいと考えたのである。

4　恋愛は結婚において「必要」、それは家族のため──首都圏での　インタビュー調査より

■①未婚者が結婚を検討する際に、恋愛は今も必要とされているのか

　女性たちへのインタビューからわかったことは、恋愛した相手と結婚することが想定され、またそれが重要視されていたということであった。以下にインタビューを紹介する。

　首都圏のＡさん（インタビュー当時 30 歳・以下協力者の年齢はインタビュー当時のもの）は、結婚したいかどうかを質問した際に、「もし、一緒に、ずうっといたいなって思える相手がいるんだったら、［結婚を］してみたいかなー」「それぐらい思えないと、結婚しちゃいけない気がして（笑）一回で終えたいから（笑）」と語った。

　結婚する可能性それ自体が、恋愛感情を支えていたという語りもあった。首都圏のＢさん（26 歳）からは、恋愛に基づいて交際し、結婚を想定した相手に対し、結婚を断念すると「冷め」、恋愛感情それ自体がなくなったというエピソードが語られた。Ｂさんには、自身が 30 歳になるまでに結婚し、子ども二人の出産を終えたいという展望があった。25 歳を過ぎたＢさんは相手にそのことを告げたが、Ｂさんの元交際相手は少なくともあと 5 年は結婚するつもりはない、今は結婚を考えられないとＢさんに話した。その話し合いは平行線に終わってしまったというＢさんは、その交際相手を嫌いになったわけではないとも語った。

　首都圏のＦさん（30 歳）も、インタビューに近い時期に、結婚を前提とした交際を半年ほど続けていたが、結婚に至らず関係が破綻したと語った。交際が破綻した理由は、結婚それ自体を目的としたためであるという。Ｆさんによれば、この元交

96

際相手はＦさんと結婚を前提に付き合っていたといい、「女性は早く結婚して30歳までに子どもを産むべきだ」といった主旨の持論を度々展開していたが、実際にはＦさんが転職したばかりであるなどを理由に、結婚の具体的な話を避け続けていたという。交際を始めた当初は結婚を前提にという元交際相手の言葉を意識し、Ｆさんは「なんか焦りすぎて、どうしてもどうにか［結婚したい］みたいな気持ちになって」「妥協でやっぱ結婚しようとしてるなって思って、でちょっとしたこじれをもとに、まあ、スッと別れちゃったんです（笑）」と語った。Ｆさんはこの出来事の後、改めて振り返り、元交際相手のことを「あ、好きじゃなかったんだ」と思ったことを語っていた。Ｆさんには、結婚する上でパートナーに何を求めるかを質問すると「一番大事なのは、お互いが好きかどうか」と語っていた。当時の関係の破綻は、結婚それ自体を目的としたために破綻したという認識を持っていることを語っていた。

　また、ＦさんとＩさん（首都圏・26歳）は、恋愛感情に基づかない結婚への批判を語った。Ｆさんは、妥協して結婚したと言っている既婚者の友人に対し「何で結婚したの」と思うこと、「それはちょっとやらないようにしよう」と思っていることを語った。Ｆさんいわく、既婚者の友人とその夫は結婚前から「お付き合いがすごく長」かったが、その間も友人は合コンなどに行っていたという。友人は、（結婚後の）「残りの人生40年間ずっとその顔見続けないと行けないから、顔は重要だって言って」いて、「本当はイケメンと結婚したかった」のだという。他に結婚したいと思う人がいなかったから、友人は付き合いの長かった男性と結婚したという。「仕方なく結婚したとか、なんか……［…］妥協して結婚した、みたいなのを聞くのが嫌だなと思って」、「［そのような結婚では相手に対して］冷めちゃいません？　結局［目を］つぶれないってなってきて、［関係が］すたれてしまう……」と、妥協した結婚では、結婚後の夫婦関係が良好とならないだろうとＦさんは考えている場面であった。

　Ｉさんからは、以下のような語りを聞くことができた。

　　友達、同級生ですね。１人その中で結婚するかもって人がいて、［…］その彼に関して、もう私たち３人が猛烈に文句言ってるみたいな（笑）。お互い公務員で、超安定してて、安定してるからっていう理由で結婚するっていう……感じなんです。でその女の子は、全然彼のこと「好きだよ」って言いつつ、興味ないみたいなんですよ。誕生日とか忘れちゃうんですって、なんか。彼の誕生日忘れちゃったりとか、っていう。超恋愛してきた感じ、大恋愛［…］っていう感じ

の子だったのに、なんか結局安定選んだのかお前は、みたいな……感じで……。
興味ない彼と結婚してどうすんのかな。

　Ｉさんは「恋愛の延長線上に結婚があってほしい」とも語った。Ｉさんは「結婚した
たら幸せそうだから、っていう理由で生きたくないんですよね」と、結婚それ自体
を目的にすることについて、Ｆさんと同様に否定している。好きになった後に結婚
するというプロセスが、正統なものとして重要視されていた。

　ここで、Ｉさんが語ったあるエピソードを紹介する。Ｉさんは、実際に交際相手と
同棲生活で負担を感じた経験から、結婚はしたいけれども結婚後に夫とは生活した
くないと語った。結婚して子どもも持ちたいが、理想は「週末婚」と語り、結婚し
た相手の夫は「たまに会いに来るみたいな感じでいいかな……」と語った。

　注目したいのは、Ｉさんがこの同棲した交際相手と結婚したいと強く望んでいた
ことである。Ｉさんは、身をもって家事を一人で担う苦労を知った。しかし、この
経験を通して恋愛感情がなくなったとは言わず、現在も同棲した相手と交際を続け
ており、その相手が「好きだから」結婚したいと語った。

■②恋愛が必要とされているのであれば、どのような恋愛なのか

　では、結婚に際して重要視されている恋愛とは、どのような恋愛なのだろうか。
こちらも語りを紹介しながら見ていこう。

　将来ずっと一緒にいたいと思うような恋愛に基づく結婚を求めているということ
が語りから明らかになった。既に紹介したＡさんの語り「もし、一緒に、ずうっと
いたいなって思える相手がいるんだったら、[結婚を]してみたいかなー」の、その
すぐ後で「老後まで一緒にいれればいい」と述べられていた。また、「生涯、ずっと
離婚しないで、2 人、まあ、おじいちゃんおばあちゃんになっても常に、手を握っ
て過ごしていきたいなー」（Ｂさん）、「うちの父と母を見てても、自分が将来的に歳
をとったときに、やっぱ添い遂げる相手が……（笑）、いたほうが、やっぱいいのか
な」（首都圏のＥさん・30 歳）という語りも見られた。

　また、具体的にどのような男性に魅力を感じるかについて、インタビューで語ら
れたことがある。インタビューでは、「結婚したい理由」を聞いたが、その理由は子ど
ども（のいる家族）を持ちたいからであると女性たちは語った。そして、「パートナ
ー（夫）となる男性の子どもに対する気持ち」について言及がなされ、子どもに対
する気持ちを持つ男性を魅力的だとみなしている様子が見られた。子どものいる家

族を志向する未婚女性たちにとって、子どもをかわいい、欲しいと思っているように見える男性が魅力的に見え、恋愛対象となりうるということが垣間見えた。以下にインタビューの語りを紹介する。

　Ｉさんとｂさんは、男性の「子どもを志向する気持ち」に魅力を感じると語った。Ｉさんは、まず結婚に関係なく出産したいかどうかについて質問をすると、「出産そんなに超したいわけでもない」、「出産だけして未婚の母になる、とかはないな」、「そういう状態にはならないように、［…］たぶん。コントロールして」、「結婚あっての出産っていうのは変わらない気がする」と語った。続けて、子どもをもたない夫婦になる可能性があるかどうか質問した際には「子ども欲しくないっていう人を好きにならない」、「結婚……子ども好きな方がいいな。今付き合ってる彼も、自分の子どもが欲しい人、なので」と語った。また、理想的なパートナーについてｂさんに質問したところ、ｂさんは以下のように回答した。

　　2人で会話しているときに男性がふと、「子どもが欲しいなー……」みたいな感じで、ポツって言って、で、それで女性が「えっ」って驚いて、「子ども作ろうか」みたいな話［…］があるんですけど、それ見てて、あ、男性からそう思われるってすごいいいなーと思って。

　ｂさんは「女性としてだと、子どもを作るっていうのがやっぱ、女性的っていうか本能的に思う、のが強いじゃないですか」、「男性がそういうふうに［…］言うのがすごいいいなーって」と語り、そのような状況に憧れを持っていた。他にもｂさんは「［2人で会話しているときに］キャッチボールとかしてる親子見てると、「これいいなー」とかっていうふうに言ってくれる男性とかも、すごいいいなーと思います」と、Ｉさんと同様に、子どもを志向する男性に魅力を感じている様子が見られた。

■③なぜ恋愛が必要とされるのか

　ここまでのインタビューの語りからわかったことを整理しよう。まず、結婚を希望する未婚女性が結婚を検討する際に、恋愛は今も必要とされているのかという問いに対しては、そうであるということがインタビューの語りから見られた。それから、結婚に際して求められる恋愛とはどのようなものかということについては、ずっと一緒にいられるような関係が求められていたことがわかった。一緒にいることが普通になるのがいいというＡさんの語りもあったが、これは決して恋愛感情の

弱さを語ったのではない。その後の語りで「それぐらい［ずっと一緒にいたいと］思えないと、結婚しちゃいけない気がして」（A さん）と言っているように、強い気持ちを表している。「大恋愛」（I さん）という表現が出てくるように、強い恋愛感情が必要だという認識がうかがえる。また、未婚女性たちの語りの中から、子どもをかわいいと思い、持ちたいと思っている男性を魅力的に感じ、恋愛感情につながっているということも見受けられた。

　恋愛感情が必要な理由として、結婚に踏み切る際に必要な条件としてみなしているからというだけではなく、（まだ生まれていないが、もつ予定の子どものために）よき夫婦仲でいるべきであり、夫婦関係は結婚前からの恋愛感情によって保たれると考えられていることも語りから見えてきた。恋愛は、子ども家族を求め、結婚したいと考える未婚女性たちにとって、結婚に際しても、子ども家族を継続する上でも、必要であると認識されている可能性が見えてきた。

5　恋愛は結婚における「オプション」──中国都市部でのインタビュー調査より

　ここで、中国の都市部における未婚女性たちへの、結婚に関するインタビューの一部を紹介する。中国都市部のインタビューでは、恋愛が結婚に必要であると語る人はほとんど見受けられなかった点が特徴的であった。家族や周囲の人からの意見と恋愛を対立させ、家族や周囲の意見を優先させるべきという語りが見受けられもした。結婚相手の条件を質問した際に、「愛があればいい」と語ったのは 1 人だけであり、その言葉を聞いても、同一グループの中で同意したり、意見を変えたりした人はいなかった。

　中国のインタビューを紹介する際には、「CN-A-1」のように協力者を表記する。これは、CN（中国）の、A（A グループ）の、1（協力者 1）という表記である。

　まず、CN-E グループ（21 〜 24 歳）では、結婚の相手と恋愛の相手は違うという話が語られた。「本当の大好きな相手はたぶん結婚の相手じゃ」く、「結婚相手は、恋愛の相手とはたぶん違うと思」うとのことであった。結婚相手は、「家族の意見［…］や友だちから色々な意見」を聞いて決めることが重要だと考えていると語られた。「家族関係的主体」は家族だけではなく、周囲の人々にとってよりよい選択をする主体のことを指す（桑原 2017）。本調査の中国都市部の協力者の女性たちにとっ

ては、友人関係も自分以外の主体として、意思決定に深くかかわる様子が見受けられた。

　また、恋愛ができるのは若いうちだけだという語りもみられた。CN-D グループ（23歳）では、「若い時は」恋愛が大事であると、「若い時は」を繰り返して強調していた。「［若い時］中身よりは外見の方が……［外見を重視する］」、と言って冗談のように笑う場面もあったが、「25歳前ならわがままを言ってもいい」「中国で25歳を迎えたら、まあちょっと厳しい状態になります。」と話が進んだ。CN-D-2 さんは「私はよく母にそう［25歳までは男の条件がとてもいいと］言われます。」と語った。（25歳以前は）自分からパートナー（夫）となる相手を選択する可能性があるが、25歳を超えたら、「条件がどんどん下がり」、「他人が自分を選ぶ」「立場が変わ」るのだという。中国都市部の女性たちは、年齢規範を強く認識しており、立場がいい（若い）時なら条件として選ぶことが可能なのが恋愛、という考え方が日本人の語りとは異なると見て取れよう。

　CN-B-2 さん（23歳）は、大学院進学を控えているが、親に進学の意向を伝えた時に、結婚をどうするのかと親に聞かれ、それについての自分の考えを述べた。「彼氏ができなかったら、親を通して、お見合いをします。年を取ったら自分だけのことではない（笑）」。親は結婚相手を探す主体であり、結婚は「自分だけのことではない」という認識が見られた。そして結婚に関し、年齢規範の方が恋愛感情より優先されるという語りは注目すべき部分だろう。恋愛は、25歳までに選択できる好条件の、いわば「オプション事項」なのである。

6　考察──恋愛結婚は簡単にはなくならない？

　日本でのインタビュー調査では強い恋愛感情が結婚に必要であるという認識が中心的である様子がみられたが、中国都市部のインタビューでは、恋愛感情は結婚する上で絶対的に必要なものとはされていないことがわかった。しかし、中国は夫婦や家族の絆が強いと言われており、日中比較のデータを見れば、夫婦間の満足度など幸福度に繋がるものも中国の方が高いという結果が得られている（劉1991）。よって、中国と比較すれば、日本の家族は、強烈な恋愛感情を伴う結婚でなければ情緒的に脆い家族になり得るというイメージが無意識下にあるように見える。少々強い言い方をすれば、日本においては、恋愛感情が家族の絆を支えるものになり得る、

という恋愛感情を万能（策）とするかのような価値観が見て取れる。既に主流のこの価値観に対し、取って替わる考え方は今後果たして現れるのだろうか。「交際0日婚」がその答えなのだろうか。それは本章からわかることではないが、本章でわかったことは、結婚し、子どもをもち、家族を形成するつもりの未婚女性たちにとって、強い（強烈な）恋愛感情に基づく結婚をすることや、恋愛感情のある夫婦となることが結婚後の家族のためになる、と認識されていることの方が、実は興味深いのかもしれない、という一つの見方である。

　本章では、恋愛が結婚に必要とされているのか、されているとすればそれはどのような恋愛なのか、なぜ必要とされているのか、について、インタビュー調査の結果から見てきた。日本では、結婚には強い恋愛感情が必要とされていると認識されている様子が、未婚女性たちのインタビューから改めて見えてきた。そして、その強い恋愛感情は、結婚して子どもをもち、よりよい家族関係を形成していくのに有効であると考えられていることがわかった。このような、日本人にとっては当たり前と思えるような認識は、夫婦関係満足度が高く、家族を大事にすることを自明のことと考える中国でインタビューした際には、未婚女性たちからは語られなかった。このことから、日本の未婚女性たちにとって、夫となる男性は、強い恋愛感情がなければ家族に繋ぎ留めておけない存在だとみなされている可能性すら見えてくる。

　なぜこの違いが生じているのかということをさらに探っていきたいところだが、それは今後の課題としたい。また、本研究では、インタビューは素晴らしい協力者に恵まれたが、調査段階から時が経ち、世代が変わろうとしている。1990 年代生まれ、2000 年代生まれの若者たちにも引き続き調査が必要であろう。それから、既に本章で調査した女性たちへの追跡調査とともに、これまでと異なる対象者である男性への調査も検討したい。

●引用・参考文献

釜野さおり, 2004,「独身女性の結婚意欲と出産意欲」目黒依子・西岡八郎［編］『少子化のジェンダー分析』勁草書房, pp.107–123.

桑原桃音, 2017,『大正期の結婚相談──家と恋愛にゆらぐ人びと』晃洋書房.

国立社会保障・人口問題研究所, 2017,『現代日本の結婚と出産──第 15 回出生動向基本調査（独身者調査ならびに夫婦調査）報告書』〈https://www.ipss.go.jp/ps-doukou/j/doukou15/NFS15_reportALL.pdf〉（2024 年 5 月 31 日最終確認）.

佐藤郁哉, 2002, 『フィールドワークの技法——問いを育てる、仮説をきたえる』新曜社.

竹信三恵子, 2006, 「忘れられた若者たち——「出産予備軍」無視で進む少子化対策」北九州市立男女共同参画センター“ムーブ”編『ジェンダー白書4——女性と少子化』明石書店, pp.205-220.

男女共同参画局, 2021, 「第1節　教育をめぐる現状」、『男女共同参画白書　令和3年版』〈https://www.gender.go.jp/about_danjo/whitepaper/r03/zentai/html/honpen/b1_s05_01.html#:~:text=%E4%BB%A4%E5%92%8C2%EF%BC%882020%EF%BC%89%E5%B9%B4%E5%BA%A6,%EF%BC%85%EF%BC%8C%E7%94%B7%E5%AD%9096.3%EF%BC%85%EF%BC%89%E3%80%82〉（2024年6月3日最終確認）

中村真由美・佐藤博樹, 2010, 「なぜ恋人にめぐりあえないのか？——経済的要因・出会いの経路・対人関係能力の側面から」佐藤博樹・永井暁子・三輪哲［編］『結婚の壁——非婚・晩婚の構造』勁草書房, pp.54-73.

ノッター, デビット, 2007, 『純潔の近代——近代家族と親密性の比較社会学』慶應義塾大学出版会.

フリック, U.／小田博志［監訳］, 小田博志・山本則子・春日常・宮地尚子［訳］, 2018, 「半構造化インタビュー」『新版 質的研究入門——〈人間の科学〉のための方法論』春秋社, pp.180-214.

ベック, U.／東廉・伊藤美登里［訳］, 1998, 『危険社会——新しい近代への道』法政大学出版局.

ベック=ゲルンスハイム, E.／香川檀［訳］, 1992, 『出生率はなぜ下ったか——ドイツの場合』勁草書房.

ベック=ゲルンスハイム, E.／木村育世［訳］, 1995, 『子どもをもつという選択』勁草書房.

三輪哲, 2010, 「現代日本の未婚者の群像」佐藤博樹・永井暁子・三輪哲［編］『結婚の壁——非婚・晩婚の構造』勁草書房, pp.13-36.

山田昌弘, 2010, 「「婚活」現象の裏側」山田昌弘［編］『「婚活」現象の社会学——日本の配偶者選択の今』東洋経済新報社, pp.17-41.

劉英, 1991, 「今日城市的夫妻関係」『社会学研究』3: 48-54.

II 実証研究からみる若者の恋愛と結婚

Column2

ロマンティックラブ・イデオロギーという和製英語

「ロマンティックラブ・イデオロギー」とは何か

恋愛の議論で頻繁に用いられてきた用語として「ロマンティックラブ・イデオロギー」がよく知られている。しかし、これが和製英語であり、英語圏の議論ではほとんど見られない語であるということはあまり知られていないように思われる。

ロマンティックラブ・イデオロギーという語を用いて議論している日本語文献の引用・被引用関係を辿っていくと管見の限り、この語の初出は上野千鶴子の「ロマンチックラブ・イデオロギーの解体」（1992、原著は1986年）である。上野は「ロマンチックラブ・イデオロギー」とは「愛‐性‐結婚のトリニティ（三位一体）」のことであり、「未婚の男女が恋愛に陥り互いに結婚の約束をする。そして婚礼の床で二人は結ばれる。ついでに言うならこのセックスは再生産（生殖）に結び付くものでなければならないから、この夫婦の結びつきから嫡子が生まれ、二人は幸福な父と母になる——こういうプロセスが「自然」だとする考えのことを、ロマンチックラブ・イデオロギーという」と説明している（上野1992: 157）。つまり、近代家族を成り立たせてきた恋愛と性と結婚をめぐる社会的諸規範を批判する語として登場したのがロマンティックラブ・イデオロギーである。

上野がこの「ロマンチックラブ・イデオロギー」の説明の箇所で引用しているのは、ミッシェル・フーコーの『性の歴史』であるが、フーコーは同書において一度も「ロマンティックラブ・イデオロギー」という語を用いていない[1]。このことはフーコーに限らない。1960年代からの性革命を背景に、新たな活気を帯びた欧米家族史・社会史研究——それらの知見は日本でもストーン（1991）やショーター（1987）、サイドマン（1995）、フランドラン（1987）などを通して紹介されてきた——においても、近代家族を成り立たせてきた恋愛、性、結婚をめぐる規範をひとまとめにして「ロマンティックラブ・イデオロギー」と呼ぶという用

---

1) 原典はフランス語なのでありうるとしたら l'idéologie de l'amour や l'idéologie romantique だろうが、1〜3巻のいずれにおいても見あたらなかった。第1巻では「婚姻の装置」と「性的欲望の装置」との関係に議論が及ぶ箇所もあるが（フーコー 1986a: 136）、愛または恋愛という要素はこの議論では視野の外におかれている。

法は確立していない。日本の研究者が「ロマンティックラブ・イデオロギー」の説明の際にもっともよく引いてきたのは特にショーター（1987、原著は1975年）であるが、ショーターは一貫して「ロマンティックラブ」や「ロマンス」「ロマンス革命」という語で議論している。

　上野が理論的基盤の一つにしていたマルクス主義フェミニズムやラディカルフェミニズムの英語圏での議論を見ても「ロマンティックラブ・イデオロギー」という語は用いられていない。 恋 愛（ロマンティックラブ）を家父長制による女性抑圧の手段として批判した、かの有名なシュラミス・ファイアストーンの『性の弁証法』（1972、原著は1970年）にも、愛の抑圧性を指摘した古典的著作であるケイト・ミレットの『性の政治学』（1985、原著は1973年）にも「ロマンティックラブ・イデオロギー」という語は見あたらない。ファイアストーン（1972）において、一度だけideology of romance という語が用いられており、それ以外の箇所では romantic love や romance という語で議論されている。

　日本語の「ロマンティックラブ・イデオロギー」にもっとも近い語として、たとえば英語の「ロマンティックラブ複合体（コンプレックス）」がある。ただし、これはロマンティックラブを成り立たせているさまざまな信念のことを指すもので、「愛 - 性 - 結婚の三位一体」と定義されているわけではない。ギデンズは『親密性の変容』（1995）において「ロマンティックラブ複合体」とは「唯一無二」な「運命の人」との「永遠の愛」こそが「本当の愛」であるとする信念のことであると説明している（ギデンズ 1995: 95）。同書で「ロマンティックラブ複合体」という語は計11回出てくるのだが、日本語訳ではすべて「ロマンティック・ラブに対する抑圧されたこだわり」と訳されているので、日本の読者はこれが英語圏で用いられている学術用語であることに気づきにくかっただろう。心理学では「ロマンティックラブ複合体」の特徴として上記に加えて、「愛は全てを克服する力」を持ち、「愛こそが人生の最大の価値である」とする「恋愛至上主義」的な考え方も列挙されることが多い（Hendrick & Hendrick 1992 など）。

日本で「ロマンティックラブ・イデオロギー」という語が定着する経緯

　これに対して、日本では2000年代初頭には「ロマンティックラブ・イデオロギー」という語が学術用語として定着していたという経緯を辿ることができる。

　すでに見てきたように「ロマンティックラブ・イデオロギー」という語を最初に使ったとみられるのは上野千鶴子であるが、彼女の議論の中でも引用文献を明瞭にしながら英語圏の議論を検討している『家父長制と資本制』（1990）や『近代家族の成立と終焉』（1994）では「ロマンティックラブ・イデオロギー」という語は用いられていない。前者はマルクス主義フェミニズムの議論を丁寧に追いかけた本であり、一貫して「「恋愛結婚」のイデオロギー」という表現が用

いられている。後者は欧米の家族史・社会史研究を追いかけながら近代家族について論じた本であり、「「ロマンス」の神話」という語を繰り返し用いている。

　赤川学の『セクシュアリティの歴史社会学』(1999) にも同じことが言える。西洋近代のロマンティックラブに関する議論を、引用元を明記しながら検討している前半部では「ロマンティックラブ・イデオロギー」という語は用いられていないが、「恋愛至上主義」や「恋愛による性欲の人格化」について論じている後半部の箇所に唐突に「近代家族の基本原理として、しばしば「恋愛とセックスと結婚の三位一体」すなわちロマンティック・ラブ・イデオロギーが挙げられる」(赤川 1999: 279) と述べられている。この箇所に付されている引用文献はない。

　そして、2002 年出版の『岩波女性学事典』には井上輝子が執筆を担当した「恋愛結婚イデオロギー (romantic love ideology)」という項目があり、同年に「ロマンティック・ラブ・イデオロギー」という語をタイトルに掲げた大塚明子の論文が刊行されている。井上が書いた辞書項目において、その語の由来を示すような引用文献は記載されておらず、大塚が「ロマンティック・ラブ・イデオロギー」の定義の箇所で引いているのは上述の上野 (1990) と赤川 (1999) である。

　その後も、千田 (2011) や谷本・渡邉 (2016) などにおいて目立つ形で「ロマンティックラブ・イデオロギー」という語が使われている。千田は『日本型近代家族』(2011) の一節のタイトルを「夫婦の絆の規範＝ロマンティックラブ・イデオロギー」としているが引用文献の挙示がなく、その上位項目に当たる「近代家族を成り立たせるイデオロギー」の説明箇所でショーター (1987) を引いている。谷本・渡邉論文 (2016) はタイトルに「ロマンティックラブ・イデオロギー」の語を含んでおり、この語の説明の箇所では千田 (2011) が引かれている。

　以上より、引用元の欧米文献を明らかにしながら丁寧な議論が展開されている文脈では、上野や赤川も含めて「ロマンティックラブ・イデオロギー」という語は用いていない。これは、そもそも英語圏ではそのような語が学術用語としては確立してないという事実にも即している。だが、近代家族を成り立たせてきた恋愛結婚をめぐる規範を一言で指し示したうえで、それを批判する議論を展開するとき日本の多くの研究者が「ロマンティックラブ・イデオロギー」という語を使ってきたという事実がある。

「ロマンティックラブ・イデオロギー批判」は、性解放という新たなイデオロギーだったのではないか

　このような根拠の不確かな和製英語が、ここまで広がったのはいったいなぜなのだろうか。言葉の定義には誰よりも気を配ってきたであろう研究者らがこぞってこの語を受け入れてきたという社会的事実は、もはや「不注意」のような個人的な問題には還元できない現象のように思われる。

106

Column 2　ロマンティックラブ・イデオロギーという和製英語

　注目すべきは、この語が定着していったのが性解放の時期だったということだ。「性解放」——世界的には「　性　革　命　」と言われることが多いが——とは、それまで下位化されてきた性的なものを肯定的に捉え、結婚制度や愛から解放された性そのものの価値を認めようとする、ゆっくりとした着実な社会的変化のことである。この社会的潮流の中で、親密な関係の多様なあり方が模索され、離婚の自由が擁護され、結婚制度外の恋愛や性に新しい可能性が見出され、婚前交渉や恋愛感情なしの性関係（「セックスフレンド（セフレ）」、英語では「カジュアルセックス」）が承認されていくといったさまざまな変化が起こった。これらの変化とは、まさに上野の言う「愛－性－結婚の三位一体」の「解体」である。この語の初出の文章のタイトルは「ロマンチックラブ・イデオロギーの解体」だったことを思い出そう。つまり、ロマンティックラブ・イデオロギーという語は、「解体」が目指されるようになった規範を指すものとして性解放時代に作られた。そして、さまざまな社会的変化を「性解放」というイデオロギーで説明できている間、この語はとくに疑われることなく使われ続けたということなのだろう。改めて問いただす必要性を感じないほどの説得力があったがゆえに研究者たちはこの語源を辿ろうとは思わなかったというのが、ことの真実であるように思われる（いま、私がこの語の語源に辿る必要に迫られたのは、もはや「性解放」では説明できない社会的変化が起こっているからだ）。

　「ロマンティックラブ・イデオロギー」という語は、一見すると、恋愛をイデオロギーとして批判し去ろうとするもののように見える。だが実際には、恋愛や結婚に縛られない「性」の解放を主張する立場から発せられた「恋愛」批判であり、「愛と恋愛と性と結婚」をめぐるさまざまな規範の相対化を目指すものだ。単純に恋愛を捨て去ることが提唱されていたわけではない。欧米の「ロマンティックラブ複合体」の議論においても、それが歴史的に形成された特異な愛の形式であることが強調されるが、だからといって恋愛そのものをやめようという論調はそこまで強くはない。

　ロマンティックラブ・イデオロギーという語を使い続けることは、イデオロギー批判によってイデオロギーから解放されるというよりも、性解放という新たなイデオロギーの呪縛を強めることのように思われる。（高橋　幸）

●引用・参考文献

赤川学, 1999,『セクシュアリティの歴史社会学』勁草書房.
井上輝子, 2002,「恋愛結婚イデオロギー（romantic love ideology）」井上輝子・上野千鶴子・江原由美子・大沢真理・加納実紀代 [編]『岩波女性学事典』岩波書店, pp.488–489.
上野千鶴子, 1990,『家父長制と資本制——マルクス主義フェミニズムの地平』岩波書店.
上野千鶴子, 1992,「ロマンチックラブ・イデオロギーの解体」上野千鶴子『増補　〈私〉探しゲーム——欲望私民社会論』筑摩書房, pp.156–167.

107

上野千鶴子, 1994,『近代家族の成立と終焉』岩波書店.

大塚明子, 2002,「近代家族とロマンティック・ラブ・イデオロギーの 2 類型」『文教大学女子短期大学部研究紀要』45: 41–56.

ギデンズ, A. ／松尾精文・松川昭子［訳］, 1995,『親密性の変容──近代社会におけるセクシュアリティ、愛情、エロティシズム』而立書.（Giddens, A., 1992, *The Transformation of Intimacy: Sexuality, Love and Eroticism in Modern Societies*, Polity Press.）

サイドマン, S. ／椎野信雄［訳］, 1995,『アメリカ人の愛し方──エロスとロマンス』勁草書房.

ショーター, E. ／田中俊宏・作道潤・岩橋誠一・見崎 恵子［訳］, 1987,『近代家族の形成』昭和堂.

ストーン, L. ／北本正章［訳］, 1991,『家族・性・結婚の社会史──1500～1800 年のイギリス』勁草書房.

千田有紀, 2011,『日本型近代家族──どこから来てどこへ行くのか』勁草書房.

谷本奈穂・渡邉大輔, 2016,「ロマンティック・ラブ・イデオロギー再考──恋愛研究の視点から」『理論と方法』31 (1): 55–69.

ファイアストーン, S. ／林弘子［訳］, 1972,『性の弁証法──女性解放革命の場合』評論社.

フーコー, M. ／渡辺守章［訳］, 1986a,『性の歴史 I ──知への意志』新潮社.（Foucault, M., [1976]1994, *Histoire de la sexualité I: La volonté de savoir*, Gallimard.）

フーコー, M. ／田村俶［訳］, 1986b,『性の歴史 II ──快楽の活用』新潮社.（Foucault, M., [1984]1997, *Histoire de la sexualité II : l'usage des plaisirs*, Gallimard）.

フーコー, M. ／田村俶［訳］, 1987,『性の歴史 III ──自己への配慮』新潮社.（Foucault, M., [1984]1997, *Histoire de la sexualité III : Le souci de soi*, Gallimard.）

フランドラン, J. -L. ／宮原信［訳］, 1987,『性と歴史』新評論.

ミレット, K. ／藤枝澪子・加地永都子・滝沢海南子・横山貞子［訳］, 1985,『性の政治学』ドメス出版.

Hendrick, S. S., & Hendrick, C., 1992, *Romantic Love*, Sage Publications.

Ⅲ

現代の「恋愛」の諸相とその多様性

これからの研究の発展が期待される、現代社会における「恋愛」
を考える上で必須ともいえる諸関係を取り上げています。コラム
も踏まえ、これからの恋愛社会学について構想していきましょう。

III　現代の「恋愛」の諸相とその多様性

08 「異同探し」の誘惑を飼い慣らす
男性同性愛者の恋愛をめぐって

森山至貴

1　異同を探る眼差し

　社会においてマイノリティとされる立場の人間も、当然のことながら恋愛を経験する場合がある。障害者が、エスニックマイノリティが、外国人が、性暴力のサバイバーが、セックスワーカーが、引きこもりが、不登校経験者が、それぞれに恋愛を経験することもあるだろう。「恋愛をしない」という属性の持ち主でなければ（本書 column 5 を参照されたい）、恋愛を経験しても不思議はない。

　しかし、「マイノリティも恋愛する」という前提から一歩先に進んで考えようとする者は、この前提に含まれる「も」の厄介さに気がつくことになる。「マイノリティも恋愛する」という前提の背後には、「マジョリティは恋愛する」というさらなる前提が隠れていて、マジョリティの恋愛、いわば社会における「普通の恋愛」の発する強い引力に、マイノリティの恋愛をめぐる実践と思考は巻き込まれる。

　マイノリティの恋愛を語るとき、私たちは、「それがマジョリティの恋愛とどう同じで、どう異なるのか」を気にしていないだろうか。「身体障害者も恋人とはセックスするんだろうか」、「外国人と交際するとやっぱり文化の違いに戸惑うのだろうか」、そんな（ときに差別にもなる）疑問の数々は、異同を探る眼差しの産物でしかないだろう。強固な差別思想の持ち主だけがこの眼差しを持つと思わないでほしい。たとえば本書の第III部を今まさに読もうとしているあなたは、そこに「普通の恋愛」とは異なった要素が書かれていることは期待していないと、本当に言えるだろうか？

　ただし、異同を探る眼差しを単にマジョリティの覗き見趣味として批判すればよいわけではない。この点を、本章が対象とする同性愛者の恋愛経験に関する議論を経由しながら確認してみたい。

08 「異同探し」の誘惑を飼い慣らす

　島袋（2021）が指摘するように、異性愛を中心とした恋愛論は、同性間の恋愛に特定の仕方でしか注意を払わないという問題を抱えている。以下の引用では、その問題性が的確かつ端的に指摘されている。

　　同性間の恋愛は、多くが「異性間の恋愛を問い直す」「異性愛の自明性を疑う」といった目的のもとで論じられてきた。こうした目的のもとでは、「異性愛と違って同性愛は……」と同性愛と異性愛の相違点が強調され、同性愛固有の問題領域が可視化される一方、その目的に沿わない問題領域は周縁化される。［…］同性愛の恋愛論は異性愛の恋愛論に貢献する範囲内でしか価値はないのだろうか。異性愛との対置関係でしか同性間の恋愛を論じない恋愛論の構造を問い直していく必要がある。（島袋 2021: 37）

　ただし、恋愛論の外部においては（あるいは内部においても）、「同性間の恋愛は異性間のそれと変わらない」と強調されることもあるように思われる。たとえば婚姻の平等を求める主張に頻出する「愛する人が同性であるだけで結婚できないのは不平等だ」という説明には、「愛する」経験自体は相手が同性でも異性でも同じである、という要素が含まれていないだろうか。同性愛と異性愛を理解する基本的概念である「性的指向」の一般的な説明は「恋愛感情や性的欲望の対象となる性別は何か」であるが、この概念が同性愛や異性愛といった概念の整理に役立つのは、いずれにおいても体験される「恋愛感情」の同質性が前提されているからではないか。

　しかし、そのような前提を避けつつ同性愛者の恋愛と異性愛者の恋愛の差異を探し出そうとすると、先述の島袋の懸念が再び回帰する。「同性愛固有の恋愛を語ることの重要性」を指摘しつつも、「同性愛と異性愛の相違点に着目して恋愛論を展開するだけ」では「恋愛そのものの本質や深淵に迫る議論は難しい」とも島袋（2021: 37）は指摘している。

　したがって、「異同を探る眼差し」に対し、「異なる」か「同じ」のどちらかに還元することを「正解」とするだけでは、マジョリティ基準の恋愛論の枠組みを脱することにはならない。「異同を探る眼差し」は、マジョリティ基準にならないよう適切に飼い慣らされた形で、むしろ発揮される必要すらあるのである。

　そこで本章では、日本の男性同性愛者の恋愛経験を題材に、「異同を探る眼差し」の問題性をふまえながらマイノリティの恋愛を社会学的に研究するとはどのようなことかを考え、わずかにではあるが実際にその作業をやってみたい。具体的には、

111

Ⅲ　現代の「恋愛」の諸相とその多様性

性的欲求の充足に回収されがちな男性同性愛者の性愛（本章では恋愛や性的欲求の充足などを要素として含むさまざまな親密な関係性を包含してこう呼ぶこととする）の経験を経由することで、恋愛の社会学的研究に関する示唆を引き出したうえで、男性同士の「出会い」を促進するマッチングアプリについて簡単な考察を試みる。

2　恋愛よりも性欲の充足、なのか？

　男性同性愛者がいまだに晒される根強い偏見のひとつに、男性同性愛者を性欲のおもむくまま振る舞う存在とみなす、というものがある。カミングアウトされたらそののちに「襲われる」との想像（神谷・松岡 2020: 40-43）は、その発露とみなすことができるだろう。男性同性愛者は男ならば誰にでも性欲を抱く、という誤解にくわえて、男性同性愛者はじっさいにその性欲に突き動かされる形で振る舞ってしまう、という誤解がこの偏見に含まれている。

　重要なのは、この偏見に抗する同性愛者の立場の中に、異性愛の恋愛（を含む性愛のあり方）にみずからの性愛の経験を近づけることを目論むものが散見されることである。つまり、男性同性愛者は性欲に突き動かされたりせず、異性愛者と同じように恋愛感情や精神的なつながりを重視する、という主張がなされることがあるのである（もちろん、異性愛者が恋愛感情や精神的つながりをいつでも本当に重視しているのかはきわめて怪しいが）。

　1950 年代のアメリカに存在していた同性愛者の社会運動、ホモファイル運動はこの方針を採用した運動の典型例である。そもそも「ホモファイル（homophile）」という単語自体、「同性を愛する者」という意味であり、「ホモセクシュアル（homosexual）」でなくこの語を生み出し使用したこと自体、同性愛者がみずからの性愛を性欲やその充足から遠ざけ恋愛に引きつけて提示したことを象徴するものである[1]。ホモファイル運動においては、次から次と性行為の相手を取り替えていく振る舞いに対し、一人のパートナーと長期間の関係を結ぶことを「homosexual

---

1）当時アメリカの多くの州にはソドミー法が存在し、男性同士の肛門性交は禁じられていた。「ホモファイル」という語選択には、この法律の改正を目指さなかったホモファイル運動が、みずからの性愛が精神的なつながりであることを強調する必要があったから、という理由が存在する（新ヶ江 2022: 106-107）。

marriage（同性愛婚）」とも呼んだが（森山 2022）、ここにも、男性同性愛者「らしい」性欲充足の優先を、異性愛者の営む（結婚へとつながる）恋愛経験に近づけようとする意志が存在する[2]。

たしかに、男性同性愛者の中には、性行為を重視した生活を送るものが存在し、そのことには社会における異性愛と同性愛の非対称性が関連している。大島（2016: 104）は、男性同性愛者がリスクを伴うセックスへと駆り立てられるメカニズムを、次のように説明する。異性愛中心の社会の中で排除された男性同性愛者は、その経験を往々にして「弱者にとって耐えることそれ自体がタフな美学」という筋書きに書き換えることで生きる手段を獲得する。その結果、極度にリスクの伴う性実践に向かわせる「性的身体」が立ち上がる。端的にまとめれば、同性愛差別が男性同性愛者を性行為の重視に駆り立てる側面が存在するのである。

では、男性同性愛者が性行為を重視することを止め、異性愛者のような（結婚へとつながる）恋愛経験をするように誘導する実践は、男性同性愛者への差別に抗する試みと矛盾がないものとして推進されるべきなのだろうか。たしかに、婚姻の平等を求める社会運動の中にも、性欲充足優先の男性同性愛者の文化は解体されるべきだ、とする主張が存在する。たとえばマセドは、同性間の結婚によって男性同性愛者が異性愛男性のように安定したモノガミー（一対一の婚姻関係）を形成し、性欲にまかせてさまざまな男性と性行為を行う状態から脱することを好意的に評価している（Macedo 2015）。

しかし、このような主張は、結局のところ同性愛者の文化を否定してしまっているがゆえに、同性愛差別への反対という理由を持ち出してはいるものの、結果として同性愛の否定に加担している。同性愛者の文化に固有のある要素が同性愛差別に由来するものであるとしても、その要素は同性愛差別のみに還元されるはずはなく、したがって同性愛差別と共に捨て去ってよいわけではない。「ジャズやヒップホップは黒人差別に由来する音楽だから、黒人差別をなくすべきならば、黒人がジャズやヒップホップのパフォーマンスをすることもやめるべき」とはならないはずである。にもかかわらず同性愛者の性欲充足の優先を否定しようとするなら、それは結局のところ、異性愛の自明性を疑わないがゆえに同性愛者の文化をそれとして扱う

---

2) ただし、homosexual marriage という単語は、法律上の結婚を指すものではない。同性間の長期間のパートナーシップは、あくまで結婚のようなものであったことに注意が必要だろう。

III　現代の「恋愛」の諸相とその多様性

ことのできない、粗雑な恋愛指南でしかないだろう。

　このように、男性同性愛者が性欲充足を積極的に求める事態は、単に偏見として退けられるわけではなく、差別や抑圧に抗することを理由に退けてよいわけでもないのである。

3　恋愛と性欲の充足は分けられるのか？

　「異性愛者と異なり男性同性愛者は恋愛よりも性欲充足を優先する」という主張は、偏見の場合もあるが、同性愛差別を一因として現に発生している事実でもある、と指摘した。しかし、後者の点を論証した大島（2016）の論文において、「恋愛」という言葉は用いられていない。用いられているのは「性的な出会い」という語句である。

　注目すべきは、男性同性愛者同士の性愛について考察するいくつかの論文において、大島の論文と同じように「出会い」という単語が使われている点である。たとえば、「雑誌」「ゲイバー」「ゲイナイト」「ハッテン場」「SNS」「ゲイアプリ（男性同士が性愛経験の相手を探すためにスマートフォン上で使用するアプリケーション）」など、男性同性愛者同士の性愛に結びつきうるさまざまなテクノロジーが、「出会い」のツールとして同一平面上に並べられ、記述される（石田 2019; 鹿野 2011）[3]。

　このことは、そもそも恋愛と性欲充足を区別して考える枠組みそのものが適切なのか、という疑問を生じさせる。ホモファイル運動にせよマセドの同性婚推進論にせよ、それらは異性愛者のライフスタイルを準拠点とするものであった。したがって、それらに則り恋愛と性欲充足を区別する言葉遣い自体が、あくまで「異性愛用語」への乱暴な当てはめであり、その意味で男性同性愛者のリアリティから離れたものでしかない可能性は存在する。

　男性同性愛者のリアリティに即するのであれば、「恋愛」「性欲の充足」といった言葉づかいを一旦棚上げにし、別の、場合によっては新たな概念の下にその性愛の経験を考察することも必要となるだろう。「出会い」という言葉はこの観点から有

---

3) 石田は「ゲイとそうではないとされる人々」、鹿野はバイセクシュアル男性についても述べており、男性同性愛者についてのみ検討しているわけではないが、本段落では両者の共通の部分集合としての男性同性愛者についてのみ取り上げた。

114

用である。ただし、それは関係性のはじまりに焦点化した単語であり、関係性そのものを指すことはできない。他方、関係性そのものを指すために、「特権的な他者とのつながり」(森山 2012) との語句を使う研究も存在する。男性同性愛者の関係性を正面から余すところなく扱おうとするならば、恋愛という枠組みに則ること自体が不自由で不十分なものになる側面が存在するのである。

　男性同性愛者の恋愛に対する社会学的研究は、したがって「恋愛」という語を手放さず、しかし他方では手放しながら検討するという難題を要求される。本書の編者でもある高橋は、同じく編者である永田との対談において、「恋愛」概念そのものが男女二元論を基盤とするヘテロセクシズムに依存していること、くわえて研究者が「恋愛」という言葉を避けたことで、「恋愛」を真正面から扱う研究が日本では厚みを持ってこなかったことを指摘している (高橋・永田 2021: 9)。男性同性愛者の恋愛は「恋愛」という言葉を使わないで記述するのが適切ということになれば、高橋の懸念する問題点は見過ごされるだけでなく強化されるだろう。他方、本章のこれまでの検討が明らかにしたように、「恋愛」という語は、男性同性愛者自身にとってすら「異性愛標準」で把握されるがゆえに、男性同性愛者の経験を包含するには頼りない側面があり、ときにきわめて使い勝手が悪い。

　目指されているのは、「恋愛」概念の単なる拡張やそれによる多様な人々の経験の包摂ではなく、むしろ「恋愛」という領土の形そのものがかつてとは変わって見えるようになるまで、それが置かれる概念や現象のネットワークの地図をより緻密に描いていく作業だろう。男性同性愛者の性愛経験のうち、何が「恋愛」に包含されうるかと問うのであれば、それが仮に「恋愛」概念の拡張を帰結したとしても、異性愛者の「恋愛」概念との合致度で男性同性愛者の経験が測られる、という本章第一節の引用における島袋の懸念は少しも解決していない。男性同性愛者自身は、どのような概念や実践のネットワークの中で「恋愛」を生きているのか、あるいは生きていないのか[4]。そのリアリティを精度高く書き取ることが、翻って「異性愛標準」でその形が曖昧に把握されるばかりだった「恋愛」についての認識を刷新するだろう。

---

4) 男性同性愛者もまた恋愛を経験しているという前提のもと、恋愛を手がかりに別の要素についての洞察を導く研究もありうるだろう。「恋愛を研究する」ではなく「恋愛で研究する」の好例として、恋愛を切り口にゲイアイデンティティの変遷を読み解いた斉藤 (2019) がある。

Ⅲ　現代の「恋愛」の諸相とその多様性

4　マッチングアプリをめぐる考察

　とはいえ、「恋愛」という語を手放さずしかし他方では手放す、とはどのような作業でありうるのだろうか。この表現そのものが矛盾であるのだから、そのような行為自体も不可能なのではないか。

　そこで本節では、異性愛者、男性同性愛者のいずれにも現在使用されているマッチングアプリ（性愛経験の相手を探すためにスマートフォン上で使用するアプリケーション）を例に、じっさいにその作業を行ってみる[5]。異性愛者と男性同性愛者の経験が対置されながら、相互に関する前提が掘り崩されていくプロセスにおいて、新たな（暫定的な）落ち着きどころを探す作業となるはずである。

　マッチングアプリに関する議論の中でしばしば指摘されるのは、異性愛者向けのアプリケーションとは異なって、ゲイアプリでは GPS 機能を使い同一アプリ使用者の画像一覧が自身から近い順に表示される、という点である（9monsters、Jack'd、Blued などのアプリケーションがこの機能を実装している）。異性愛者向けのアプリケーションの中にも GPS 機能を活用したものが存在するが、その場合でも、一定の距離圏内のアプリケーション使用者をスクリーニングできるだけである。ゲイアプリの場合、他の使用者が近い順に表示され、相手のプロフィール画面に遷移すればその距離も 10m 単位で表示されることがスタンダードである。私自身も、マンションの隣室の住人が私と同じゲイアプリを使用しているため、お互いがいつ在室しているかがほぼ筒抜けとなってしまった、という経験がある。

　「近くにいる男性についてなぜそんなに知りたいのか」という問いに対する答えとして一般に想定されているのは、即時的な性行為の相手、言うなれば「その場限りの出会い」（ギデンズ 1995: 216）を求めているから、というものであろう。ゲイアプリ普及の直前の時代に男性同士の出会いを可能にしていた最重要ツールは、イン

---

5)　じっさいには両者のアプリケーションの使用者にバイセクシュアルの人々も存在する。また、異性愛者向けアプリケーションの一部を男性同性愛者が使用し、男性との性行為に興味のある異性愛男性とマッチングし、じっさいに性行為を行うこと（＝「ノンケ食い」）もある。本章では、対比を強調するために異性愛者と男性同性愛者に両者のアプリケーションの使用者を代表させたが、そのこと自体の偏りもまた、周縁化された人々に関する実証研究によって覆されるべきだろう。

116

ターネット上のゲイ・バイ男性向けポータルサイトの中に設置されている掲示板である。このような「出会い系掲示板」は地域や目的、年代などによって細分化されているが、利用頻度の高い掲示板は「真面目な関係」を求めるためのものではなく、したがって性的な接触を求める利用者が多い（金城 2010）[6]。このように「近くに誰がいるか」と「性欲の充足」はゲイカルチャーにおいてすでに結びついている要素であるから、ゲイアプリが「性欲の充足」を可能にするために最適化されていると考えても、矛盾はない。（特に男性は）大半が有料である異性愛者向けのマッチングアプリと比べ、ゲイアプリは無料で基本的な機能を使えることも、（コストをかけてしまうと割に合わない）「その場限りの出会い」を求めるためのものとしての使い勝手を高めているだろう。

しかし、異性愛者向けのマッチングアプリは「真剣な出会い」を求めるもので、ゲイアプリは「その場限りの出会い」を求めるものという対比は、本当に適切なのだろうか。もちろん、Tinder のように完全無料での使用が可能であり「その場限りの出会い」を求める男女が使いやすいタイプのマッチングアプリが存在することも一つの反例だろう。しかしそれだけではない。そもそも、「真剣な出会い」と「その場限りの出会い」を対比させている時、私たちはまたしても異性愛中心の恋愛論の問題点を単になぞっているだけではないだろうか。じっさい、ゲイアプリの多くは、「友達」「恋人」「パートナー」「割り切った関係」など、誰とどんな目的で出会いたいかをプロフィール上に表示することができるようになっており、ゲイアプリは「その場限りの出会い」だけを求めるものではないのである。では、異性愛者向けのマッチングアプリとゲイアプリの質的な差異を、もっと別の切り口から記述することはできないのだろうか。

そこで考えてみたいのが、「生まれ変わり」の有無という視点である。すなわち、恋愛を含む性愛に駆り立てられる人々が、マッチング成立にあたって何らかの自己変容を想定しているかを検討したいのである。

異性愛者向けのマッチングアプリに関する調査をもとに、永田夏来は、ゼロ年代以降の恋愛が「生まれ変わるための恋愛・結婚というより、自分らしさや居心地のよさといったものと結びつい」ていると述べている（高橋・永田 2021: 15）。ここで

6）金城（2010）が分析したのは沖縄地域の出会い系掲示板であるが、その基本的なフォーマットはその他の地域のもの（あるいは全国区のもの）と大差なく、地域ごとの傾向の大幅な違いを想定する必要はないだろう。

の「生まれ変わり」として想定されているのは、女性が結婚して専業主婦になること（高橋・永田 2021: 15）、さらにはハイパーガミー（上昇婚）である（永田 2017: 39）。

　他方、ゲイアプリは、むしろ男性同性愛者に（特に身体に関する）自己変容を強く促す装置である。もともとゲイコミュニティには、「二丁目に捨てるゴミなし」という言い習わしに典型的なように、見た目やライフスタイルに関するさまざまなタイプを肯定する文化が存在した（森山 2014）。「ゲイ同士の関係は、性に局在化されたことによって、細分化という洗練を進化させ、視覚的にどのようなタイプであっても、ある程度需要と供給を満たすことができるようになってい」たのである（伏見 2005: 33）。しかし、そのことを指す「〜専」という表現（「デブ専」「老け専」「スーツ専」など）は、各タイプのうち見た目が魅力的である人だけを求める「上澄み専」という亜種を経由し、ゲイアプリの出現によって「選べる人」と「その他大勢」を分化させる、垂直的なヒエラルキーを形成するようになっている（森山 2014）。たとえば、ゲイアプリのうち 2024 年現在の日本でもっとも有名なものの一つである 9monsters について、「ブリーディング」と呼ばれる人気投票システムとトップ画面への「人気ユーザー」の表示を中心としたゲーミフィケーションの要素がアプリに実装されることによって、このゲイアプリを使用する男性同性愛者がマスキュリンな身体に向かって身体変容を促されることが指摘されている（木谷・河口 2021）。

　ここまでの雑駁な比較の結果からは、同じマッチングアプリであるにもかかわらず異性愛者向けのものはその使用によって男女が「生まれ変わらず」、ゲイアプリはその使用によって男性が「生まれ変わる」という対比が明らかになったように思われる。しかもこの対比において「真剣な出会い」と「その場限りの出会い」の差異はさしあたって重要ではない。かといって、異性愛者（とバイセクシュアルの）男女と男性同性愛者（とバイセクシュアル男性）がアプリ使用に関して同質の経験をしているわけでもない。「異同探しの眼差し」とは違う視座から、対比を明らかにできているように思える。

　しかし、異性愛者向けのマッチングアプリとゲイアプリは、「生まれ変わり」に関して逆向きの性質に関連している、と本当に言えるだろうか。たしかに、アプリケーションを使う異性愛者（とバイセクシュアルの）男女は「生まれ変わらず」、男性同性愛者（とバイセクシュアル男性）は「生まれ変わる」。しかし、注目すべきは「生まれ変わり」が恋愛経験のどの瞬間で起きるかである。前者の「生まれ変わり」として想定されているのは、誰かと恋愛関係になることの帰結である。対して、後者の「生まれ変わり」は誰かと恋愛関係（など）になるために、その前に行われる。した

がって、「生まれ変わった」はものの誰とも恋愛関係（など）に至らないことは十分
にありうる。

　ゲイアプリを使って成立したカップルも、実は恋愛し結婚する異性愛者のカップ
ルと同じように、「似たもの同士」なのではないか。先述の 9monsters というゲイ
アプリの仕様にその傍証を求めることができる。9monsters では、ゲイカルチャー
の持つ「〜〜専」という要素を引き継ぐ形で、ユーザーは９つの動物を模したキャ
ラクターを割り当てられる。このキャラクター割り当ては、どのキャラクターのユ
ーザーにブリーディング（相手が自分のタイプであると、アプリケーション上の機能を
使って相手に意思表示すること）されたかによって決定される。そのため、自分の好
みのタイプのユーザーにブリーディングされることと自分の好みのタイプのユーザ
ーをブリーディングすることは循環しており、その中でユーザーは、自分の好みの
タイプに自分自身がなることに水路づけられる（ブリーディング＝「育種」という用語
はこの機能ゆえに採用されている）。ブリーディングの持つゲーミフィケーションの
効果を通じて、「好きになる側」と「好かれる側」はしだいに「似た者」になってい
ったうえで「出会う」のである。

　したがって、カップリングの成立には「似た者同士」であることが必要だが、ゲイ
アプリの使用者の場合、単に「似た者」を探すだけでなくそのために自己変容が必
要となる、と記述するのがより正確である。しかし、このことを、「そもそも異性愛
者に比べて男性同性愛者は数が少なく、多様な人々が「ありのまま」の自分でカッ
プリング成立を目指すことができないから」とだけ説明するのは不適切である。な
ぜなら、そもそもゲイアプリ以前には「二丁目に捨てるゴミなし」の状態が、少な
くとも信憑としては成立していたからだ。自己変容せずにはいられない理由は、あ
くまでゲイアプリの特徴にある。

　ここで、GPS 機能を用いたユーザーの一覧可能性が、「カップリング不成立の可
視化」という要素を通じて自己変容を促している、という仮説を立てることができ
る。先述のように、男性同性愛者とバイセクシュアル男性はそもそもの数が少なく、
また日本社会においてカミングアウトはいまだに決して容易ではない。したがって、
カップリングの成立可能性を高めるためには、まずその可能性のある他者＝男性を
性愛関係の相手としうる男性の可視性を高める必要がある。それゆえ、カップリン
グ成立をゲイアプリに求める使用者は、多くの男性同性愛者（とバイセクシュアル男
性）がいることそのものをゲイアプリが見せてくれることを要求する。そして、「引
くて数多」な使用者はごく僅かなので、表示される多数の使用者は「相手が見つか

119

っていない」者である、少なくとも相手が見つかっていないと想定される者である。それらの使用者に時に競り勝って自分が誰かとカップリングを成立させるためには、「そのように生きていてはカップリングは成立しない」という「反面教師」として他者の情報を解釈することが求められる。「カップリング相手の候補」を多く表示することは「カップリング成立の潜在的なライバル」を多く表示することでもあり、したがってそれらの他者から自らを差異化するという目的が、ゲイアプリ上で一覧できる他者に、「反面教師」としての意味を担わせてしまう。「出会う」ためのテクノロジーが、まさに「出会う」可能性を高めようとするがゆえに「出会えなさ」の「原因」を強調してしまうという逆説がここに存在しているのではないだろうか。

　であるならば、現時点では異性愛者向けのマッチングアプリで同様の現象が起こらないかに関して、翻ってもう一歩踏み込んだ仮説を立てることもできるだろう。異性愛者向けマッチングアプリで「生まれ変わり」が起こらないのは、「高望みさえしなければきっとマッチングの相手が見つかるはずだ」との希望と、「かりにマッチングアプリでマッチングできなくとも、マッチングアプリの外にも単身者の異性は存在する」という信憑が、曲がりなりにも一般的だからではないか。そもそもの数の少なさと主流社会における男性同性愛者の不可視性によって双方の条件が成り立たないゆえ、男性同性愛者は「生まれ変わり」に誘導される。異性愛者の男女も、いずれかの条件が成り立たなくなれば、「生まれ変わり」に駆り立てられることは十分にありうると思われる [7]。そして、そのようなことがじっさいに起こるかを確かめることによって、この仮説自体もまた検証されることになるだろう。

---

7) もちろん、マッチングアプリの外では、異性愛者の男女に関しても「生まれ変わり」に駆り立てられるという事象はありうるし、すでに存在してもいるだろう。女性に「身なりを美しくする」ことや「花嫁修行」が求められることも、「生まれ変わり」の要求と考えられる。しかしそのことは、「恋愛か性欲充足か」という異性愛前提の「恋愛論」の発想を避けつつ、「生まれ変わり」という側面に着目することで異性愛者と同性愛者（正確には同性を性愛経験の対象とする者）の性愛経験を比較していく作業の見込みの高さを示すものでこそあれ、その作業の無意味さを示すものではないだろう。

5 分かりやすい異同に抗して

　前節では、異性愛的な恋愛を基準として男性同性愛者の恋愛の検討を「異同探し」として行ってしまうことを避けるために、「恋愛」という言葉を一度退け、カップリング成立とその様態という観点から両者の異同を検討した。その際、男性同性愛者の経験を基準に、異性愛者の経験を異なる研究上のコンテクスト（「出会い」の成功可能性を高めるに失敗の可能性の可視化が必要であるか否か）に置き直した [8]。それは、男性同性愛者の経験を準拠点として異性愛者の性愛経験を検討することで、「生まれ変わり」という要素を「恋愛から結婚へ」という異性愛中心的な価値観から切り離された着眼点として再成形する試みでもあった。もちろんこれは暫定的な立場であり、その成否は、たとえば今後の異性愛者向けマッチングアプリに関する調査などによって明らかにされていくべきだろう。

　重要なのは、「どこがどう違うのか、本当に違うのか」を、そもそもどの性愛のあり方を前提にした立場から考察してしまっているのかをつねに自省しながらなお問うていくことだろう。多様な属性を持つ人々が経験する恋愛を問うためには、この種の逡巡に満ちた立場の往還を避けることができない。それは、分かりやすい異同に抗して、恋愛をより広いコンテクストの中に置き直し、その輪郭を丁寧に画定する作業となるはずである。

●引用・参考文献

石田仁, 2019, 「東京・新宿のゲイ・シーンにおける出会いと多様性——トレンドな出会いの空間に着目して」ジェームズ・ウェルカー［編著］『BL が開く扉——変容するアジアのセクシュアリティとジェンダー』青土社, pp.151–169.

---

8) そもそも、日本でマッチングアプリが使われるようになったのは、異性愛者よりも男性同性愛者の方が早い。異性愛者向けのマッチングアプリは、日本では 2012 年リリースの Omiai、Pairs が先駆けだが、ゲイアプリの先駆けである Grindr は 2009 年にリリースされており、男性同性愛者への普及もかなり迅速に進んだ。時系列的にも、ゲイアプリをめぐる議論を「後発」の異性愛者向けマッチングアプリに適用することは、的外れなことではない。

大島岳, 2016,「「性的冒険主義」を生きる――若年ゲイ男性のライフストーリーにみる男らしさ規範と性」『新社会学研究』1: 93–118.

神谷悠一・松岡宗嗣, 2020,『LGBT とハラスメント』集英社.

木谷幸広・河口和也, 2021,「マッチングアプリ「9monsters ナインモンスターズ」におけるゲイの身体変容――リアル・スペース「ゲイバー」への影響」『広島修大論集』61(2): 1–17.

ギデンズ, A. ／松尾精文・松川昭子［訳］, 1995,『親密性の変容――近代社会におけるセクシュアリティ、愛情、エロティシズム』而立書房.

金城克哉, 2010,「「掘ってくれるタチいないっすか？」――沖縄県の出会い系掲示板投稿文の計量的分析」『論叢クィア』3: 39–61.

斉藤巧弥, 2019,「恋愛からみるゲイ男性のアイデンティティ――ゲイマンガに描かれる悩みと社会」『国際広報メディア・観光学ジャーナル』29: 37–53.

鹿野由行, 2011,「「運命の物語」と計算された親密さ――ゲイの出会いのツールの変化と合コンの流行」『大阪大学日本学報』30: 47–66.

島袋海理, 2021,「恋愛からの疎外、恋愛への疎外――同性愛者の問題経験にみるもう一つの生きづらさ」『現代思想』49(10): 31–38.

新ヶ江章友, 2022,『クィア・アクティビズム――はじめて学ぶ〈クィア・スタディーズ〉のために』花伝社.

高橋幸・永田夏来, 2021,「討議　これからの恋愛の社会学のために」『現代思想』49(10): 8–30.

永田夏来, 2017,「恋愛と結婚」永田夏来・松木洋人［編］『入門 家族社会学』新泉社, pp.30–45.

伏見憲明, 2005,「欲望の着地点をどこに定めるのか」伏見憲明［編］『クィア・ジャパン・リターンズvol.1』ポット出版, pp.33–6.

森山至貴, 2012,『「ゲイコミュニティ」の社会学』勁草書房.

森山至貴, 2014,「「二丁目に捨てるゴミ無し」と人は言うけれど、」『ユリイカ』46(10): 246–253.

森山至貴, 2022,「結婚による利益追求はいつ、どのように現状追認になり得るのか？――Homosexual Marriage の考察から」『理論と動態』15: 11–28.

Macedo, S., 2015, *Just Married: Same-Sex Couples, Monogamy & the Future of Marriage*, Princeton University Press.

Column3

クワロマンティックという生き方の実践

缶乃『合格のための！やさしい三角関係入門』から考える

　「クワロマンティック」（quoiromantic）とは、「恋愛的魅力」（romantic attraction）や「恋愛の指向」（romantic orientation）といった概念自体が自分にとっては意味をなさない・適さないと感じるアイデンティティのことである。時に、「恋愛感情とその他の強い好意（友愛など）の違いが判断できない／しない」といった説明がなされることもあるが、この定義はいささか語の意味を単純化しすぎていると言わざるを得ない。

　クワロマンティックは、当初は「WTF ロマンティック」（WTFromantic）と呼ばれていた。"WTF" は "What the fuck" の略で、「一体全体なんだって？」「くそくらえ」といった意味を持つ。この語の提唱者は、「私は私の恋愛の指向が何であるか、もしくはまずどのようにして恋愛的魅力を定義すればよいのかをつねに完全に確信しているわけではない」という経験から、自身のことを「WTF ロマンティック」とアイデンティファイするようになったという。その後、発音しやすさを考慮して「WTF ロマンティック」のかわりに「クワロマンティック」（quoiromantic）を提唱した人がおり、これがクワロマンティックという語の初出である。この語の提唱者は、クワロマンティックは「基本的に「何」を意味するフランス語 'quoi' に基づいている」と由来を紹介し、定義についても改めて「恋愛の指向を適用することはここでは意味をなさない」を意味すると述べている（「クワロマンティック」のさらに詳しい成立経緯については中村（2021）を参照）。よって、クワロマンティックは「友情か恋愛感情かの違いがわからない」という意味では必ずしもなく、むしろ「恋愛の指向」「恋愛的魅力」モデル自体に積極的に抵抗し、自らをそうしたモデルから脱アイデンティファイさせようとする、ラディカルな態度を含んだアイデンティティであると言えるだろう。

　相手に対して、そして自分と相手の間に立ち上がる固有の文脈を伴った関係性に対して、ギデンズが言うところの「コミットメント」（自己投入）を継続的に行うことが、クワロマンティック実践の肝である。クワロマンティック当事者である筆者は、自分が特に意識的に「コミットメント」することを決めた相手のことを、暫定的に「重要な他者」と呼んでいる（中村 2021: 66）。本来はこの言葉すら必要ないと思うが、大事な人たちについて対外的に説明する際に名付けがないと不便なので、便宜上この名称を使っている。もっとも、クワロマンティッ

ク当事者の中には、他にもさまざまな呼び方を採用している人がいるし、関係性に一切名称をつけない人もいる。

　ここで、クワロマンティック実践の実際について考えるために、一つ漫画を紹介したい。缶乃『合格のための！やさしい三角関係入門』（以下『やさかん』）である。『やさかん』では、雪下真幸・望月凛・花巻あきらの3人の関係性およびどのようにしてそれぞれの関係を続けていくかを模索する様子が描かれている。つまり、ポリアモリー（複数の人と同時に、それぞれが合意の上で性愛関係を築くライフスタイル）の中でも特に「トライアド」（3人の人間からなるパートナーシップで全員が全員とお付き合いしている状態）を堂々とメインテーマに据えている。

　一方、本作では、クワロマンティック的な言動も多く描かれている。たとえば、あきらに相談をしている時に凛が放つ「一番とか特別とか　決められないんだもの」（『やさかん』1巻：60）という台詞は、モノアモリー規範に疑問を突きつけるものであると同時に、恋愛という「特別」な関係性のみを特権的に取り扱うことへの抵抗感や違和感を示してもいる。また、凛は、仲良くしてくれていた中学の後輩に「私だけを特別に見ていてほしい」と言われた時に、「同じくらい大切なほかの子」がいたために「その子を選べなかった」と言っている（『やさかん』1巻：37）。これは一見するとポリアモリー的な言明に思えるし、その側面もあるのだが、「同じくらい」大切であって「同じように」大切ではないのがここでのポイントではないだろうか。凛がのちに、真幸とあきら二人に向かって、「好きふたりのことが好き…」「ふたりへのきもちは　まるっきり同じではないけど…好きって言っていいって思ってる」（『やさかん』2巻：166）と話すことが、その証左である。「きもちは　まるっきり同じではない」が「ふたりのことが好き」と言ってよい。これこそ、クワロマンティックを自認する人が実践として行き着く理想形のひとつであろう。（中村香住）

●引用・参考文献

缶乃, 2020–2021,『合格のための！やさしい三角関係入門』1～2, KADOKAWA.
中村香住, 2021,「クワロマンティック宣言──「恋愛的魅力」は意味をなさない！」『現代思想』49（10）：60–69.

09 片思いと加害の境界を探る

交際経験の乏しい異性愛男性の関係構築に着目して

西井　開

1　モテない男は加害者予備軍？

　片思いしている相手との親密関係の構築は恋愛において重要なテーマだろう。正解となる方法があるわけではないため、とりわけ恋愛が成就したことのない人にとって、それは大きな課題として認識される。彼らには何か問題があるのではないか、片思いの相手と関係を縮めるためにはどうすればいいかといった主題が 1990 年代末からインターネットを中心に盛んに論じられるようになり、恋愛関係から疎外されていることを意味する「非モテ」や「喪女」（「もてない女」の省略から生まれたとされる）といった言葉も生み出された（西井 2021）。

　こうした議論のうち、交際経験の乏しい異性愛男性に特有のものとして、そのアプローチ行為が加害になるという言説がある。自身が「モテない男」であることを自認する本田は、男性には「イケメン」とそうでない「キモメン」が存在するとして、前者の告白は女性に肯定的に受け取られるのに対し、後者の告白は女性から「きもっ、ストーカー！」と受け取られると述懐している（本田 2005: 79）。非常に安易な図式ではあるが、それでも同様の説明はインターネットを中心に一定の強度を持ち、「イケメンだから許される」、「負の性欲」[1] などのネットミームが定期的に拡散されてきた。「自分はアプローチしているだけなのに女性に加害者としてみなされる」という不安や被害者意識を取り込みながら、少なからず異性愛男性からの共感が寄

1）2019 年に Twitter に現れたネットスラングであり、他者に生理的嫌悪感を持つことを意味する。「生物学上弱い男性はどのようにアプローチしても女性から拒否される」理由を説明するものとして盛んに拡散された。

せられているのである。類似の現象はアメリカでも起こっており、女性嫌悪的な言説が集積するネットコミュニティ「マノスフィア（manosphere）」には、どうせ加害とみなされるのならば自ら女性との関わりを断つと宣言する MGTOW（Men Going Their Own Way）という集団も存在する（海妻 2021）。

これらの主張に共通するのは、一部の男性が本質的に加害性を内在させているという信念であるが、それを裏付ける研究はない。ただ、アプローチが加害と読み取られるという異性愛男性の不安は、勝手な思い込みとも言い切れない。実際に「非モテ」男性から過剰に執着されて恐怖を感じたという経験を持つ女性が少なからずいるからだ（西井ら 2022）。関係構築のための接近行動になんらかの問題性が生じていることが考えられる。

そこで本章では、恋愛経験の乏しい異性愛男性自身に問題があるのではなく、その接近行動と相手との相互作用の中になんらかの問題が発生しているという前提に立ち、その行動が相手にとって迷惑なもの、加害的なものとして受け取られるメカニズムについて検討してみたい。恋愛としてなされるものが加害につながると考えられる行動として、セクシュアルハラスメントやドメスティック・バイオレンスなどが挙げられるが、本章ではストーカー／ストーキングの問題を取り上げる。ストーキングとは、相手への過剰な執着を理由として同意なく接近する行動であり、接近行動が行き過ぎた結果であると言える。

2　接近行動とストーキングの境界

まず、日本におけるストーキングの現状を整理しつつ、ストーキングについて論じる先行研究を概観する。ストーキング／ストーカーとは、1980 年代に女優が立て続けに殺害された事件を通してアメリカで生まれた概念である（鮎田 2017）。日本で知られるようになったのは 1990 年代後半であり、2000 年にストーカー規制法が成立している。警察庁（2022）によると、2020（令和 2）年度におけるストーカー事案の相談件数は合計 20,189 件であり（うち加害者が男性だった場合は 80.7%）、暴行や傷害、脅迫といった別の事件につながる深刻なケースも少なくない。

ストーカー研究は予防や治療的介入の観点から、リスクアセスメントや加害者の分類といった精神医学的・心理学的研究が中心的になされている。分類の方法として、①精神的な特徴による分類、②被害者との関係性による分類、③行動類型によ

09 片思いと加害の境界を探る

る分類、④動機による分類などが挙げられ、英語圏の研究ではこれらを取り混ぜたミューレンら（2003）の分類方法が参照されることが多い（鈴木 2020）。そのうち一度も交際関係を経ていない知人、友人、初対面の関係性におけるストーカーは、「親しくなりたい型」と「相手にされない求愛型」と名付けられている[2]。ミューレンらは、両者とも孤独を抱えた独身者であると推測しており、特に前者は、男性が当てはまることが多く、その多くが統合失調症や人格障害を有しており、中でもエロトマニアの症状が表れるという。エロトマニアとは、相手に愛されていると信じ、その信念を核とした妄想世界を生きている状況を指し、それゆえ「親しくなりたい型」は、相手が否定的な反応を見せようとお構いなしにアプローチし、みずからの意志を押し通す傾向にあるという。「しつこく追い回すには、そのつれないそぶりを、実際は誘っている、少なくとも拒絶はしていないと曲解する資質が必要である。この資質は精神障害のなせる業であり得る」と結論づけている（ミューレンら 2003: 140）。「相手にされない求愛型」は、「親しくなりたい型」に比べて精神病レベルは低いものの、知的に成熟しておらず社交ルールを守れない不器用者とされる。自分には自分の気を惹いた相手とつきあう権利があると感じ、告白やアプローチが実らないことを理解できない、理解しようとしないという。

　以上のように、精神医学的な言説では、常識的判断の不能な「ストーカー」という人格があらかじめ措定されており、その個人の性質によってなされる逸脱行動として、ストーキングが説明される傾向にある。こうした本質主義的な説明は、ストーキングが発生する機序やそこに至るまでの過程がまったく検討されていないという限界を抱えており、一部の人間を恋愛の機会から追いやる排除的な結果をもたらすという点においても問題を含んでいる。一方、ストーキングという行為そのものや、被害者との相互作用に着目する社会学的な研究群がある。ここでは、ストーキングを社会的過程として捉えたエマーソンら（2006）の研究を紹介する。

　エマーソンらは「ストーキングは突如として現れるのではなく、時とともに、それと認識できるような段階や変化を経ながら展開していく」（エマーソンら 2006: 98）ものと位置づけ、追いかけられる側のインタビュー調査を行い、〈ストーカー行為の自然史モデル〉を提示した。自然史モデルでは、接近行動がストーキングと定義づ

---

2) それ以外の分類として、親密な関係が壊れたときに和解を求めるか報復しようとする「拒絶型」、過去に受けた侮辱に対する復讐を行う「憎悪型」、性的支配への欲望を求める「略奪型」がある。

127

けられる過程に焦点が当てられる。はじめの頃、見つめる、情報を集める、デート
に誘う、メールや手紙を送る、プレゼントを贈るといった接近行動は勘違いや友情
の延長線、求愛行動として受け手に判断される。その行為は本当の愛を根気強く求
める行為と何ら変わらず、その結果として両者が交際関係になる場合もある。一方、
その行為が一定期間にわたって繰り返し続けられたときや、交際の申し込みなどい
かなる関係についての提案も示されないとき、提案を拒絶したにもかかわらずそれ
が無視され、接近行動が継続されたときに、追われる側は不安や恐怖を抱き始める。
こうしたネガティブな反応は、男性よりも女性のほうが抱きやすいという。そして、
最終的に嫉妬からくる激怒や脅迫が示されたときや、自分の生活や日課について接
近者が計画的に知ろうと尾行がなされていると気づいたときに、ストーキングだと
認識される。

　エマーソンらの研究の重要な点は、ストーキングが当事者間の相互作用と被害者
の認識によって定義される社会構築的なものであることを明らかにしたところにあ
る。情熱と執着、根気と強迫、そして恋愛とストーキングを隔てる境界は曖昧であ
り、ある文脈では適切なアプローチとみなされる行動が、別の文脈では侵害的とみ
なされるという事態が起きうるのである。ただし、ストーキングと把握される背景
には、接近行動が繰り返され、ときに激化していくメカニズムがあることを見逃し
てはならない。スピッツバーグとキューパック（2008）においても、親密性の希求
から始まった行動が家宅侵入や身体的暴力にまで、段階的に発展することが示され
ている。

　こうした発展段階において、特に知人からアプローチされる側が恐怖を抱くよう
になる節目となるのは、拒絶のタイミングである。求愛の初期段階におこる望まれ
ない接近行動についてアンケート調査した研究（Sinclair & Frieze 2005）では、接近
行動が不快や恐怖をもたらす要因として、接近者が拒絶されているにもかかわらず
それに気づかない、「否定性の盲目（negativeness blindness）」の問題に注目している。
たとえば追いかけられる側が発する「友達になりたいだけ」「今すぐには付き合えな
い」といった消極的な拒絶に対し、接近者は「友達以上の関係になるチャンスであ
る」「後でなら可能」と読み替え、明確な拒絶の場合も、「相手は形だけの抵抗を示
している」「何らかの演技をしている」など、相手の意志を軽視する傾向があったと
いう。特に男性は自分が追いかけている女性が好意的であるはずだと考える傾向が
強く、否定的なシグナルを無視するか、潜在的に肯定的なメッセージとして解釈し
直すという知見が示されている。こうして相互の関係性の定義が相容れないときに

こそ、ストーキングという解釈は立ち現れるのである。

3 目的と調査方法

　ここまでエマーソンらの自然史モデルをはじめとした、ストーキングを社会的過程として捉える社会学的研究の動向を見てきた。恋愛経験の乏しい異性愛男性の性質ではなく行動や思考、相互作用に焦点を当てながらその問題性を探る本章もこれらの研究の系譜にある。ただし本章では、エマーソンらの研究では十分に検討されなかった接近者側の体験に着目する。また、対象者をあらかじめストーカーとみなして分析した精神医学的な研究と差異化するため、ストーキングとラベリングされてはいないが、相手から拒否的な反応を示されたりアプローチが失敗に終わった異性愛男性の経験に着目する。彼らへのインタビュー調査を通して、接近行動が望まれないものへと転換していくプロセスを分析することを目的とする。その際、関係構築の提案に対する拒絶経験にも着目し、拒絶に対してどのような対処がとられたのかについても検討する。

　また分析にあたっては、精神医学的な言説から距離を取りながら、接近者の思考プロセスに焦点を当てる手段として、臨床社会学的方法論をとる。臨床社会学とは、個人の抱える問題を社会現象として把握し、問題の解決に向けた実践に社会学的視点を生かそうとする学問領域である。当事者の感情や認知に迫りつつ、社会に溢れ個人の内面にまで食い込むドミナントな言説をあぶり出して脱構築することが目指される（中村 2019）。調査方法としては、交際経験がまったくなく、接近行動の結果、失敗に終わった経験を有する異性愛男性2名にインタビューを行った。それぞれ筆者の知人から募り、インタビューは2021年7月から2022年8月にかけて、1時間〜2時間程度行った。また、メンバーチェックの手法を取り、本章の執筆過程において、彼らにデータの引用や解釈の記述の確認とフィードバックをしてもらった。これは、共同性を高めることでデータの正確性を高めること、研究者の偏見をできるだけ削ぐことを目的としている。フィードバックの一部はSNSを用いてやりとりし、その部分の引用は《　》を付けている。2名とも仮名で表記している。

III　現代の「恋愛」の諸相とその多様性

4　交際経験に乏しい異性愛男性の事例

■事例──これだけやってきたのに（ジロウさん）

　それまで一度も交際経験のないジロウさんは、大学院1回生の頃、同じ講義を受けていたAさんに思いを寄せるようになる。その際、自分の中で相手と仲良くなるための独自の「ストーリー」を構築していたという。

　　自分の中のストーリーとしては、困っているときに助ける、その人（Aさん）のそういう感じの人になれたら、つきあえるんじゃないかみたいな気持ちがあった。「この人はこういうことできっと困ってるだろう」っていうことをいろいろ妄想して。「何々で困ってない？」「こういうことできるよ？」ってメール送ったりとかですかね。たとえば何か授業で課題が出たときに、なんかその子が授業の中で「これ難しいわ」みたいなこと言ってたとしたら、後でメールで、「ここ難しくない？」みたいな。「僕はわかるけど」みたいな。

　相手はきっと困っているというストーリーのもと、ジロウさんは多いときには2週間に1度くらいの頻度で相手にメールを送っていたという。その後、告白をしたジロウさんは、「ちょっと考えさせて」とAさんに返答され、これは「脈があるのでは」と考え始める。

　　なんかその「ちょっと待ってね」にすごい期待するんですね。「ちょっと待ってね」が「つきあいましょう」に変わるのをずっと待って、待ちながら色んな自分なりの仕掛けをするわけですよ。オンとオフというボタンがあるとしたら、「ちょっと待ってね」はオフを押されてるわけじゃない。オンも押してない。ちょっとこう機械的な発想になるというか、何かをしたらオンを押してもらえる可能性もあるはずだ、みたいな発想になるのかな。で、いろいろ物をあげたりとか何かを手伝ったりしていくわけですよね。そういうモードに入っちゃうと、そのことにすごい心的なエネルギーをいっぱい注ぎ込むんで、起きてる間ほとんどずっと、次何をしたら、あの人のスイッチがオンになるかみたいなことを……。

130

このＡさんの返答は、接近者の自尊心をなるべく傷つけずになされた消極的な拒絶である可能性があるが、それでもジロウさんは「オン」にするために、お菓子をあげたり、これまで以上に彼女をサポートする行動を進めていく。その時の気持ちは「生きるか死ぬか」というところまで差し迫っていたという。しかしその思いは報われない。遊びに誘ったりしてもやはりやんわり断られていたのだという。ところが、ジロウさんは自分のアプローチがうまくいっていないということに気づいていなかったという。

そもそも恋愛というものがわかってなかったし、何が成功で何が失敗かもわかってないんですよね。友達もあんまりいなかったし、聞くこともできないんで、ただやっている、という感じです。

正解のわからない恋愛を進める中で彼が参照枠にしたのが、男性向けの恋愛マンガだった。そこで描かれる「相手を救うことで交際に至る」という物語に依拠し、彼はアプローチをし続ける。しかし、だんだんと愛情と一緒に、「なぜこんなに色々やってるのに応えてくれないんだ」、「こんだけ気持ちを消耗してきたのにどうしてくれるんだ」という恨みの感情を溜めこみ、常に思いつめた表情をしていた。しかしジロウさんによれば、これは今振り返って言語化できたものであって、当時はそうしたネガティブな感情を抱いていたものの、明確に認識はできていなかったという。

《（アプローチをし続けている間は）ある種自分を「聖人化」していると言うか、自分の中にある恨みを認識することができない状態にあるんだと思います。で無意識にある恨みが、自分の中で一定の閾値を超えた瞬間、なかったことにしていた恨みが一気に全部認識できる領域に現れる感じなのかなあ。自分の感情を麻痺させているというか、麻痺させることで自分の好きという気持ちをどうにか成立させてるというか……。簡単に好意の返ってこない恋愛感情を相手に対して抱き続けるのってやっぱりしんどいことなので。［…］熱狂しなければ、恋愛という物語に冷めてしまわざるを得ないので、物語を成立させるために都合の悪いことには全部目をつぶるしかないというか……。》

物語を成立させるために、ジロウさんは不都合な事実や自身の感情に蓋をしてい

く。しかし、溜まっていった恨みの感情はついに認識できるまでに膨れ上がる。ジロウさんはその状況に疲弊していき、最終的にはＡさんが引っ越して物理的距離が離れたために、さらなる執着を募らせることもなかったという。

　ジロウさんは先行研究と同様に、相手から拒否を示されていることに気づかず、さらにポジティブに読み替えてアプローチを継続しているように思われる。しかしこのエピソードが示すのは、拒否に気づかないという現象が、精神医学の知見が指摘するような個人の病理や性質によるのではなく、相手の反応の何が肯定で何が否定を示すのかを判断するための基準が、そもそも自身の中にないために生じていたという可能性である。つまり、ジロウさんは相手の拒否に気づけなかったというより、正確には気づくための枠組みがなかったのである。

　だとすれば、精神医学は、「正常な」状態ならば人は好意を寄せる相手からの反応をはっきりと読み取ることができるという、個人の内在的な性質を重視した前提に立ちすぎている。個人の性質に関係なく、そもそも恋愛という実践自体が明確な正解のない不確実なものである。その不確実さゆえ、私たちは他者の実践や自身の実践の蓄積、そしてフィクションを参照枠にしてアプローチを進めるしかない。ジロウさんの場合、漫画から拾い上げた枠組みに基づいて自身に起こっている現象を把握し、恋愛実践を行っていたのである。そして結果的にその物語が先行したアプローチが、相手の反応を汲み取った柔軟なアプローチを困難にしていた。

■事例──今度こそわかってもらいたい（こうたさん）

　こうたさんは、25歳の頃、ひきこもりの状態を脱して職に就き、さらなるキャリアアップのために数週間におよぶ研修会に参加する。そこで出会った隣の席の女性Ｂさんと会話するようになった。昼ごはんを一緒に買いに行ったり、食べたりするようになり、少しずつ惹かれていくようになったという。また、こうたさんはＢさんとの会話をふりかえって日記につけ、「今日はタメ口で喋るところまでいけた」「次はご飯食べに行くのを誘ってみる」など細かく記し、相手の発言を思い出して「どういう性格の人なのかな」「どういう意図であれは言ったんかな」と考えていたという。

　関係を深めていく過程で、こうたさんは同じ職種であったＢさんに仕事の相談があると言って、研修会のあとにカフェに誘う。そこには、相手と親密になりたいという気持ちと、単純に仕事の悩みを聞いてほしいという思いが両方ともあったという。しかし、その翌日から状況が変わってくる。

何かその時まではすごく仲良かったんですよ。すごく順調やなと思ったんすけど、次会ったときに、なんかちょっと距離があるなと思って、ちょっと、なんかその、今まで向こうから話しかけてきたけど、今日はないなとか、こっちから話しかけても、ちょっと、その、レスポンスが……。すぐ会話が途切れるような感じがあって、その時は1日だけやし、わからんし、みたいな感じやったんすけど……。

　相手からのレスポンスが悪くなり、不安がもたげてきたタイミングで、運悪くこうたさんは体調を崩す。新型コロナウイルスの感染も疑われたので研修会を数日休んだのだという。寝込みながら「もやもや」としてきたこうたさんは、相手にもっと話を聞いてもらいたいという思いから、体調がよくないので電話をしたいとBさんにLINEを送る。ところが、Bさんから「現在付き合っている相手がいるので、男性にそのようには関われない」という、これまでのやりとりからは考えられない「事務的な」返信が返ってきたのだという。衝撃を受けたこうたさんは、自身の行為が「加害」であったと強く認識し、素早く反省の意を示す。相手に気苦労をかけてしまったことを謝罪し、今後は挨拶と事務的な会話に徹するという内容を返信したのだという。
　こうたさんはそれまでBさんの言葉や反応を細かく読み取り、自身のふるまいを省察しながら関係構築を進めてきていた。にもかかわらず、ネガティブな反応を示す相手に対して電話をしたいと連絡した理由について、以下のように話している。

　　研修に行き始めたのが、ちょうどひきこもりから脱するきっかけみたいな感じで行き始めたってのがあるから、久しぶりに人と関わって、でも引きこもってるときはもう完全にシャットアウトしてるじゃないですか。だから人と仲良くなるみたいな、そういうことすら考えられない状態になったときから、ちょっと何か人と関わり始めて、人と仲良くなりたいなって気持ちをもう1回持つことができて。[…] だから、誰かにすごく話聞いてもらいたいみたいな、僕のことをわかってもらいたいみたいな気持ちが多分あったから、うざがられるかもしれんけど、もう最悪嫌われてもしゃあないから、なんかもうとりあえずやってみようみたいな感じで連絡して。

　これまでの筆者に研究においても、孤独感を抱く異性愛男性が、優しくしてくれる女性を理想化して執着する現象が見られ、研究協力者たちと「女神化」と名付け

て言及してきた（西井 2021）。ここには他者関係への願望が垣間見えるが、その宛先には偏りがあり、友人関係ではなく異性愛関係に強く引き寄せられていく。またこうたさんが行ってきた関係性構築における自己省察も、思いを加速させる要因となっている。体調不良で寝込んでいる間、こうたさんはカフェでBさんと話したことを思い出し、後悔する気持ちが湧いてきていたのだという。

　　Bさんに対する不満みたいなのがその時でてきて。「こうたくんって、でもなんかすごい悩みとかなさそうだよね」みたいな感じで言われて、その時は「いや俺だってあるよ」みたいな感じで言ってしゃべろうとしたんだけど、結局上手いこと言語化できなかったんですよ。何かその時は特に気にしてなかったんですけど、［…］やっぱ自分のことはわかってもらえてないんじゃないかみたいな気持ちが、多分高まっていってて。で、今度こそわかってもらいたいっていう気持ちがあったから、その日のその電話で話聞いてもらえませんかって送ったと思うんですよ。［…］しかもその時、僕は自分の弱みを見せれば、Bさんだったら、その、何かケアしてくれんじゃないかっていう、そういう下心が多分あったと思うし、Bさんのケア役割への期待みたいな、それをなんか利用したみたいな側面もあったと思う。

　相手に「寄りかかりすぎた」ことを薄々感じていたゆえに、こうたさんはBさんからの断りのメッセージを重く受け止めた。その後、研修会の会場で顔を合わせたものの、こうたさんはBさんへの挨拶だけに徹し、その後LINEで数回やりとりすることはあったものの、現在はほぼ関係はなくなったという。また、このエピソードを批判的に顧みながらも、こうたさんはこれまで自身の行動を過度に自制し「強引に」アプローチしてこなかったことに問題意識も抱いていた。

　　大人やったらちゃんと線引きができた方がいいと思うんですけど、ただ結果的に言うと、今までの人生で、結局その強引さみたいなものを持ち得なかったから、一切恋愛経験とか性経験を持たずにこの年になってしまって。結果的にふつふつと自分の中に何か汚いもの、憎しみみたいなんが溜まっていってしまってるような気もする。

　彼は、行き過ぎることが「有害」であることを認めながら、それでももう少し積極

的になって、相手と親密な関係を築くための実践知を積むべきなのではないか、と自戒するのである。

こうたさんのエピソードで印象的なのは、ジロウさんとは違って彼がBさんから冷たい反応を示されたことに対してはっきりと気づいたという点である。わかってもらいたいのに、わかってくれない……。その葛藤に対処するために、より強い再接近を図っていた。この結果は、執着的な行動の原因として先行研究が言及する〈否定性の盲目〉とはまったく異なるメカニズムを導き出す。つまり、こうたさんは否定性に気づいていないから接近行動を加速させたのではなく、むしろ気づいているからこそ、加速させていったのである。

ただし、彼は接近行動が加害にならないように細心の注意を払っていた。なぜならどこまでがアプローチでどこからが加害なのか、その「線引き」がわからなかったからである。そのため、たしかに一歩踏み込み過ぎてしまったことを、彼は深く気に病み、Bさんへの謝罪を行ったのである。

5 〈(再)接近戦略〉という視座

本章では接近者側の語りを分析することによって、関係構築のための接近行動が問題を含んだものになっていくプロセスを見てきた。その結果、二つの事例とも先行研究と同様に、接近行動が段階的に発展することが明らかになった。関係を構築する初期段階では、関係性は比較的良好であり、メールを送る、相手の情報を把握するなどの接近行動は、相手に好意的に受け入れられているか、少なくとも拒否は示されていない。〈ストーカー行為の自然史モデル〉が示すように、恋愛と加害の境界は曖昧なのである。

転換点は、相手と自分の関係をこれまでの文脈から恋愛などの特別な文脈に移し替えようと申し出を行った後に現れる。相手から冷たい反応が示される（こうたさん）、期待する反応が返ってこない（ジロウさん）など、関係性の定義がずれていることがはっきりと、あるいは密かに示されることで、多かれ少なかれ男性たちに葛藤をもたらしていた。

本研究で明らかになったのは、こうした葛藤に蓋をする、もしくは乗り越えるために2人の男性たちが主体的な実践を展開していたという実態である。

彼らは、生来的な性質や精神病理ゆえに否定性の盲目に陥り、機械的に漫然と接

近行動を繰り返していたのではない。むしろ恋愛がうまく進んでいないことや、相手から拒否が示されていることにうっすらと気づいており、その葛藤を乗り越えようとするからこそ、接近を繰り返してしまっていたのである。また、その再接近するための戦略は独特の色合いを帯びる。ジロウさんは相手を振り向かせるために「困っている相手を救う」という物語を作り上げ、そこに浸ることで感情を麻痺させて、行動を繰り返していた。また、こうたさんは「弱みを見せたらケアしてくれる」という独自の理論を持って再接近を図ろうとしていた。これらの〈(再) 接近戦略〉には、親密な関係が成就する一筋の可能性への期待が込められており、葛藤が大きくなるほど、接近者は自分で作り上げた戦略にすがるようになっていく。

　また、〈(再) 接近戦略〉には、温情的な庇護主義、ジェンダー間でのケア役割の非対称などドミナントな男性性が反映されている。こうした社会に偏在する価値観を後ろ盾にするからこそ、戦略は説得力を持つ。結果的に〈(再) 接近戦略〉内で夢想される関係性は、〈助ける‐助けられる〉、〈ケアされる‐ケアする〉という固定的なものとなり、さらに相手に負担を与えてしまう危険性がある。しかし交際関係に乏しく、「生きるか死ぬか」「わかってもらいたい」など追い込まれた精神状況にあるほど、その戦略は心的ストレスへの対処方法として強力に作用すると考えられる。

　また、この結果は、異性愛男性の過度な接近行動の要因について、個人の能力、病理、性質にその問題の原因を求める先行研究やインターネット上の言説と異なる仮説を導く。つまり、社会的な言説の混ざり込んだ独自の理論を採用し、それだけに基づいて関係性の構築を目指したり、葛藤に対処しようとしたりする実践方法に問題があるという可能性を浮かび上がらせている。決して交際関係に乏しい異性愛男性の存在そのものが加害性を持つとは言い切れない。

　さらに、この異性愛男性の〈(再) 接近戦略〉に焦点を当てることは、「一部の男性の恋愛が加害になるのはその性質上仕方がない」という、動かしがたい認識から抜け出す道筋を指し示す。問題は個人の性質ではなく、うまくいっていないのに自分の理想とする関係を繰り返し追い求めてしまうことにあるのだ。たしかに親密な関係性の提案が拒絶されるのは、相性の問題などどうしようもない側面もある。しかし相手に迷惑がられることを避けるためには、再接近するのではなく、親密な関係構築がうまくいかないことに気づいた段階で葛藤を別の方法で解消する、無理に関係性を変えようとせずにこれまでの関係性を維持する、新たな形の関係性によって相手とつながるといった方策が可能かもしれない。あるべき関係をあらかじめ規定するのではなく、関係性の持ち方の余白を広げることが重要だろう。

最後に、片思いと加害の境界という本章のテーマに関連して、こうたさんの語りにあるように、接近者側が自身の行動を加害として強く認識してしまうことの問題も見出された。境界が曖昧であるということによって、「自分がやっているのはアプローチである」という正当化のもと、接近者の強迫的な行動が強化されてしまう可能性だけでなく、逆に「自分がやっているのは加害かもしれない」という過剰な萎縮が生み出される可能性も考えなければならない。本章では扱いきれなかったが、今後、この恋愛への萎縮という問題に関しても検討する必要があるだろう。

●引用・参考文献

鮎田実, 2017,「アメリカ合衆国におけるストーカーの現状と課題」『JCCD』116: 44-60.

エマーソン, R. M., フェリス, K. O., & ガードナー, C. B. ／渡會知子［訳］, 2006,「ストーカー行為の自然史——関係についての非対称な認識の展開過程」平英美・中河伸俊［編］『新版　構築主義の社会学——実在論争を超えて』世界思想社, pp.93-161.

海妻径子, 2021,「男性復権運動のサラ・コナーたち——英語圏の陰謀論的反フェミニズム言説と女性」『現代思想』49（6）: 136-149.

警察庁, 2022,「令和2年におけるストーカー事案及び配偶者からの暴力事案等への対応状況について」〈https://www.npa.go.jp/news/release/2021/R2_STDVkouhousiryou.pdf〉（2024年5月13日最終確認）

鈴木拓朗, 2020,「ストーキング関連行動に関する一考察——研究知見の整理と行動指標の抽出」『東京大学大学院教育学研究科紀要』59: 1-12.

スピッツバーグ, B. H., & キューパック, W. R. ／谷口弘一・加藤司［監訳］, 2008,『親密な関係のダークサイド』北大路書房.

中村正, 2019,「臨床社会学と「公共」の社会学——「問題解決が問題であること」の指摘と臨床社会学・社会病理学・批判的実在論の関係づけ」日本社会病理学会［監修］朝田佳尚・田中智仁［編著］『社会病理学の足跡と再構成』学文社, pp.139-168.

西井開, 2021,『「非モテ」からはじめる男性学』集英社.

西井開・澁谷知美・清田隆之, 2022,「「非モテ」の諸相と、「これから」のこと——自己否定でも開き直りでもなく自分を「開く」語りの可能性」澁谷知美・清田隆之［編］『どうして男はそうなんだろうか会議——いろいろ語り合って見えてきた「これからの男」のこと』筑摩書房, pp.53-97.

本田透, 2005,『電波男』三才ブックス.

ミューレン, P. E., パテ, M., & パーセル, R. ／詫摩武俊［監訳］安岡真［訳］, 2003,『ストーカーの心理——治療と問題の解決に向けて』サイエンス社.

Sinclair, H. C., & Frieze, I. H., 2005, "When Courtship Persistence Becomes Intrusive Pursuit: Comparing Rejecter and Pursuer Perspectives of Unrequited Attraction", *Sex Roles*, 52: 839-852.

III 現代の「恋愛」の諸相とその多様性

10 アイドルに対する恋愛感情を断罪するのは誰か

「ガチ恋」の苦悩に向き合う

上岡磨奈

1 当事者の経験から考える「ガチ恋」

　本章ではアイドルや芸能者など、一般に「手が届かない」とされる相手に対するファンや観客の恋愛感情について紐解いてみたい。こうした想いについては、近年「ガチ恋」、「リア恋／リアコ」などの言葉で語られることが増えている。これらはいくつかの分野のポピュラーカルチャーファンダムで 2010 年頃から使われるようになったジャーゴンであるが、アイドルなどへの恋愛感情それ自体は特別に珍しい現象ではない。しかし、この「ガチ恋」が単純に純粋な恋愛感情のみを指すとは限らず、この言葉に託されるいくつかの意味とそのあわいについて検討することによって、現代的なファンダムの様相とその内側でアイドルに恋愛感情を抱き続ける難しさを検討することが可能になるのではないかと考える。

　恋愛の当事者にとって、片思いの状態が精神的に困難であるとすれば、それが半永久的に続く状況は大変に苦しいことである。「手が届かない」ことを前提とするならば、アイドルや芸能者に対する恋心は決して楽しいだけのものではない。また一方で「手が届かない」はずの相手と交際関係に発展するということも単に幸福ではないということがある。交際を誰かに許されないことや、それによって仕事を失うなどの不利益が発生することもあるだろう。しかしながら、アイドルや芸能者に対する想いは度々嘲笑や好奇心の対象となり、メディアや人々の噂の中で安易に消費されてしまう。果たしてこの感情は物笑いの種にしかならないのだろうか。

　筆者自身、当事者として何度もこの感情と向き合ってきた。ある時は日々片思いの相手のことを考え続けて食欲もなくなり、部屋に貼ったポスターを見ては涙を流

し、どうすればこの苦しさを解消することができるのかと思い悩んだ。またある時は、日本中、国外も含めて活動を追いかけ続け、近づいていく距離に喜びを感じながらも越えられない、越えてはいけない一線を目の当たりにして絶望した。誤解を恐れずに言えば、偶々縁あって個人的に交流する機会を得たこともある。それでも友人関係にすら至ることはなく、想いを諦めたこともあった。こうした感情や行動については誰にでも理解されるものではない。実際に今この章を読み始めて、筆者を訝しく思った人もあろうと思う。しかし同じ経験をした、またしている読者には身につまされる内容だろうとも思う。非常に個人的な感情でありながら、他者から評価や判定が下されやすい状況をどう捉えるべきだろうか。

「手が届かない」相手への恋愛感情はしばしば間違った考え方や思い込みを生み出すとされ、ストーカーを連想させる。類似するようにみえる事件も実際には発生しており、暴行や殺人未遂など非常に痛ましく憤りを感じる事件も起こっている。しかし当然ながらすべての実らない片思いが犯罪行為に発展しないように、個々の感情を十把一絡げに語ることはできない。にもかかわらず、芸能者に特別な感情を抱くファンという構図は一様に問題視されやすく、熱狂的で非理性的であるとジャッジされる。犯罪行為は忌むべきであり、当然誰も傷つけられるべきではない。しかし、それとは異なる個人的な感情はどこまで誰によって批判されるべきなのか。

本章では、アイドルを中心に芸能者に対する恋愛感情とそれに関連する事象について当事者の語りを手がかりに整理し、そうした感情を抱える困難を素描したい。そして語りから得られたいくつかの問いを挙げながら筆者の考えを記す。なお、紙幅の都合で、アイドルやファンのジェンダーやセクシュアリティについて触れることは難しいが（これについては上岡（2022）を参照）、本章で恋愛感情を論じる上でジェンダーやセクシュアリティは限定しない。また一次元や二次元と呼ばれる、フィクション作品の中の登場キャラクターなどへの思慕については次章に譲り、本章では三次元、中でも芸能者、特にアイドルと呼ばれる分野のパフォーマーを対象とした感情について筆者によるファンを対象としたインタビューおよびファンダム内での観察から描き出す。

2 アイドルと疑似恋愛と「ガチ恋」

アイドルなどへの恋愛感情は、「ガチ恋」とも「リア恋／リアコ」とも称され、そ

の前は「本気愛」や「マジ恋」などとも呼ばれていた。それぞれ「ガチ」で、つまりガチンコで真剣に恋をする、「リアル」に、実際に恋をする、「マジ」で、「本気」で恋愛感情を抱くという言葉の内容からも想像できるとおり、一般的にアイドルに抱く感情を一般的な恋愛感情とは別のもの、特にそれは疑似恋愛であるという前提のもと、擬似ではなく本当に恋をしているという様を表現するのに使う言葉である／あった。

■ 虚構と疑似恋愛

　アイドルと恋愛という概念は結び付けて語られることが多い。アイドルに関する論考やテキストにおいても、アイドルという歌手や表現方法と性愛的要素との関わりは、度々指摘されてきた。そこでは、特に「虚構」や「疑似恋愛」という言葉を用いてアイドルとファンとの関わりの中で、決して実ることのない恋愛感情が生み出されるとする。観客、聴衆にとってアイドルである歌手は「虚構」の中の恋人と想定され、よってアイドルが歌う楽曲の多くも恋愛的要素を含むと考えられ、聴衆の感情に訴えかけるような歌詞がアイドルとファンとの間に特別な関係性を醸成させていると論じられてきた[1]（稲増 1999; 濱野 2012: 133–135）。

　また、北川昌弘は、2000 年代以降に登場した AKB48 をはじめとする、実際に対面することによって相互コミュニケーションを可能にする女性アイドル（「グループアイドル（仮）」と表記）は「主にテレビを中心としたマスメディアを通じての」関係性ゆえに疑似恋愛が成立していた過去のアイドルとは性格が異なるとして（北川 2013: 6-7）、「相互に一方通行」で「擬似恋愛的」であった「アイドルとファンの関係」について変化を指摘した。同時期に濱野智史も、「会いに行けるアイドル」というコンセプトを掲げる AKB48 はファンと「近接」していることが特徴であり、「疑似恋愛としての AKB48」を「近接性」の視点から説いた（濱野 2012: 138–139）。しかし濱野によれば、「実際にそのメンバーと恋愛関係に落ちることはほぼ100％不可能だし、まして結婚することも子供をつくることもできない」（濱野 2012: 141）からこそ、どんなにアイドルとファンの距離が近くなってもその関係は「疑似恋愛」に過ぎないという。実際にアイドルとファンの間に恋愛関係が成立するか否かについて

---

1) もちろんアイドルの歌う歌は多様であり、特に恋愛の歌詞に限られているわけではない。聴衆を鼓舞する応援歌のような曲や友情を歌う曲、アイドルやライブ空間をメタ的に歌う曲などさまざまである（稲増 1999; 上岡 2022）。

は議論の余地があるが、その恋愛関係が実現する可能性の低さから「「不可能な愛」「永遠の愛」といったロマンチックラブの理念に限りなく近い経験を得ることができる」システムが成立しているのだとしている（濱野 2012: 143）。つまりメディアの中に虚像として存在するか否かではなく、目の前に現れるアイドルに対してもファンの感情は疑似的と見られる向きがある。

■疑似恋愛概念の流布と共有

また一方でアイドルにとって恋愛は避けるべきものとされ、近年「恋愛禁止」という言葉が暗黙のルールとして、時にセンセーショナルに用いられてきた。つまり擬似的な恋人であるアイドルに、実際に観客以外の恋人が存在するとすれば、その演出を邪魔することになるという理屈であり、上述の「疑似恋愛」を下支えする構造になっている。さらにアイドル活動以上に恋愛に熱をあげているとすれば、観客の応援する気持ちは薄れてしまうだろうという想定のもとに、熱心さを象徴する行為として恋愛を避けるのだとする主張もある（香月 2014: 188-191）。アイドルに恋愛対象としての価値を託す一方で、恋愛とアイドルとしての活動が相容れないものであるとすれば、あまりにも矛盾を孕む構造であると指摘せざるを得ないが、その是非はともかく、アイドルというのはファンにとって擬似的な恋愛感情を抱く相手だという通説が雑誌などのメディアを通じて、浸透していると言えるだろう。

もちろんファンがアイドルに抱く感情は恋愛感情のみに収斂されるものではない。それは個人によって異なる非常に個人的な感情の連続体である。しかし、一旦そのスタンダードに「恋愛感情」（それも「異性愛」[2]）が置かれやすく、2020年代になってもアイドルが好きだということはアイドルに恋をしている、それも擬似的に、と捉えられやすい（それ故に「同性」のファンに奇異の眼差しが向けられ続けてきたという別の問題もある[3]）。こうした「疑似恋愛」という概念は、実情はともかくアイドルを知る人々の間になんとなく共有され、アイドルが「好き」だと述べた場合に「擬

---

2) 上岡は、アイドルの背景にある強制的異性愛を指摘した（上岡 2021）。アドリエンヌ・リッチの「強制的異性愛とレズビアン存在」に由来する「強制的異性愛」（Compulsory heterosexuality）は、異性愛を「正常」であり、「先天的」なセクシュアリティとする異性愛主義が強制的であることを指摘する概念であり、「一つの制度としての異性愛」は吟味されるべきであるとリッチは強く批判しているが（リッチ 1989: 86）、同様の制度がアイドル文化にも内包されていると考える。

似的に」という留保がつく為、「擬似的」ではないと少なくとも実感するような恋愛感情を抱いているのだと説明しなければならない場合に使われるのが「ガチ恋」などの言葉なのである。

■ ガチ恋が意味する現象

「ガチ恋」という言葉はいつ頃から使われているのか、Twitter を遡ると 2010 年前後から「ガチ恋」を含む投稿が散見される。当時は主に声優やアニメやゲーム作品に登場するキャラクターを対象に語られていることが多く、その後すぐアイドルなどに対象が広がっていった。2012 年には後述する複数のオンライン記事でも「ガチ恋」が取り上げられている。なお、「リア恋／リアコ」も現在頻繁に使われており、Twitter での初出も同時期であるが（同語はヴィジュアル系バンドやホストクラブについて使用されていた）、『りさ子のガチ恋♡俳優沼』[4] などフィクション作品のタイトルとしても知られていることから本章では「ガチ恋」に統一して論じる。いずれの言葉も元は真剣な交際や、現在の「ガチ恋」とは真逆とも言えるファン活動ではなく身近な人間関係における恋愛の意味でも、また出会い系コミュニティにおいても使われていた。その後も「ガチ恋」が意味する事象は意外と広範囲にわたり、ファンからアイドルに対する恋愛感情を素朴に指すものではなかった。

たとえば、2012 年に TOWER RECORDS ONLINE に掲載されたアイドルファンへのインタビュー連載『アイドルのいる暮らし』（岡田 2012）に登場するぽこさんは「既婚者にしてガチ恋系」と紹介されている（第 3 回）。ぽこさんの語りから熱心なファン活動の様子は読み取れるものの、恋愛感情については特に明言されていない。

---

3) 香月孝史は、乃木坂 46 の女性ファンに対するメディアの扱いに言及し、彼女らを異端とする異性愛主義の存在を指摘している。「「アイドルは異性がファンになるもの」という観念は、アイドルというジャンル全体を性愛的な思慕のみに還元する発想を源にしている」（香月 2020: 124）。

4) 松澤くれはが脚本、演出を手掛ける舞台作品。2017 年 8 月、2019 年 4 月、2022 年 11 月に上演された（2022 年の演出は岡本貴也）。2018 年には集英社文庫より小説版が発刊された。集英社文庫によれば「イケメン俳優を追いかける OL のりさ子。時間とお金を全てつぎ込んで応援していたが、ネットで彼との恋人関係を匂わせる女の出現で暴走しはじめ……。演劇業界の闇に切り込む愛憎劇。（解説／劇団雌猫）」〈https://www.shueisha.co.jp/books/items/contents.html?isbn=978-4-08-745730-8〉（2024 年 6 月 3 日最終確認）。

しかし「ガチ恋系」を「否定できません」とぽこさんは述べており、ぱすぽ☆（当時）の根岸愛さんに突如として惹き付けられ、握手会に通うようになり、また既婚であることを根岸さんには伝えていなかったというエピソードなどから恋愛感情を思わせる部分はあるともいえる。ここでいう「ガチ恋」はどちらかといえば、「疑似恋愛」に近いというとやや語弊があるが、成立しない恋愛関係を楽しむような思いをぽこさんが抱いていたという文脈で使われているように読み取れる。

　また同じ 2012 年に日刊 SPA に掲載されたオンライン記事「"ガチ恋派"ファン激白！「アイドルは"狙い目の女"です」」（スギナミ 2012）では、「ピンチケ」と呼ばれるファンを「そもそもは AKB 劇場で中高生向けに安く（通常 3000 円が 1000 円引きの 2000 円）販売されるピンク色のチケットのことで、そこから転じて、最近では"マナーを守らない"または"ガチ恋派"（疑似恋愛ではなく"ガチ"の意）のファン^{（ママ）}に対する蔑称」と解説し、彼らが実際にアイドルと個人的な恋愛関係、性愛関係を築く様子に焦点を当てていた。この「ガチ恋」は、ぽこさんの例とは反対に成立する恋愛関係を楽しむ意味で使われている。同記事に登場する A 山さんは、「推しメン［好きなアイドル］にする際の最優先事項は付き合えるかどうか」と述べており、アイドルを「好き」かどうかよりも先に「付き合えるか」という基準が優先されているという点でもぽこさんと異なる。

■リア恋枠、隠れガチ恋、ファッションガチ恋？

　真剣な恋愛感情を意味する言葉と考えられた「ガチ恋」は、実際にはより広範に使われており、「ガチ恋」という言葉を使って説明する状況や事象、感情が、語り手と受け手の間で必ずしも正確に共有されているとは限らない。そうした振り幅は 2024 年現在も確認することができる。

　たとえば、対象のアイドルがもしも身近に存在していたら本当に好きになるだろう、恋愛感情を抱くだろう、という想定にも「ガチ恋」を用いることがある。これには主に「リアコ」、「リア恋」が用いられる印象があるのだが、特定のアイドルを「リア恋枠」と評し、グループなどの中で 1 番に応援したい対象（いわゆる「推し」）ではないが、身近にいたら好きになるのはこの人、と感じるメンバーを指す。個人の主観的な「リア恋枠」であることもあれば、グループ内の立ち位置としてファンダム内で認定されることもある（もちろん異論もある）。結局「リア恋」と言いながら、その対照にあったはずの「疑似恋愛」に戻ってきているように感じられる。しかし、よりカジュアルに、しかしやや茶化しながらも真剣に、恋愛感情を抱きそう

だという思いを「ガチ恋」や「リアコ」と表現するようになっている様とも考えられる。

　つまり「ガチ恋」というジャーゴンを使うことによって真剣な恋愛感情としての「ガチ恋」を笑い話のように提示する行為であり、真に「ガチ」がどうかを見えにくくさせる意図があるようにも思う。元々「疑似恋愛」の対照的な位置にあった「ガチ恋」が、再び疑似恋愛の中に取り込まれ、ファンとしての「好き」が実際には疑似恋愛のみを意味しないことから、「疑似恋愛」＝「ガチ恋」と捉える流れが生じる。しかし恋心や恋愛感情を説明する言葉として機能していた側面が急に消えるわけではなく、「ガチ恋」という言葉の中に二つの対照的な意味がどちらも託されているのではないだろうか。場合によっては真剣な「ガチ恋」を装う、またその態度を半ば楽しむ、「ファッションガチ恋」とでもいうような現象も生じる（「ファッション」は見せかけの～を意味するジャーゴン）。結局もしかしたらガチの「ガチ恋」かもしれないし、そうではないかもしれない、それは当人にとってもその感情を整理することが困難であるということかもしれない、という流動的な状況にも「ガチ恋」は使われる。

　さらには、実際には「ガチ恋」ではないが、対象のアイドルの恋愛や恋愛を思わせる他者との接近に対して、否定的な態度を取る、一見すると「ガチ恋」を連想させるファンの存在もある。そうした態度は、嫉妬の発露というよりも、恋愛はファンが応援のために注ぎ込んだ金銭や時間に対する裏切りであるという理屈や、恋愛する姿を生理的に見たくないという思い（これはフィクションであっても該当することがある）などによるものである。つまりアイドルの恋愛に対する否定的な感情がそのまますべてファンのガチな恋愛感情を意味するとは限らない。

　またこうしたアイドルに対する感情に揺らぎがあることもままある。ある時は恋愛感情に類する熱を感じつつも、その熱がふと醒めたのを認識しながら「好き」であることや応援行為を続けるということもある。以上のような「ガチ恋」に託されるさまざまな事象は、ガチの「ガチ恋」を結果的に見えにくくしている。真剣に恋愛感情を抱いていることを自認し、その思いに向き合いながら苦しみの中にあるファンもいる。しかしその状況を「ガチ恋」という言葉は必ずしも言い表さず、「ガチ恋」と時に揶揄されながら孤独に困難を抱えることになる。

3 「ガチ恋」の苦悩——ふちりんさんの語りから

こうした複雑な「ガチ恋」状況について、「ガチ恋カウンセラー」を自称し、自身の「ガチ恋」についてブログやオンラインの連載などで綴り続けてきたふちりんこと田中太志さんに2022年8月、東京都内で半構造化インタビューを行った。ふちりんさんは、元モーニング娘。の石川梨華さんに15年以上片思いしている。2014〜2015年に石川さんの婚約や結婚を報じるニュースによって、大きな精神的ショックを受け、以降は通院治療を続けながらその思いと向き合っている。その「ガチ恋」の苦悩は健康状態に影響を与えていることからも明らかである。また一方でこれらの状況をオンラインで公開していることによって、多数の面識のない人を含む他者から「ガチ恋」を批判されることが度々あるといい、それもまたふちりんさんの精神的な負担となっている。アイドルに恋愛感情を抱き続ける困難とは何か。

■「光が一切見えない」片思い

アイドルに恋をした場合に、交際したいなどの願望は必ずしも達成されないわけではない。実際にファンとアイドルが交際、結婚したなどの事例もある。しかし、さまざまな事情により達成が困難であることが多い。両者の物理的な距離感によっても細かい事情は異なるが、まずお互いの自由な都合で会う関係になることが難しいとされる。

アイドル本人に会ったことがなくメディアを通じて一方的に見ているのみ、またはコンサートやイベントの会場で大勢の観客の一人としてしか会ったことがない、という状況から、顔や名前、その他の個人情報も認識されていてイベントなどで度々顔を合わせる、という状況まで関係性はさまざまであるものの、ファンとして相手から恋愛対象外と見られている場合が少なくないだろう。また、そもそも所属事務所などによって交際関係が管理され、明確にファンとの交際を禁じていることもある。恋をしたからにはなんらかのきっかけで少しずつ親しくなっていくことを求めたいが、そうした事情によりファンという立場から交際にまで発展する可能性は、平均的にはあまり高くない。よってファンの側は苦しい思いをする。それはアイドルを応援する楽しさからは程遠い。

ふちりんさんは、石川さんを好きになった当時からその苦しさを発信してきた。

上岡　好きなったと気づいた瞬間は。

ふちりん　好きになる前は、普通にDVDとか、コンサートの、DVD見たり。うーん、ライブ見に行ったりしてて楽しかったんですよ。でもある時、苦しくなってきちゃって、楽しいよりも。見てて苦しいんですよ。その時に、あーこれは恋なんだろうなって思いましたね。

上岡　それを自覚してどうしようと思いましたか。

ふちりん　まず2ちゃんねる［現5ちゃんねる、匿名掲示板］に書き込みましたね。最近梨華ちゃんを見てて苦しい気持ちになるんだって、書きましたね。

上岡　それはどうだったんですか。

ふちりん　冷たくあしらわれましたね。恋をしたとでも言いたいのか、というようなことは言われました。

上岡　書き込むことによって変化はありましたか。人に発信することによって吐き出せると言うか……。

ふちりん　そうですね。ブログとか書き始めて、ガチ恋で苦しい様子を延々と書いてたんですけど。それで楽になったかと言えば、大して楽にはならなかったですね。

上岡　あーそうか。

ふちりん　逆にどんどんこうガチ恋の沼に入り込んでいったって言う感じがしますね。自分の心の闇を分け入っていくっていうか、深みに嵌っていった感じがしますね、逆に。

上岡　深みに嵌って、たどり着いたものとか。

ふちりん　たどり着いたものですか。なんだろうな。でもしょっちゅう死にたいとは思ってましたね。うーん、どこにもたどり着いてはいないですね。暗闇の中をひたすら進んでいる感じでしたね。光が一切見えないっていうか。うん。

■「理性」と「可能性」

　ふちりんさんの場合は、自身の心情と向き合うことによって苦しみを突きつけられるような結果になったという。こうした苦しみの源について、ふちりんさんは「理性」という言葉を用いて語っている。「好き」だという気持ちの対極に「理性」があり、「理性」によって「好き」という気持ちを抑えることもできるが、実際にはそうならなかった。この「理性」には、片思いが成就する「可能性」を冷静に判断

する役目も託されている。

> **ふちりん**　距離が遠すぎて思いが届きづらいっていうのを、わかんないですけ
> ど、それを理性的に考える気持ちよりも好きな気持ちの方が強くて、その距
> 離をものともせずに片思いを続けてましたね。普通の人は理性が勝って、そ
> の片思いをやめとこうとか思うと思うんですけど、僕の場合は、愛情が強す
> ぎて理性より優っちゃったって感じですかね。
>
> **上岡**　なるほど。ここでいう「理性」は損得勘定と言うか、付き合える可能性
> が低いからやめとこうとはならないと。
>
> **ふちりん**　多分、そうです。可能性の問題だと思いますけどね。僕は1%で
> もあれば、それに賭けたいなっていう気持ちは持ってましたね。恋愛ってい
> うか、片思いとかって可能性でするもんじゃないだろうとずっと思ってて。
> それを貫いた結果が今って感じですかね。

しかし、ふちりんさんの抱く「1%」の可能性は、ふちりんさんにとって少なくも
多くもある。ある時は絶望を突きつけ、またある時は背中を押す。

> **上岡**　ワンチャン［ワンチャンス、もしかしたらうまくいくチャンスがあるという
> 意味］つかもうという気持ちはあったんでしょうか。
>
> **ふちりん**　ワンチャンつかもうと思う気持ちはありましたけど、つかもうとし
> たときに99%無理だっていう気持ちが出てきちゃって、それに押し潰され
> そうになってましたね。
>
> **上岡**　そうか。
>
> **ふちりん**　それでどんどん鬱々としていきましたね。まあネガティブなんでし
> ょうね、考え方が。

「ワンチャン」を感じさせるのは、「可能性」のなさを石川さんの方から提示され
る機会がなかったからだともいう。

> 恋しちゃって、さてこれからどうしようって思った時に、可能性の低さにちょ
> っと絶望するっていうのはありましたけどね。それでもゼロじゃないから、1%、
> 0.1%でも［可能性が］あるうちはまだ好きでいようっていう感じでしたね。だ

147

から多分梨華ちゃん本人に、ごめんなさい、付き合えませんとか、言われたら諦めたと思うんです。でも梨華ちゃんがアイドルやってる以上は振られることがないですから。

アイドルとしての振る舞いや距離感ゆえに「可能性」を感じ、「好き」でい続けることになる。こうした構造を人によっては「疑似恋愛」と呼ぶのだろう。その演出そのものを「疑似恋愛」と呼ぶことに違和感はないが、「好き」の感情にも「疑似」を当てはめられることは当事者として本意ではない。

> **ふちりん**　僕もそう思うんですけどね。疑似恋愛っていうことで僕の好きな気持ちまで偽物だ！みたいな風に言われてる気がして……それがすごく嫌なんですよね。梨華ちゃんとの関係自体は、たしかに疑似恋愛的だと思うんですけど、僕の好きって気持ちは嘘じゃないから……。
> そこまで否定されると腹が立ちますね……。
> **上岡**　そうですね。
> **ふちりん**　疑似恋愛っていう言葉を使う人って、その言葉を使っただけでガチ恋とかを全部説明したみたいな感じになるので、そんな簡単なものじゃないよなとは思いますね。うん。

■ガチ恋に対する否定や非難

しかしながら、そもそもアイドルに恋愛感情を抱くことそのものを非難される、または否定される場面は少なくない。現実を見た方がいい、気の迷い、一過性のものである、実際に誰かと交際すれば忘れられるなどの言葉が無遠慮に投げかけられることもある。他者の恋愛に口出しをする、意見を言う、ということは珍しくはなくどのようなケースにも起こりうるが、アイドルなどを相手にした場合にこのようなアドバイスめいた言葉によってその感情自体をやめさせようとする人がいる。ふちりんさんは、居酒屋で偶々隣に座った客と口論になった時のことをnoteに綴っている。

彼らが「君が石川梨華と結婚するなんて絶対に無理だよ。可能性は0％だよ」と主張すると、僕は「可能性が0％なんてことは理論上ありえませんよ。0.001％くらいはありますよ。だから僕は梨華ちゃんとの結婚を諦めません

よ」と反論しました。ガチ恋に関する議論はしだいに口論へと変化していき、僕は確率を 0.00001％まで譲歩しましたが、相手 2 人はそれでも 0％を主張します。[5]

　ここでも争点となっているのは「可能性」である。相手のことをよく知らないままにもっと親しくなりたい、親密になりたい、特別な関係になりたいと思うことはしばしば発生する。同じ学校や職場での一目惚れ、通学通勤路での一目惚れなどはフィクションの影響もあり、一般的だと考えられる（漫画のような恋がしたいあまりによく知らない相手を好きになろうとする、好きになりたいと思う、ということもあるだろう）。こうした場合に、特に接点もなくそのまま恋が実らずに諦めることもあれば、何らかの方法でコンタクトを取ってそのまま親しくなるケースもあるだろう。これと同様に好きなアイドルと個人的な関係が発生するかしないかは、当人次第とも言える。

　また親しくなることに抵抗が生じるケースとして、何らかのサービスを介して知り合い思いを寄せるケースがある。いわゆる店員と客、乗務員と客、先生と生徒などの立場での出会いである。これはアイドルと客の関係にも近く、さらに、コンセプトカフェなどの店員と客、クラブのホステスやホストと客、セックスワーカーと客などのケースは、金銭を介して一時的な親密さが発生するのでより客の側からの親しみの感情が生じやすい例であろうと考えられる。アイドルがファンに見せる親密さを鑑みると共通する事項が多いように思うこともあるだろう。このようにアイドルなどに片思いをすることは、特別に特殊なケースではない。例え、業務上の規定で個人的なやり取りが禁止されていたとしても、店員と客であれば、具体的に恋愛感情が実るよう「応援する」人もいるだろうが、アイドルとなると冷ややかな視線が向けられることが多い。

　ふちりんさんの元にはどこの誰ともわからない人からの否定的なメッセージも届いたという。

　　ストーカー予備軍とか、いつか推しメンを刺すんじゃないかとか言われました。

5）2021 年 2 月 10 日，「場末の居酒屋で初対面の客と、ガチ恋のことで口論になった話」〈https://note.com/fuchirin/n/n88cf681d72e4〉（2024 年 5 月 31 日最終確認）。

Ⅲ　現代の「恋愛」の諸相とその多様性

　そういう事件 6) もあったので。それでなぜか僕が炎上したっていう。なんで僕が怒られるんだろうと思って。7)

　痛ましい事件の犯人と同一視され、匿名で敵意を向けられることに対する恐怖は想像に難くない。しかし、当然ながらこの事件で起こったこととふちりんさんの石川さんへの感情を不用意に重ねることこそ乱暴である。こうした攻撃はなぜ起こるのだろうか。

　　ふちりん　やっぱ遠いからこそ……じゃないですかね。可能性の低さと、可能
　　　性が低いからこそ暴走するんじゃないかと思うんじゃないですかね。
　　上岡　そうなのかなあ……。
　　ふちりん　どうなんですかねえ。コミュニケーションが少ないと妄想が肥大し
　　　がちっていうのはあると思うんですよ。コミュニケーションを取ることで距
　　　離感が計れるみたいなとこあるじゃないですか、多少なりとも。そういうの
　　　がないから、ほとんど、暴走しやすいと思われているのかもしれないですね。

　心理学の「認知の歪み」という言葉が流行り言葉のように使われるようになり、特にストーカーや性犯罪の事例に対して、目の前の事象を正確に捉えることができない、あるいは被害者の感情を都合よく解釈する犯人を言い表すのに使われているように感じる。そのような意味での「認知の歪み」をファンの恋愛感情に当てはめ、いかにもあり得そうな犯罪者予備軍として描く。そこでまたキーとなるのは「可能性」と「理性」なのかもしれない。しかし、他者が想像するよりも恋愛感情を抱いている側は「可能性」に向き合っており、願望を達成することが困難な状況を見据えた上で苦しい思いを募らせている。

---

6) 2016 年 5 月 21 日に東京都小金井市で発生した小金井ストーカー殺人未遂事件。被害者は芸能活動を行っており、犯人はファンを自称し好意を供述していた。
7) 2022 年 7 月 18 日、「Twitter で「こいつは事前に逮捕するべきだ」と言われた悲しい思い出」〈https://note.com/fuchirin/n/n3bb7bfdf27b8〉（2024 年 5 月 31 日最終確認）。

4 「ガチ恋」問題に向き合い続ける

「可能性」の低い片思いは、どこにでも発生し得る。以前テレビ番組で福田康夫内閣官房長官（当時）に恋しているという人が登場し、その切なる思いや今でいう「推し活」の内容を語っていたのを記憶している。誰かを魅力的だと感じる気持ちを制限することは難しく、その恋愛感情を他者がコントロールすることは無論困難である。当然だが、その思いによって実際に対象の相手を傷付ける行為は起こってはならない。それが法律やルールによって制限されている場合や、相手の権利を侵害する場合は言わずもがなである。また相手を無視して気持ちを押し付ける行為にも不快感が伴う。前述のＡ山さんのように個人的な関係を築くことそのものを目的として相手に近付くなど、「ガチ恋」とされる感情を向けられた当事者に対する暴力的なまなざしは問題含みであり、そうした行為を助長するような演出やシステム自体への疑問はある。そこには当事者自身の苦悩があることも忘れてはいけない。しかし、素朴なアイドルに対する片想いを他者が否定することは可能なのだろうか。楽しいはずのアイドルを応援する行為の中で生じる苦悩としてだけでも、辛い片思いであるにも関わらず、理解を得ることが難しく、揶揄されたり攻撃されたりすることがあるとあっては、精神的な負担も大きい。アイドルとファンが結婚した事例も複数あり、そこに薄ら見えるのは「可能性」である。ふちりんさんは「恋愛っていうか、片思いとかって可能性でするもんじゃないだろう」と語っている。「ガチ恋」についての問題は複雑に絡み合っており、今後も腰を据えて向き合っていく必要がある。まず片想いをめぐる問題、困難の一つとして提言したい。

●引用・参考文献

稲増龍夫, 1999,「SPEEDにみるアイドル現象の変容——「異性愛」から「自己愛」へ」, 北川純子［編］,『鳴り響く〈性〉——日本のポピュラー音楽とジェンダー』勁草書房, pp.155-178.

岡田康宏, 2012,「第3回：ぽこさん編」『アイドルのいる暮らし』TOWER RECORDS ONLINE.〈https://tower.jp/article/series/2012/07/27/idlelife_03〉（2024年5月31日最終確認）

上岡磨奈, 2022,「クィアとアイドル試論——二丁目の魁カミングアウトから紡ぎ出される

両義性」香月孝史・上岡磨奈・中村香住［編］『アイドルについて葛藤しながら考えてみた——ジェンダー／パーソナリティ／〈推し〉』青弓社, pp.130-154.

香月孝史, 2014,『「アイドル」の読み方——混乱する「語り」を問う』青弓社.

香月孝史, 2020,『乃木坂46のドラマトゥルギー——演じる身体／フィクション／静かな成熟』青弓社.

北川昌弘とゆかいな仲間たち, 2013,『山口百恵→AKB48 ア・イ・ド・ル論』宝島社.

スギナミ, 2012,「"ガチ恋派"ファン激白！「アイドルは"狙い目の女"です」」日刊SPA！.〈https://nikkan-spa.jp/306011〉(2024年5月31日最終確認)

濱野智史, 2012,『前田敦子はキリストを超えた——〈宗教〉としてのAKB48』筑摩書房.

ふちりん, 2020,〈https://note.com/fuchirin〉,(2024年5月31日最終確認)

ふちりん, 2017,「ガチ恋ドルヲタふちりんの『推しメンが結婚しそう日記』」耳マン.〈https://33man.jp/category/column/fuchirinoshimen/index.html〉(2024年5月31日最終確認)

リッチ, A.／大島かおり［訳], 1989,「強制的異性愛とレズビアン存在」リッチ, A.『血、パン、詩。——アドリエンヌ・リッチ女性論』晶文社, pp.53-119.

Column4

描かれる「ガチ恋」

フィクション作品が提示する苦悩と葛藤

　何かの熱狂的なファンが登場するフィクション作品は珍しくない。それどころか、近年は「オタク」を主人公としてファンダムの世界を描く作品が度々注目を浴びている。宇佐美りんの『推し、燃ゆ』（河出書房新社, 2020）が芥川賞大賞を受賞したのは中でも印象的であった。そうした世界の中に描かれる「ガチ恋」は何を示し、何を表現するのか。作中のシンボリックな「ガチ恋」の苦悩にはどんなものがあるのか、紹介したい。なお、本コラムでは対象とする物語の内容に深く触れる部分を多分に含む為、「ネタバレ」には配慮できないことをご理解の上お読みいただきたい。

　「ガチ恋」という言葉をキーに描かれる事象はさまざまであるが、そこには「ガチ恋」ファンの揺れ動く葛藤が示されることが多いように思う。たとえば、平尾アウリの漫画『推しが武道館いってくれたら死ぬ』（徳間書店, 2016- 連載中）で、「ガチ恋」の基は、ガチ恋の「正しくなさ」に思い悩んでいる。基にとって「正しい」ファンは主人公のえりぴよのような見返りを期待しない姿であり、（長くファンを続けている）古参のくまさのような献身的な応援であり、独占欲を抱く自分のようなファンは「正しくない」のだと、自分自身を否定する（第31話）。基の目に映る世界では「ガチ恋」はマイノリティであり、「推し」にとって迷惑な存在として認識されているのである。その後、基は別のアイドルグループのとある「ガチ恋」ファンのツイートに共感し、邂逅することで自分の気持を認められるようになるが、好きでいることをネガティブに捉えるあまりに自分の存在にモヤモヤした思いを抱えてしまう様子には、共感する読者もいるであろうと思う（また、ここで出会ったファンが「女性」アイドルの「女性」ファンであることも非常に重要な点である）。このように一旦「ガチ恋」をネガティブに捉える向きは、実はファンダムを描く物語において一つのスタンダードともいえる。

　10章でも触れた舞台「りさ子のガチ恋♡俳優沼」において、主人公のりさ子は観客に「ガチ恋」としての共感を煽りながらも、その言動に恐怖を感じさせる存在として登場する。ここでもガチ恋は決してポジティブな事象ではない。以下は小説版の引用だが、登場人物の一人である俳優・秋山悠はファンと俳優の関係性について、「応援する側とされる側。この特殊な関係に、ハッピーな結末があるとすれば。それは決して「ガチ恋」しないことだ。」と語る。つまり、ガ

チ恋に「ハッピーな結末」はなく、「ガチ恋」ファンとしての在り方を否定する
言葉でもある。この作品では「ガチ恋」は、何人かの登場人物にとってわからな
いもの、理解不能なものとして描かれている。秋山は「僕は恋をしているあ
なたのことを知らない。あなたが恋していることに気づけていない。」と続ける。
「ガチ恋」という一方的な行為の盲目さが度々示唆されるが、一方で、りさ子も
また「ガチ恋」を言語化することの難しさに対峙することになる（借りてきた言葉
として「親目線」と口走ってしまう場面に顕著である）。そもそも作中で繰り返される
「ガチ恋」とは何なのか、観客には「わかる」感覚がありながら、同時にどこか
で「ガチ恋」に対するわからなさをも抱えることになる。
　星来の漫画『ガチ恋粘着獣〜ネット配信者の彼女になりたくて〜』（竹書房,
2020- 連載中）にも、その怖さとわからなさを探る感覚へのアンビバレントな共感
がある。ネット配信者に向かうガチ恋（リアコ）ファンの想いは、最初はまっす
ぐ「推し」に向かっていくものの両者の距離が近づくことをきっかけに蛇行し始
める。観る側と見られる側であった時には疑いもしなかった気持ちだが、実際
に人間同士として向き合うとそこに観ていたはずの「推し」は存在しないことに
気づく。近づきすぎてしまった登場人物達が必死に、好きだった「推し」を、好
きだった気持ちを保とうとする場面が度々登場する。そこで、距離があるから
こそ成立していた「推し」の姿は、近づこうとすると消えてしまう蜃気楼のよう
な存在として描写される。結局「ガチ恋」という感情は何だったのか。それは疑
似恋愛と揶揄されるような幻の恋愛感情であり、実際に向き合うことと好きで
いることは両立しないのか。同作品では、ネガティブな展開と共に限りなくポ
ジティブな「ガチ恋」の行末も提示している。「ガチ恋」と「ハッピーな結末」
が両立することも可能であると考えさせるが、いずれの物語にも矛盾や葛藤は
残されることにも「ガチ恋」という事象の複雑さが見える。
　物語よりも現実はもっとシンプルかもしれないし、より複雑かもしれない。
そこには読者の数だけリアルが存在するだろう。しかし、物語が葛藤を抱えた
心身を支えてくれたという経験は個人的にも何度もしている。「ガチ恋」が描
かれることによって救われる思いが数多くあるだろうし、そうであればと願う。
〔上岡磨奈〕

●引用・参考文献

宇佐美りん, 2020,『推し、燃ゆ』河出書房新社.
星来, 2020–2024,『ガチ恋粘着獣〜ネット配信者の彼女になりたくて〜』1~13, 竹書房.
平尾アウリ, 2016–2024,『推しが武道館いってくれたら死ぬ』1~10, 徳間書店.
松澤くれは, 2018,『りさ子のガチ恋♡俳優沼』集英社.

11 2次元キャラクターへの恋愛

フィクトセクシュアル／フィクトロマンティックと
対人性愛中心主義

松浦　優

1　セクシュアリティの論点として

　マンガ、アニメ、ゲーム、小説など、さまざまな創作物でさまざまなキャラクターが生み出されている。そして少なからぬ人々が、こうしたキャラクターたちに性的魅力や恋愛的魅力を感じているのではないだろうか。架空のキャラクターを性的あるいは恋愛的に愛好する営みについては、これまで「オタク」や「コンテンツ文化」といった観点で議論されてきた。

　しかし近年では、上記の営みについて、フィクトセクシュアル／フィクトロマンティックなどの、セクシュアリティに関するアイデンティティ・カテゴリーを用いて語る人々が現れている（松浦 2023）。さらにこうした立場からのクィア・アクティヴィズムも行われている（廖・松浦 2024）。本章ではこうした人々について研究するための視座を提示する。

■セクシュアリティのカテゴリーが作られる理由──用語の説明

　まずは用語の確認をしておく。フィクトセクシュアル（fictosexual、虚構性愛）とは、架空のキャラクターへ性的に惹かれるセクシュアリティを表す造語である。具体的には、①「性愛」や「恋愛」として一般的に想定される営みを架空のキャラクターと行いたいと感じること、もしくは②生身の人間への欲望とは根本的に異なるものとして架空の性的表現への欲望を経験すること、を表す言葉として用いられている（松浦 2021b）。架空のキャラクターへ恋愛的に惹かれることを表す語彙としては、フィクトロマンティック（fictoromantic）が用いられる。日本語での略称として、それぞれFセク、Fロマ、が用いられる。

155

ところで、Ｆセク／Ｆロマはしばしば「二次元性愛」と訳されるが、この訳語は正確ではない。というのも、「二次元」文化は創作文化のうちのマンガ・アニメ的な様式のジャンルであり、イラストや小説などであっても必ずしも「二次元」表現とはみなされない（たとえば写実的な西洋絵画や自然主義的な近代文学、あるいは浮世絵など、「二次元」文化に含まれない創作物は数多く上げられる）。それゆえ二次元性愛という言葉はフィクトセクシュアルのサブカテゴリーとして、「二次元」文化の慣習に依拠したＦセク／Ｆロマを指す場合に使うと、語弊を避けられると思われる。

またＦセク／Ｆロマは、アセクシュアル／アロマンティックの下位カテゴリーとして用いられる場合がある。というのも、アセクシュアルという言葉は「性欲がない」という意味ではないからである。アセクシュアルは「他者への性的惹かれを経験しない」という性的指向、アロマンティックは「他者へ恋愛的惹かれを経験しない」という恋愛的指向と、それぞれ定義されることが一般的である。そのため、「他者」を「生身の人間」と解釈すれば、生身の人間へ性的に惹かれない人もまたある意味でアセクシュアルと捉えることができる。実際に、フィクトセクシュアルを自認する人々のなかには生身の人間へ性的／恋愛的に惹かれない人がおり、そうした人々はアセクシュアルの人々と似た経験をすることがある（松浦 2021a）。それゆえ後述するように、アセクシュアル・コミュニティにフィクトセクシュアルを自認する人がいる場合がある。ただしＦセク／Ｆロマ全体が、アセクシュアル／アロマンティックの下位カテゴリーに包括されるわけではない。この点については後に詳しく説明する。

この論点と関連して、もうひとつ別の言葉に触れておきたい。それがエーゴセクシュアル（aegosexual）[1] である。エーゴセクシュアルとは、他者へ性的に惹かれず、性的関係を望まないが、自身の関与しない性的空想や性的表現を愛好したり、自慰をしたりすることはある、というセクシュアリティである。否定の接頭辞 a ＋自己 ego ＋性愛 sexual によって構成された単語であり、訳すとすれば「自己無関与性

---

1) エーゴセクシュアルはオートコーリスセクシュアル（autochorissexual）と呼ばれることもある。オートコーリスセクシュアルは研究者によるパラフィリア分類の造語であり、当事者自身によるアイデンティティ・カテゴリーとしてエーゴセクシュアルという造語が用いられている。ただし当事者もオートコーリスセクシュアルを使っている場合はある。こうした人々へのインタビュー調査としては Winter-Gray & Hayfield（2021）がある。

愛」と言える。これはアセクシュアルの下位カテゴリーであるが、同時に「架空の性的表現」への欲望という側面を含むことから、エーゴセクシュアル的な人がフィクトセクシュアルを名乗る場合もある。このように、エーゴセクシュアルとフィクトセクシュアルは隣接する用語であり、ときに重なり合う概念だと言える。

ところで、ここまでの説明を読んだ人のなかには、「なぜわざわざ新しいカテゴリーを作るのか」と疑問に思った人もいるかもしれない。新たな造語を用いる理由は、既存の語彙では言い表せなかった事柄を言語化するためである。すなわちこれら言葉は、「趣味」や「コンテンツ」などの枠組みでは語れない、セクシュアリティの論点であるということを言い表すために用いられているのである。

これらの言葉はアイデンティティ・カテゴリーであり、自身のあり方を自らが理解するために用いられる。つまり自分はいったい何なのか、という悩みに対する暫定的な答えとなるものである。またこれらの言葉は、自分自身のあり方を他者に説明・表明するためにも用いられる。これによって、自分と同じような人とつながり、悩みや経験を共有することができるようになる。さらに造語による名乗りは、こうしたセクシュアリティが存在するのだと社会に表明することにもなる。つまり政治的なカミングアウトでもあるのである。

上記の造語は、権威のある人物や団体が定義する「客観的」な分類ではないし、第三者が「診断」するものでもない。個々人がどの言葉を使うか／使わないかは、当人自身にとってしっくりくるかどうか、そして自身のあり方をどのように社会的に表明したいか、という問題である。

そのため、個々のカテゴリーを相互排他的に定義する必要もない。たとえば「現実では他者へ性的・恋愛的に惹かれない」という点に重要さを感じる人は、フィクトセクシュアルであることと広義のアセクシュアル／アロマンティックであることを結びつけて経験する場合があり、また自身の悩みをアセクシュアル・コミュニティの人々と共有可能である場合もある。これに対して、架空のキャラクターへ性的・恋愛的に惹かれることを、アセクシュアルやアロマンティックとは無縁なものとして経験する人もいる。だからこそ、Ｆセク／Ｆロマについて、完全にアセクシュアル／アロマンティックに属するものだと言うことも、決してアセクシュアル／アロマンティックではないと言うのも、ともに問題なのである。

同様に、フィクションの対象に対して性的／恋愛的に惹かれる人であっても、必ずしもこの言葉を使うわけではない。Ｆセク／Ｆロマを名乗る人に対して「ただのオタクでしょ？」と一方的に否定するのが問題であるのと同じく、「二次元キャラが

Ⅲ　現代の「恋愛」の諸相とその多様性

好きってことはＦセク／Ｆロマなんだ！」という決めつけもまた、相手の主観性を
無視するものである。こうした点に注意する必要がある[2]。

■対人性愛中心主義──マジョリティを名指すことの批判性

　ところで、先ほど「悩みの共有」と書いたが、この悩みは単に個人的なものだけ
ではない。すなわち、性愛の対象は当然生身の人間である、という社会的な通念や
規範のもとで、周縁化や不可視化を被ることがあるのである。こうした規範のこと
を対人性愛中心主義と呼ぶ。

　対人性愛とは、生身の人間に対して性的・恋愛的に惹かれるセクシュアリティを
指す造語である。似た意味で「現実性愛」が使われることもある。これらの言葉は、
二次元の性的表現を愛好しつつも生身の人間には性的に惹かれないという人々の間
から、ウェブ上で草の根的に使われるようになったものである（松浦 2021b）。

　対人性愛という造語はマジョリティを名指すものであり、「普通」の「わざわざ名
指されない」人々もまたあくまで多様なセクシュアリティのひとつでしかないとい
うことを示すものである。さらに対人性愛中心主義という概念は、セクシュアリテ
ィに関する社会的な規範を指し示すものであり、非対人性愛の周縁化を社会的な問
題として提示するものである。そして対人性愛中心主義は異性愛規範や性別二元論
とも結びついており、フェミニズムやクィアの観点から議論すべき問題である（松
浦 2023; 廖・松浦 2024）。

---

2) Ｆセク／Ｆロマに関する計量的調査をする際にも、こうした用語への細かな注意が必要
　である。そのうえで第 8 回青少年の性行動全国調査では、「ゲームやアニメの登場人物
　に恋愛感情を持つ」という「経験がある」と回答した人の割合は表 11-1 のとおりである。

表 11-1　「ゲームやアニメの登場人物に恋愛感情を持つ」という項目について「経験がある」と回
　　　　答した人の割合（日本性教育協会（2019: 246）より筆者作成）

中学		高校		大学	
男子	女子	男子	女子	男子	女子
13.1%	16.0%	13.6%	15.4%	14.4%	17.1%

2 「コンテンツ」や「趣味」という文脈での議論とその限界

　以上の用語を踏まえたうえで、本節では二次元キャラクターとの恋愛に関する従来の捉え方を確認する。二次元キャラクターとの恋愛は「趣味」や「コンテンツ」の問題として語られてきた。そこには、現在で言うFセク／Fロマ的な人も含まれていたと考えられるが、そのような枠組みには限界もある。

■「俺の嫁」──男性オタク論をめぐって

　二次元キャラクターとの恋愛は、しばしば「オタク」の文脈で理解されてきた。たとえば 2000 年代中頃には、好きな二次元キャラクターを「俺の嫁」と呼ぶ言い回しが、半ばネタ的なものとして流通していた。また同時期には、二次元キャラクターとの結婚を法的に認めてもらう署名運動が行われたこともある[3]（コンドリー 2014）。こうした実践はネット上での「ネタ」として展開されたものだという点に留意は必要である。しかしそのなかに、現在で言うFセク／Fロマ的な人々が含まれていた可能性は考慮する必要があるだろう。

　ただし現在では、「オタク」という言葉はあくまでコンテンツの愛好者という意味合いが強く、キャラクターに対する恋愛感情やセクシュアリティを表す言葉としては必ずしも使われない。オタクという言葉が広まった 1980 年代当初には、オタクは生身の人間と性愛関係を取り結べないというイメージや、小児性加害につながる「ロリコン趣味」というイメージが強固に存在し（松谷 2008）、その意味でオタクはセクシュアリティの問題とみなされていた。その後 2000 年代以降にかけて、「オタク」的なコンテンツが商業的成功を収めたことなどもあり、オタクという言葉が「コンテンツ」や「趣味」という文脈で一般化した（辻・岡部 2014）。

　しかしこの一般化は、単に趣味として、性愛の規範を脅かさないものとしての受容であり、セクシュアリティの論点を棚上げしたものである。つまりオタクがセクシュアリティや恋愛の問題とはみなされなくなり、それとともに対人性愛を問う視座が削ぎ落とされていったのである[4]。ある意味で、「二次元」をめぐるセクシュア

---

3) 署名 TV、2008、「二次元キャラとの結婚を法的に認めて下さい」〈http://web.archive.org/web/20110104210919/http://www.shomei.tv/project-213.html〉（2024 年 5 月 31 日最終確認）。

リティという論点は、コンテンツをめぐる問題へと還元されることによって抹消されてきたと言える。

■夢女子について

またとくに女性による二次元キャラクターとの恋愛に関連する語彙として「夢女子」が挙げられる。夢女子という言葉は「夢小説」に由来するため、夢小説を制作・愛好する女性を指して夢女子と言う場合もある。しかし現在では、自分とキャラクターとの恋愛を空想して楽しむ女性を指す言葉としても用いられている（吉田・文屋 2014）。2.5 次元舞台の愛好者についても「お気に入りのキャラクターと自分との恋愛関係を妄想しながら応援するタイプ」が夢女子と呼ばれている（田中 2018: 59）。

現時点では、夢女子や夢小説に関する研究は数が限られており（吉田・文屋 2014; Nagaike & Langley 2019; 吉澤 2020; 青柳 2020）、今後さらなる研究が必要な領域である。とはいえ、「夢女子」ないし「夢」という言葉で二次元キャラクターへの恋愛感情を表明する人もいる、ということをここで確認しておきたい。

ただし、Ｆセク／Ｆロマは真の愛で、オタクや夢女子はただの趣味であり本気ではない、という区別を一方的に当てはめるのは適切ではない。自身を説明する言葉は本人自身が選び取るものであり、自分の感情を表すのにしっくりくる言葉が「夢」である、という人もいる。すでに述べたように、セクシュアリティのカテゴリーは「客観的」な分類を目的とするものではないため、こうした本人の語りを尊重するべきである。

とはいえ、夢女子や夢といった言葉は、基本的には「オタク」や「コンテンツ」に関する語彙として用いられるのが一般的である。さらに夢女子や夢は多義的で、恋愛以外にもさまざまな営みを含みうる。それゆえ本章では便宜上、夢女子や夢といった言葉は用いずに議論をしていく。

3 フィクトセクシュアル／フィクトロマンティック研究の状況

以上を踏まえたうえで、Ｆセク／Ｆロマに関する現時点での研究を確認したい。

4）「オタク」をめぐる先行研究においても、対人性愛を問う議論は（萌芽的には見られたものの）十分には展開されてこなかった。この点については松浦（2022b）を参照。

と言っても、現時点でそれほど研究蓄積があるわけではない。以下では、主にウェブ上の投稿にもとづく予備的研究（Karhulahti & Välisalo 2021: 松浦 2021b）を参照しつつ、筆者の調査[5]から得た知見を加えて説明していく。

■キャラクターとの関係

架空の存在を性愛の対象とする営みに対しては、現実と虚構を混同しているのではないかという疑いの目が向けられてきた。しかしＦセク／Ｆロマの人々は虚構と現実を混同しているわけではない（Karhulahti & Välisalo 2021）。より正確に言えば、Ｆセク／Ｆロマの人々は、人間と虚構的キャラクターが異なるカテゴリーの存在者であることを認識している[6]、ということである。

このことは、キャラクターに恋愛感情を抱く人の場合、キャラクターとのコミュニケーションに関する問題をもたらすことがある。つまりＦセク／Ｆロマの人々は、自身と相手との関係が一方向的（パラソーシャル）であることを認識しており、だからこそ、生身の人間と同じようにコミュニケーションできないことに苦しみや悲しみを覚えることがある（Karhulahti & Välisalo 2021）。キャラクターへの愛は「永遠の片想い」である（石田 2008: 88）、という言葉に共感する人は少なくないだろう。

ただし、コミュニケーションが取れないということを自明の前提とするべきでは

---

5) 筆者は「二次元の性的表現を愛好しつつ、生身の人間へ性的に惹かれない人々」10 名にインタビュー調査をしており（1 名はテキストメッセージでのやり取り）、そのうち 4 名が自身のあり方を説明する語彙として「フィクトセクシュアル」を用いていた。これと並行して、Ｆセク／Ｆロマ自認を表明している人々によるウェブ投稿（ブログ等）を継続的に収集している。

6) 「現実か虚構か」という漠然とした議論では、「①存在論的差異（二次元／三次元）、②存在感、③表現論、④内容の事実性、⑤欲望や感情の真正性」という複数の論点が混在し、議論が混乱しがちである点に注意が必要である（松浦 2022a: 64）。

また、「キャラクターは人間か非‐人間か」という議論でも、「人間」や「人格」が多義的な概念である点に注意が必要である。「人間」の主な意味合いは、ひとまず①生物種としてのヒト、②倫理学における人格（パーソン）、③法的な権利義務の主体（法人格）、④人類学的な意味での内面性（アニマシー）という 4 つを挙げることができる。キャラクターは生物種としてのヒトとは異なる仕方で存在しており、それゆえヒトへの配慮とまったく同じ仕方でキャラクターに配慮することが要請されるわけではない。とはいえ、二次元キャラクターを「キャラとしてではなく人間として」愛しているのだ、という発言は決してナンセンスなものではなく、④の意味での「魂」や「人格」について語っていると理解することができる。この点については拙論（松浦 2023: 8）も参照。

ない。一例として、AIやロボットなどデジタルテクノロジーを用いてキャラクターの言動を再現することが挙げられる。たしかにテクノロジーによる再現は（すくなくとも現時点では）あくまでプログラムで規定されたものではある。しかし再現されたキャラクターとの交流は、決して脱文脈的なものではなく、そのキャラクターをめぐるさまざまな背景情報や、そのキャラクターに関する個人的な経験や感情などとも結びついたものとして、実践されるものである。それは単純な一方向的関係という説明には還元できない、より繊細な言語化を要するものなのである。

　同時に注意すべきは、デジタルテクノロジーが架空のキャラクターとの恋愛の本質だというわけではない、という点である。たとえばＦセク／Ｆロマの人々なかには「脳内会話」という仕方で、想像のなかで相手とやり取りする人もいる。こうした人のなかには、実際に相手の声が聞こえるという人もいる。また脳内会話を文字に起こすような実践として、「交換日記」をする人もいる。交換日記とは、当人自身が相手のキャラクターに対するメッセージを書き、それに対する相手の応答を（そのキャラクターになりきって）書く、というものである。

　こうした営みについて、架空のキャラクターは好き勝手に動かせるのではないか、だからそれは「対等な愛」ではなく「身勝手な妄想」ではないか、などと言う人がしばしばいる。しかし「解釈違い」や「キャラ崩壊」といった概念があることからもわかるように、架空のキャラクターと言っても、その本質的要素を否定するような動かし方はできない。またＦセク／Ｆロマの文脈からは離れるが、創作活動をする人のなかには「キャラが勝手に動く」といった語りをする人が少なくない。「このキャラクターならこの状況ではこのように振る舞うだろう」とか「この状況ではこんなことは言わないはずだ」というように、自分の生み出したキャラクターであっても、自分の思考から自律して動くものとして、生き生きと存在するようになりうるのである。さらに作家のなかには、自分の書いたキャラクターが自分に話しかけてきたという経験をする人が少なくない、という調査もある（Foxwell et al. 2020）。キャラクターとの双方向的なコミュニケーションもまた、こうした創作活動と連続的なものだと考えれば、それほど突飛なものではないと言えるだろう。

■「同じキャラクター」をめぐる多様な関係

　以上のように、一口にＦセク／Ｆロマと言っても、二次元の対象との関係や実践は多様である。そのため、架空のキャラクターについて具体的にどのような存在として捉えているかもまた、人によって異なる。ここでは、「原作」や「公式」との関

係、そして同じキャラクターを好きになった他の人との関係、という側面に焦点を絞って手短に説明する。

一方で、「自分は○○というキャラクターと恋愛関係を持っているが、それは「公式」の○○から派生したいわば別個体だ」というあり方が挙げられる。これを個別化と呼ぶことにしよう[7]。こうした見方をしている人の場合、ほかの人が「同じキャラクター」を好きになったり恋愛関係を持ったりしていても、それはあくまで派生元が同じなだけの別個体であるため、そこに対して嫉妬や独占欲にもとづく拒否感は生じない。

ただし他方で、個別化というあり方を採用しない人もいる。この場合、当該キャラクターはあくまで1人であり、たとえば「同じキャラクター」を恋愛対象とするべつの人に対して独占欲や嫉妬を感じることがある。このように、「同じキャラクター」をめぐる営みも一様ではない。いずれのあり方が主流的なのかという点や、この違いがもたらすコミュニケーションなどの論点については、今後の課題である。

■ファンと似た実践

Ｆセク／Ｆロマの人々の実践は、ファンの実践と重なる部分もある。たとえば、当該キャラクターに関する他者の解釈を許容する人であれば、二次創作を受容することはある。また前述の交換日記のような、ある種の二次創作とも捉えられるような実践をする人もいる。これに加えて、当該キャラクターのグッズを買い集める人もいる。ただしＦセク／Ｆロマの人々は必ずしも「ファン」や「オタク」を自認しているとはかぎらず、またファンコミュニティに属しているともかぎらない。

また、Ｆセク／Ｆロマの人々でも、グッズへの意味づけの仕方は多様である。一方で、あくまでグッズは当該キャラクターを写したものであって、キャラクターそのものではないため、それほどグッズ収集には重きを置いていない、という人もいる。他方で、フィギュアやぬいぐるみを当該キャラクターの「依り代」とみなして、キャラクターとのコミュニケーションに用いるという人もいる。そうした人のなかには、特定の依り代に対してとりわけ重要な意味を感じ、格別の愛着を抱いている場合もある。

---

7) 個別化はＦセク／Ｆロマにかぎらず、二次創作コミュニティでも見られる（隠岐 2020:
64）。

架空のキャラクターそのものは物理的実体を持たない存在である。そうした存在と関係を形成する過程において、さまざまな創作活動や、グッズという物理的存在が、重要な意味を持っている場合がある。こうした具体的な営みを記述・理解することが、今後の研究においても重要となるだろう。

■アセクシュアル／アロマンティックとの接点──恋愛への回収に対する批判

ここですこし話題が変わるが、Ｆセク／Ｆロマはしばしばアセクシュアル／アロマンティックと隣接するものとして捉えられている。実際にフィクトセクシュアルないしフィクトロマンティックを自認する人々のなかには、「現実上のセクシュアリティはＡロマＡセク」という形で自身を説明する人がいる（松浦 2021b: 73）。また架空の対象へ恋愛的に惹かれるものの性的には惹かれないという、フィクトロマンティックかつアセクシュアルな人もいる。アセクシュアル・コミュニティのウェブフォーラムで、Ｆセク／Ｆロマについての語りが投稿されている事例もあり（Karhulahti & Välisalo 2021）、アセクシュアルとＦセク／Ｆロマには重なる部分がある。たとえば、生身の人間との性愛を志向しないという理由で、両者が似たような周縁化を被る場合が指摘されている（松浦 2021a）。

しかし同時に、Ｆセク／Ｆロマをアセクシュアルの下位カテゴリーに還元するべきではない。Ｆセク／Ｆロマの人々のなかには、架空の対象ではあれ、まさに性的あるいは恋愛的惹かれを経験しており、自分がアセクシュアルやアロマンティックだとは感じられない、という人も当然いる。Ｆセク／Ｆロマとアセクシュアル／アロマンティックについては、どちらか一方に還元することなく、しかしまったく切り離してしまうのでもない、部分的に重なり合うものとして捉えるべきだろう。

これと関連して、フィクトセクシュアルを「恋愛」や「親密性」のみと結びつける見方に対する批判が、フィクトセクシュアルを自認する人々から提起されている（松浦 2021b）。まず一般論としても、恋愛感情を抱くことと交際したいと望むことは必ずしも一致しない。また、フィクトセクシュアルとフィクトロマンティックという用語があるのは、性的惹かれと恋愛的惹かれが必ずしも一致しないことを踏まえたものである。フィクトセクシュアルを「恋愛」へと回収することは、たとえば二次元キャラクターとの性愛関係を志向していない、エーゴセクシュアル的な人の存在を不可視化してしまいかねない。

重要なのは、架空のキャラクターが、文字どおりには人間ではなく、関係を築かないことも可能な存在である、ということに積極的な意味を見出す人もいるという

ことである。架空のキャラクターによる表現だからこそ、生身の人間とは実践したくない（あるいは原理的に実践不可能な）性的／恋愛的表現を制作・愛好でき、性的／恋愛的表現を愛好しつつも自分自身と性愛実践の間に距離を保つことができる、という人もいる。そしてこうした人々からも、対人性愛中心主義批判がなされてきた。いわば二次元と三次元の間の「次元の壁」がポジティブな価値を持ちうることにも注意を払うべきなのである。

■社会的なスティグマとそれに対する抵抗——対人性愛中心主義批判の声

ここまで、二次元キャラクターとのさまざまな性愛関係について紹介してきた。こうした人々はしばしば社会的スティグマを付与されることがある。こうしたスティグマには、生身の人間とは異なる対象を欲望していることによるものと、本当は生身の人間を欲望しているのではないかという疑念によるものがある。

前者の例としては、虚構の対象との性愛関係や親密関係を志向していることに対して、精神的に問題があるかのようにみなす言説が挙げられる。具体的には、「病気」「未熟」「対人関係の構築がちゃんとできてない」というレッテルを貼られることがある。こうしたスティグマ化言説では、「「自我を持ち、対等な立場でコミュニケーションが取れる」対象が相手ではない」という理由づけや、二次元キャラクターとは同意がとれないではないかという理由づけが、しばしば持ち出される（松浦 2021b: 76）。

これに対して、「本当は生身の人間を欲望しているのだ」という誤認に起因するスティグマ化として、「モテない」ことの言い訳や、性愛関係からの逃避などとみなされることがある。また、愛好する作品に描かれている内容を生身の人間に対して実践したがっている、と思われてしまう場合もある。この種の言説は、非対人性愛の存在を実質的に否定するものでもある。

こうしたスティグマは孤立や孤独感の要因にもなる（Karhulahti & Välisalo 2021）。実際に、自身のあり方や悩みについて誰にも相談できなかった、というウェブ投稿はしばしば見受けられる。さらにスティグマ化とは異なるが、「ただのオタクなのだから、べつに普通ではないか」という仕方で、「オタク」や「趣味」の論点へと回収されることによって、セクシュアリティとしての側面が抹消される場合もある（松浦 2021b）。

このような周縁化は、対人性愛のための語彙や規範にもとづいて、非対人性愛を理解・判断しようとすることに起因する。そこでは対人性愛の側のあり方や規範が

問われることはなく、非対人性愛の側だけが一方的に問いの対象とされている。これはまさに対人性愛中心主義的な状況であり、だからこそ、対人性愛中心主義へと問いを投げかける実践が、スティグマを付与される側から提起されているのである（松浦 2021b; 廖・松浦 2024）。

4　今後の研究に向けて

■「二次元」という存在者──非−人間との関係を捉える理論との接続

こうした人々のあり方を理解するうえで、私たちは「二次元」を一種の存在論的カテゴリーと捉えるのが有益である。つまり二次元の存在は、ある種のモノでありつつ、同時に有生性を備えた生き生きとした存在として立ち現れうる、そうした存在者である。二次元キャラクターは文字どおりには人間ではないが、それでも人間と同じように恋愛感情の対象となりうるのである。

ただし、人間に恋愛感情を抱くのと同じように二次元キャラクターに恋愛感情を抱いている、ということは、人間との性愛実践とまったく同じことをしているということを意味しない。人間と二次元キャラクターは異なるカテゴリーの存在者であり、生活上のニーズや必要な配慮、そして可能な実践のあり方は、当然異なる。

たとえば、先のスティグマ化の事例で出てきた「コミュニケーション」や「同意」で考えてみよう。たしかに、人間との関係に関する制度・慣習としての同意やコミュニケーションは成立しないかもしれない。しかしながら、そこで言う「コミュニケーション」「同意」という概念自体がそもそも対人関係の実践のみを表す語彙として想定されており、そうした理解に囚われたままでは、二次元の存在者との関係を捉えることはできない。Ｆセク／Ｆロマの人々を理解するためには、「コミュニケーション」「同意」等の概念そのものを、Ｆセク／Ｆロマの人々の実践に即して概念化し直す作業が必要なのである。さらに付言すれば、二次元の存在者との断絶に価値を見出す人々からすれば、二次元キャラクターとのコミュニケーションは生じえず、また二次元キャラクターは純粋にモノである場合もある。こうした人々のあり方まで射程に含むような理論が必要である。

おそらくそこでは、二次元キャラクターがどのように存在しているのか、という問題が重要となるだろう[8]。二次元キャラクターは、脱文脈的に存在しているわけではなく、人々の実践において存在しているのであり、ときには人々と諸事物〔グ

ッズやメディア技術など）との関係において存在しているものである。だからこそ、その存在の仕方や、関係の結び方は、個々人や状況によって多様となる。こうした多様さの具体的な中身に加えて、この多様さがどのようにして成立するのか、ということを精緻に検討することが、今後のひとつの課題となるだろう。

このとき、モノと人との多様な関係が、二次元の存在者と人々との関係を考えるうえでヒントになるかもしれない。たとえば、私たちと書物との関係を考えれば、「単にそこに書いてある内容を楽しみたいから本を読む」という人も入れば、「内容ではなく物として1冊の本そのものに愛着を持つ」人もいるだろう。これらはいずれも珍しいことではなく、また倫理的に悪いことでもないはずである。このように、私たちはモノとも多様な関係を持っており、そのひとつとして親密関係も含まれているのである。

こうした非‐人間との関係を捉える理論として、人類学者テリ・シルヴィオの「アニメーション」概念が示唆的である。シルヴィオの言うアニメーションは、「パフォーマンス」という自己を構築する実践と対比されるものであり、「創造、知覚、相互作用の行為を通じて、人間として認識される性質——生、魂、力、エイジェンシー、志向性、人格など——を自己の外側と感覚的環境に投影することによって、社会的他者を構築すること」である（Silvio 2019: 19）。この概念を踏まえて、廖希文は台湾での調査を通して、架空のキャラクターと人々の関係を単純なパラソーシャル関係ではなく「アニメーション関係」として捉えるべきだと論じている（廖・松浦 2024）。紙幅の都合により詳述はできないが、キャラクターとの関係を考えるうえでは、対人関係に関する既存の語彙や見方を抜本的に問い直し、人間中心的でない仕方で捉え直すことが必要である。

その際には、従来のオタク論を批判的に再読すること（松浦 2022b）に加えて、たとえばニューマテリアリズム（バラッド 2023）やアクターネットワーク理論（栗原2022）、存在論的人類学におけるアニミズム研究[9]（ウィラースレフ 2018）、あるいは

---

8) 人間の表象だったはずの記号が、人間とは異なる「二次元」という存在者を生み出す、というプロセスについて、筆者は一種のクィアな攪乱として理論化している（松浦 2022a, 2022b）。
9) ただし、日本でキャラクターやロボットや AI などが「人格」的存在として受容されるのは「アニミズムの伝統」があるからだ、という誤った日本人特殊論に陥らないよう注意する必要がある。この点については呉羽（2021）も参照。

フェティシズム[10] に関する近年の研究や、ダナ・ハラウェイの伴侶種概念（逆巻 2024）、ドナルド・ウィニコットの移行対象論（ウィニコット 2015）などの理論や語彙が、二次元をめぐる議論においても参考になるかもしれない。

■相手の主観性（subjectivity）を尊重すること——調査・研究での注意

それと同時に、二次元キャラクターをめぐる性愛について、人々の実際の営みを無視した議論をするべきではない。実態に即さない「思考実験」や、お手軽なニュース記事のみに依拠した粗雑な「考察」は、当事者のあり方を歪めたり否定したりすることになりかねない。

一般論ではあるが、インタビュー等の調査をするうえでは、相手の主観性（あるいは主観的意味連関）を理解し尊重することが重要である。すなわち、相手がどのように事物を認識し、世界で生を営んでいるのか、そのあり方を一方的に否定しないことである。たとえば、二次元キャラクターを（人間との親密関係と同じように）恋愛や結婚の相手としている人に対しては、当該キャラクターに言及する際には人間と同じような存在として扱うべきだろう。逆に二次元キャラクターを断絶したモノとして捉えている人に対して、そのキャラクターを人間とみなす言及をすると、そうした人々のセクシュアリティを否定することになりかねない[11]。調査研究ではこうしたことに注意しつつ、調査対象者の主観的意味連関を理解し、記述する必要がある。

■隣接し重なり合う多様な性との連帯に向けて

最後に、二次元キャラクターをめぐるセクシュアリティに関する議論は、これまでのクィア・スタディーズの蓄積に連なるものでもある（松浦 2023; 廖・松浦 2024）。

---

10) フェティシズムは通俗的には、物への「崇拝」や、人間の代わりとして特定の身体部位を性的に好むというような、ネガティブかつ対人性愛中心主義的な用語として用いられている。また実際に、二次元に関するセクシュアリティをスティグマ化する言説でこの言葉が用いられることもある。しかし近年では、こうした通俗的な用法（およびその背景にあるフロイト的・マルクス的な用法）への批判をとおして、非－人間との関係を捉え直すツールとしてフェティシズム概念が再検討されている。フェティシズム研究の動向に関するコンパクトな紹介は石井（2018）を参照。

11) こうした言動は、性と対人関係的交流との結びつきを規範化する主張にもつながり、対人性愛中心主義に陥りかねないものでもある。

たとえばFセク／Fロマに対しては、「モテない」ことの言い訳や、性愛関係からの逃避、といった偏見を向けられることがある。こうした偏見は、アセクシュアルやアロマンティックの人々も被るものである。こうした点でも、Fセク／Fロマとアセクシュアルの連帯を目指すことが必要だと考えられる。

また、Fセク／Fロマに関する議論は、同性愛をめぐる研究や運動との接点もある。二次元キャラクターとの結婚式を開催しようとした人が、結婚式場から否定的な対応を受け、最終的に「性的少数者に理解のある式場を調べて会場を変更」したという事例がある[12]。これはFセク／Fロマがスティグマ化されている事例であるが、同時に「性的少数者に理解のある式場」がこうした人々にとっても救いとなる可能性が示されている。また、Fセク／Fロマの人々のなかには、同性のキャラクターとの親密関係を志向する人ももちろん存在する。Fセク／Fロマをめぐる近年の状況もまた、こうした性的マイノリティの研究や運動の上で成立しているということを認識しておく必要がある。

さらにセクシュアリティのみならずジェンダーに関する研究も見逃してはならない。従来の議論では往々にして、二次元の異性（ないし同性）キャラクターを性的・恋愛的に愛好することは、単なる異性愛（ないし同性愛）とみなされてきた。しかしこうした見方は、男性／女性というジェンダーの差異が二次元／三次元という存在論的差異よりも根源的差異であると予め前提するものである。これに対して、二元論的な性的差異を根源的差異とみなす発想が、性的マイノリティの存在を予め排除する、ということを指摘したのがジュディス・バトラーである。このバトラーの主張は、二次元をめぐるセクシュアリティについて理論化するうえで決定的に重要なものである（松浦 2022b, 2023）。このように、セクシュアリティとジェンダーの関係に関するフェミニズムの研究蓄積もまた、Fセク／Fロマをめぐる研究を支えるものなのである。Fセク／Fロマに関する今後の研究や運動では、こうした多様な性をめぐる運動や研究との連帯を模索することが不可欠だろう。

12）片渕陽平, 2018,「批判もあったが「勇気付けられた」 初音ミクさんとの"本気の挙式"を終えて」『ITmedia』〈https://www.itmedia.co.jp/news/articles/1811/21/news031.html〉（2024 年 6 月 3 日最終確認）。

III　現代の「恋愛」の諸相とその多様性

●引用・参考文献

青柳美帆子, 2020,「オタク女子たちが「自重」してきたもの——ネットマナー、半生、夢小説」『ユリイカ』52 (11): 210–221.

石井美保, 2018,「フェティッシュ／フェティシズム」奥野克巳・石倉敏明［編］『Lexicon 現代人類学』以文社, pp.120–123.

石田美紀, 2008,「「中の人」になる——〈声もどき〉（ボーカロイド）が可能にしたもの」『ユリイカ』40(15): 88–94.

ウィニコット, D. W.／橋本雅雄・大矢泰士［訳］, 2015,『改訳 遊ぶことと現実』岩崎学術出版社.

ウィラースレフ, R.／奥野克巳・近藤祉秋・古川不可知［訳］, 2018,『ソウル・ハンターズ——シベリア・ユカギールのアニミズムの人類学』亜紀書房.

隠岐さや香, 2020,「推しと二次創作をめぐる断想」『ユリイカ』52(11): 61–65.

栗原亘［編］, 2022,『アクターネットワーク理論入門——「モノ」であふれる世界の記述法』ナカニシヤ出版.

呉羽真, 2021,「日本人とロボット——テクノアニミズム論への批判」『Contemporary and Applied Philosophy』13: 62–82.

コンドリー, I.／島内哲朗［訳］, 2014,『アニメの魂——協働する創造の現場』NTT 出版.

逆巻しとね, 2024,「非人間的友情という隘路——最小の友情、そしてダナ・ハラウェイ「かけがえのないタガい」」『現代思想』52(9): 177–192.

田中東子, 2018,「2・5次元ミュージカルのファン」『新社会学研究』3: 50–68.

辻泉・岡部大介, 2014,「今こそ、オタクを語るべき時である」宮台真司［監修］『オタク的想像力のリミット——〈歴史・空間・交流〉から問う』筑摩書房, pp. 7–30.

日本性教育協会［編］, 2019,『『若者の性』白書——第 8 回 青少年の性行動全国調査報告書』小学館.

バラッド, K.／水田博子・南菜緒子・南晃［訳］, 2023,『宇宙の途上で出会う——量子物理学からみる物質と意味のもつれ』人文書院.

松浦優, 2021a,「二次元の性的表現による「現実性愛」の相対化の可能性——現実の他者へ性的に惹かれない「オタク」「腐女子」の語りを事例として」『新社会学研究』5: 116–36.

松浦優, 2021b,「日常生活の自明性によるクレイム申し立ての「予めの排除／抹消」——「性的指向」概念に適合しないセクシュアリティの語られ方に注目して」『現代の社会病理』36: 67–83.

松浦優, 2022a,「メタファーとしての美少女——アニメーション的な誤配によるジェンダー・トラブル」『現代思想』50(11): 63–75.

松浦優, 2022b,「アニメーション的な誤配としての多重見当識——非対人性愛的な「二次元」へのセクシュアリティに関する理論的考察」『ジェンダー研究』25: 139–157.

松浦優, 2023,「フィクトセクシュアルから考えるジェンダー／セクシュアリティの政治」, 公開講座「從紙性戀思考性與性別的政治」日本語版講演資料,〈https://researchmap.jp/mtwrmtwr/presentations/42871322〉（2024 年 6 月 3 日最終確認）.

松谷創一郎, 2008,「〈オタク問題〉の四半世紀」羽渕一代［編］『どこか〈問題化〉される若者たち』恒星社厚生閣, pp.113-140.

吉澤夏子, 2020,「〈私〉の性的主体性——腐女子と夢女子」『ユリイカ』52（11）: 119-125.

吉田栞・文屋敬, 2014,「腐女子と夢女子の立ち位置の相違」『福岡女学院大学紀要　人文学部編』24: 61-81.

廖希文・松浦優, 2024,「増補 フィクトセクシュアル宣言（紙性戀宣言）——台湾における〈アニメーション〉のクィア政治」『人間科学共生社会学』（13）: 1-37.

Foxwell, J., Alderson-Day, B., Fernyhough, C., & Woods. A., 2020, "'I've Learned I Need to Treat My Characters like People': Varieties of Agency and Interaction in Writers' Experiences of Their Characters' Voices." *Consciousness and Cognition*, 79: 1-14.

Karhulahti, V.-M., & Välisalo, T., 2021. "Fictosexuality, Fictoromance, and Fictophilia: A Qualitative Study of Love and Desire for Fictional Characters." *Frontiers in Psychology*, 11.

Nagaike, K., & Langley, R., 2019. "Practicing Shōjo in Japanese New Media and Cyberculture: Analyses of the Cell Phone Novel and Dream Novel." Berndt, J., Nagaike, K. & Ogi, F.（eds.）, *Shōjo Across Media: Exploring "Girl" Practices in Contemporary Japan*, Palgrave Macmillan, pp.109-32.

Silvio, T., 2019, *Puppets, Gods, and Brands: Theorizing the Age of Animation from Taiwan*, University of Hawaii Press.

Winter-Gray, T., & Hayfield, N., 2021, "'Can I Be a Kinky Ace?': How Asexual People Negotiate Their Experiences of Kinks and Fetishes." *Psychology and Sexuality*, 12（3）: 163-79.

Ⅲ　現代の「恋愛」の諸相とその多様性

Column5　アロマンティックやアセクシュアルから考える「恋愛」

　「恋愛とは何か」。恋愛社会学にとってこの問いが重要であることに疑いはない。しかし、その問いの前提に「人は皆、恋愛感情を抱くものである」、「恋愛感情を抱いた相手には性的にも惹かれる」、「恋愛感情という特定の感情がある」というような想定はないだろうか。本コラムでは、これらの想定では捉えきれないアイデンティティと関連する研究を簡単に紹介し、「恋愛」をより多角的に捉える視点を提供したい。

　近年、アロマンティック（aromantic）[1]やアセクシュアル（asexual）[2]をはじめとする多様なアイデンティティが注目されつつある。アロマンティックは「誰にも恋愛感情を持たない」（デッカー 2019: 43）ことを意味する恋愛的指向（romantic orientation）、アセクシュアルは「他者に性的に惹かれない」（デッカー 2019: 20）ことを意味する性的指向である。恋愛感情（恋愛的惹かれ、romantic attraction）と性的惹かれ（sexual attraction）はそれぞれ独立した要素であるため（Bogaert 2015: 365）、それらがどの性別に向くか向かわないかを示す恋愛的指向と性的指向によってアイデンティティも分けられる（三宅・平森 2021: 212）。両者を自認する場合はアロマンティック・アセクシュアルと呼ぶ一方、恋愛感情を抱くアセクシュアルを自認する場合はロマンティック・アセクシュアルと呼ぶ（Antonsen et al 2020: 1616）[3]。2019 年に行われた「大阪市民の働き方と暮らしの多様性と共生にかんするアンケート」によれば、性的指向アイデンティティの選択肢として「アセクシュアル・無性愛者」を選択した人は 0.8%（出生時の性別女性：1.1%、男性：0.3%）だったと報告されている（釜野 2019: 48）。この調査では恋愛的指向アイデンティティを尋ねる設問がないため、アロマンティックを自認する人の割合は不明だが、これまで男女どちらにも恋愛感情を抱いたことが

1）恋愛的なことを意味する Romantic に否定を意味する接頭辞の A を足した用語である。「A ロマンティック」という表記もある。
2）性的なことを意味する Sexual に否定を意味する接頭辞の A を足した用語である。「A セクシュアル」という表記もある一方、「無性愛」という言葉で表現されることもある。
3）日本では、アロマンティック・アセクシュアルと近い意味で「アセクシュアル」が用いられることがあり、その場合は他者に恋愛感情を抱くアセクシュアルを「ノンセクシュアル」という。日本では言葉の用法が混在しているのが現状である。

Column 5　アロマンティックやアセクシュアルから考える「恋愛」

ない人は（出生時の性別が）女性で 2.9%、男性で 2.0% だったという（釜野ら 2019:
49–50）。さらに、1.3%（出生時の性別女性：1.8%、男性：0.6%）が恋愛感情を抱くも
のの、性的惹かれはこれまで感じたことがないことが明らかになった（Hiramori &
Kamano 2020: 21–22）。以上のように、「人は皆、恋愛感情を抱くものである」、「恋
愛感情を抱いた相手には性的にも惹かれる」という想定は、それが多数派である
といえたとしても、普遍的な特徴とはいえないことがわかる。

　それでは、「恋愛感情という特定の感情がある」という想定についてはどう
だろうか。アロマンティックやアセクシュアルの当事者コミュニティでは、コ
ミュニティ内の多様性を反映したさまざまな周辺カテゴリー（マイクロラベルと
も呼ばれる）の存在が特徴として挙げられる。代表的なものとして本コラムでは
三つ紹介する[4]。一つ目は、「グレイロマンティック／グレイアロマンティック
（greyromantic/grey aromantic）」で、まれに／弱い恋愛的惹かれを感じる人や、特
定の環境下で恋愛的に惹かれる人を指す（AUREA 2021）。二つ目は、「デミロマン
ティック（demiromantic）」で、情緒的な繋がりができてからのみ恋愛的に惹かれ
る人を意味する（AUREA 2021）。最後に、「リスロマンティック（lithromantic）」と
呼ばれる、恋愛的に惹かれるが、その感情が報われることや相手と関係を持つこ
とを必要としないことを意味するカテゴリーもある（AUREA 2021）。このような
カテゴリーの多様性は、恋愛感情などが単に有無で捉えられるものではなく、ス
ペクトラム（連続体）であることを示している。紹介したカテゴリーに照らして
いえば、恋愛感情を抱く頻度や強弱は人により異なり、一目惚れや知り合ったば
かりの人に惹かれる人もいれば、深く知り合ってから惹かれる人もいる。そし
て、恋愛感情を誰かに抱いた際にその人と付き合いたいと思う人もいれば、そう
でない人もいる。このように、「恋愛感情という特定の感情がある」という想定
は、個々人が抱く恋愛感情の多様性を無視する恐れがある。また、そもそもこの
想定自体を疑問視する概念として「クワロマンティック（quoiromantic）」がある
が、詳しくは Column3 を参照してほしい。

　以上から、冒頭で提示した想定はいずれも再考すべきものだといえる。そして、
「恋愛」を社会学的に議論するにあたり、恋愛感情を本質的に捉えない視点が重
要である。人々はどのような感情を恋愛感情とみなすのか、そして恋愛感情と

4）本コラムでは恋愛的指向のカテゴリーを紹介するが、いずれのカテゴリーも性的指向カ
　テゴリーと対応している。具体的には、「グレイアセクシュアル／グレイセクシュアル
　（greysexual /grey-asexual）」、「デミセクシュアル（demisexual）」、「リスセクシュアル
　（lithsexual）」というカテゴリーがある。アロマンティックをはじめとする恋愛的指向の
　カテゴリーをまとめて「アロマンティック・スペクトラム（aromantic spectrum）」、ア
　セクシュアルをはじめとする性的指向のカテゴリーをまとめて「アセクシュアル・スペク
　トラム（asexual spectrum）」と呼び、両者をまとめて「アロマンティック／アセクシュ
　アル・スペクトラム」、「A スペクトラム（A-spectrum）」と呼ぶ。

173

III 現代の「恋愛」の諸相とその多様性

そうでない感情を分ける認識はどのように形成され、それはこの社会にとって
どのような意味があるのかなどについて検討していく必要がある。このような
点に関して、アロマンティックやアセクシュアルなどの当事者コミュニティを
対象にした「アロマンティック／アセクシュアル・スペクトラム調査2022」が、
恋愛感情や性的惹かれを細分化して問うアンケート調査を行っているのでぜひ
参照してほしい。「ドキドキ」する感情や「付き合いたい」と思うか、独占欲を
感じるかなど（三宅ら 2023: 60-64）、恋愛感情の多面性を検討する上で有用だと思
われる。

　本コラムで提示したアイデンティティ、そしてそれから得られる示唆が、「恋
愛」を自明の事柄にしない議論の発展に繋がると期待したい。（三宅大二郎）

●引用・参考文献

釜野さおり・石田仁・岩本健良・小山泰代・千年よしみ・平森大規・藤井ひろみ・布施
　香奈・山内昌和・吉仲崇, 2019,『大阪市民の働き方と暮らしの多様性と共生にかん
　するアンケート報告書（単純集計結果）』、JSPS 科研費 16H03709「性的指向と性自
　認の人口学——日本における研究基盤の構築」（研究代表者釜野さおり）.〈http://
　www.ipss.go.jp/projects/j/SOGI/ ＊ 20191108 大阪市民調査報告書（修正 2）.pdf〉
　（2024 年 5 月 31 日最終確認）
デッカー, J. S. ／上田勢子［訳], 2019,『見えない性的指向 アセクシュアルのすべて——
　誰にも性的魅力を感じない私たちについて』明石書店.
三宅大二郎・今徳はる香・中村健・田中裕也, 2023,『アロマンティック/アセクシュア
　ル・スペクトラム調査 2022 調査結果報告書』As Loop.〈https://drive.google.com/
　file/d/1oV18HchdU-vX3Pw-CCnPPOS8Y-0txECo/view?usp=drive_link〉（2024 年 5
　月 31 日最終確認）
三宅大二郎・平森大規, 2021,「日本におけるアロマンティック／アセクシュアル・スペ
　クトラムの人口学的多様性——「Aro/Ace 調査 2020」の分析結果から」『人口問題
　研究』, 77（2）: 206-232.
Antonsen, A. N., Zdaniuk, B., Yule, M., & Brotto, L. A., 2020, "Ace and Aro: Understanding
　Differences in Romantic Attractions Among Persons Identifying as Asexual",
　Archives of Sexual Behavior, 49（5）: 1615-1630 .
AUREA, 2021, "Aromantic Identity Terms".〈https://www.aromanticism.org/en/identity-
　terms〉（2024 年 5 月 31 日最終確認）
Bogaert, A. F., 2015, "Asexuality: What It Is and Why It Matters", *The Journal of Sex
　Research*, 52（4）: 362-379.
Hiramori, D., & Kamano, S., 2020, "Understanding Sexual Orientation Identity, Sexual/
　Romantic Attraction, and Sexual Behavior beyond Western Societies: The Case of
　Japan", *SocArXiv*.〈 https://doi.org/10.31235/osf.io/ds8at〉（2024 年 5 月 31 日最終
　確認）

12 ジェンダー平等な恋愛に向けて

異性愛主義的な性別役割を批判する

高橋　幸

1　恋愛における性別役割の何が問題なのか

　恋　愛（ロマンティックラブ）とは批判されるべき部分を含んだ複合体である。批判されるべき部分とは、「恋愛における性別役割」だ。男性が能動的役割を果たし女性が受動的役割を果たすべしという性別役割[1]が、現代の異性愛主義（heterosexism）を成り立たせている。異性愛主義とは、異性間の恋愛を当然視し、それ以外の多様な愛や性のあり方をあたかも存在しないかのように取り扱ったり差別したり法的に禁止したりすることを指す。人口規模を「国力」と捉えて国家がコントロールを強めるようになる19世紀のナショナリズムの興隆とともに、生殖重視の異性愛主義が近代的形態において強化されてきた（モッセ 1996）。

　異性愛的な性別役割（男性能動役割／女性受動役割）は、親密な二者関係内部だけでなく、パブリックスペースでの社交的なふるまいの「標準」にもなってきており、このようなところに異性愛のマジョリティ性が明証されるところでもある。現在このような「社会的慣習」への異議申し立てや問い直しが高まっている。

　ここでは、近年の制度的変化やフェミニズムによる異議申し立てを見ながら、ジェンダー平等という観点から見えてくる「恋愛」の問題点を明らかにした上で、「恋

---

1) 異性愛を成り立たせてきた性別役割とは、「男性」がデートに誘い「女性」がそれを受け、「男性」がおごり「女性」がおごられ、「男性」がプロポーズし「女性」がそれを承諾し、性的な行為において男性が主導権を握り、女性がそれを「受け入れ」たり拒絶したりするといった、恋愛や性の場において性別ごとに異なる役割を割り振るような社会規範のことである。詳細は、高橋（2024）を参照。

175

愛」をどう組み替えていけるのかを考えていこう。

2 性的関係において異性愛的性別役割が引き起こす問題

■異性愛的性別役割はなぜなくならないのか

　異性愛的な性別役割に対する違和感は、多くの人が一度はどこかで持ったことがあるたぐいのものだろう。年収がほぼ同程度の相手なのに、なぜ「男性」が食事をおごらなければいけないのか。性的関係になった時に、なぜ「女性」だと「お持ち帰りされた」という受動態で表現されるのか……。恋愛や性をめぐっては、このような「些細だが積み重なるとかなりモヤモヤするタイプの疑問」が無数に転がっている。これらの多くの部分は、恋愛や性の場面になったとたんに、男性能動／女性受動からなる性別役割に即した行動が求められることに起因している。

　特に、学校における建前上の性別による待遇の違いが減ってきた現代で、恋愛的関係や性的関係を誰かと築こうと思った瞬間に、突然「性別らしい」ふるまいを要求されることに対する違和感は、より大きなものになってきている。

　このように違和感はあるにもかかわらず、現代でもなお、恋愛や性の場面では性別役割に沿った行動が行われている。2011 年に全国の中学生、高校生、大学生に調査した「第 8 回 青少年の性行動全国調査」によれば、「告白」や「キス」、「性交」といった「恋愛行動」を「どちらから行ったか」という質問に対して、「男性」から行ったという回答の方が、男性回答者の場合も女性回答者の場合も高くなっている（永田 2013）。

　なぜ恋愛や性の場面における男性能動／女性受動という性別役割はなくならないのだろう？

■進化論的な説明と社会学的な説明を組み合わせていく必要性

　その答えとして、「男性」の性的能動性は、有性生殖で繁殖するヒトが進化の過程で獲得してきた生物学的適応の結果だからだ、というものがありうる。

　たとえば、進化生物学は、配偶子（生殖細胞のうち接合して新しい個体を作るもののことで、ヒトの「卵子」や「精子」がそれに当たる）の生産コストの違いに応じてオスとメスでは合理的な生殖行動が異なるとしてきた。「小さい配偶子」である精子は一つあたりの生産コストが少なく大量に作られるため、精子を持つヒトのオスの場

合、より多くのメスと生殖行動をするという「積極的な性行動」が、自分の遺伝子を残すことを目的とした場合の、目的合理的行動となる。逆に、「大きい配偶子」である卵子は栄養価が高く一つあたりの生産コストが高いため、卵子を持つヒトのメスは「選り好み」したのちの生殖行動が子の生存率を上げ、遺伝子継承率（正確には「適応度（fitness）」）を高める合理的行動となる（ベイトマンの原理）。これに加えて、子どもを育て上げる時間を含めた交配可能期間の差が、雌雄間の性行動上の合理性の差を作り出しているというトリヴァースの「親の投資」理論もある（長谷川ら 2022; 坂口 2023）。

　このような理論に基づいて、性行動上の雌雄差は、進化の過程で人間の脳に配線されているがゆえに、男性が性行動において「能動的」なのは生物学的基盤を持つ「自然」なものであるという答え方は成り立つかもしれない。

　だが、子ども一人あたりの養育費が膨大にかかる現代の社会的条件下において、「本能」の命じるままに行動する人は、現実問題として一体どの程度いるのだろうか。そもそも生涯無子率（50歳までに一度も子どもを産まない女性の割合）が27%（2020年時）の社会において、「生物は自分の遺伝子を次世代に残すことを目的としている」という前提に立つモデルは、どこまで現代社会を説明するのにあてはまるのかを考える必要があるだろう。

　「進化」と「適応」という原理に基づいて一貫した説明モデルを作り上げている進化生物学や進化心理学の知見そのものは有意義であるが、そもそもそれらが分析対象としているヒトの脳やホルモン等の身体の機能・構造は、ホモ・サピエンスに至るまでの600万年間の狩猟採集生活の中で確立したものである。そのため、1万2000年前から始まった農耕定住生活や、この250年間の産業革命後の資本主義社会においては「進化的不適応」（進化によって得られた形質が新たな環境に適応的でないこと）が見られるという「ミスマッチ仮説」（リーバーマン 2015）も、進化心理学や進化生物学、古人類学等のなかで提起されている。

　したがって、上記のような性行動の説明が、現代社会を説明するためのモデルとしてそのまま適用できるわけではないということは、おそらく進化生物学者と社会学者がともに認めることのできる見解だと思われる。

　さらに、同性間性行動（性器を用いたコミュニケーションや愛撫、マウンティング等の行動）はライオンやシカ、ハイイロガン、トンボ、カニ……等の1500種で確認されており、性行動を生殖・受胎目的と見る狭い見方を脱した理論構想の必要性も指摘されている。坂口は『進化が同性愛を用意した──ジェンダーの生物学』（2023）

177

で、性行動は自分や子の生存率を上げるのに必要な共生や協働関係を築くための重要なコミュニケーションの一つとして進化してきたのであり、生殖をもたらす雌雄間性行動はそのなかの一つにすぎないとする「社会淘汰説」——これは従来の「性淘汰」説を包摂しそれに取って代わるものである——を提示している。

社会学は、このような「脳」や「ホルモン」作用、「配偶子」などの物質^{マテリアル}についての科学的知見を、イデオロギー的な理由で無視したりすることなく学び取り入れながら、「社会」を説明できる理論の構想を試みるべきだろう。

■ 性別役割に基づく儀礼的行動を性的同意と読みかえる慣習がもたらす「性的同意の曖昧化」

恋愛や性における性別役割がなくならない理由は、生物学的な要因というよりもむしろ（それも影響を及ぼしてはいるだろうが）、性別役割が現代社会において社会的関係形成上、役に立ってきたからではないだろうか。

性別役割に基づいた行動を儀礼的に積み重ねていくことは、特別に親密な関係や性的な関係を築くための礼儀正しい方法になってきた。性別役割に即して「女性を女性として扱う」（もしくは男性を男性として扱う）ことは、相手に特別な好意を持っており、親密になりたいと思っているという意志を行動で示すための定型化された方法である。「男性」がデートに誘い「女性」がそれを受け、二人きりでの形式的な「デート（dating）」と呼ばれる「儀式」を行い——すなわち、いわゆるデート向きとされる映画館やカフェ等の場所に出かけてともに楽しい時間を過ごし——、それを繰り返すことが、お互いに自他の気持ちを確認しながら、両者の関係を縮めていくものとなってきた。

つまり、「おごられるという役割」を受け入れることは、相手との距離を縮めることに同意しているという象徴的な意味合いを帯びてきた（本書第4章、木村2021）。そのために、両者の経済力の差がほぼない状況でも、異性愛的性別役割規範下では「おごる」という行動が生き延びてきたのだと思われる。

しかし、このような慣習は、性的な関係や性行為に関する同意の曖昧化をもたらしてきたという点で、問題がある。性別役割に即した儀礼的行動を積み重ねることを「性的同意」と読みかえ、「ここまで来たら性行為に同意していることを意味するだろう」とする慣習的な解釈が、性的同意の曖昧化をもたらしてきた。これが現在問題視されているものである。

特に、性的行為を強く要求する態度を「男らしい」ふるまいとして評価する男性

能動規範の下では、曖昧な状況を「同意」と解釈して主体的に行動することが求められがちでもあった。男性能動役割が規範となってきた社会では「性的にアグレッシブなのは、男であることの証拠だ」というような価値観も生まれ、権力を用いた巧妙な性的強要をしても、男性自身、自分を正当化することが容易であり、社会的にもそれを許容しがちだった。その分、受動役割を課せられてきた「女性」や社会的立場上弱い人の性的同意がないがしろにされがちであったという社会構造がある。このような状況に対する異議申し立てが高まっているのが、2010年代末からの社会状況である。

　世界での性犯罪に関する刑法の改正の流れのなかで、日本でも110年ぶりに性刑法が改正され、2017年に「強姦罪」が「強制性交等罪」に変更された。これによって、被害者を「女性」に限定する規定がなくなり、「監護者わいせつ罪」および「監護者性交等罪」が新設され、性犯罪が被害者の告訴がなくても起訴できる非親告罪となった。

　だが、この改正では、被害者が必死に抵抗したという事実が確認できないと性犯罪だとは認められないという「暴力強迫要件」（「被害者の抵抗を著しく困難にする程度の暴行や脅迫を用いること」）が残った。これに対して、性犯罪がなされる現場では被害者の方が恐怖のあまりフリーズして抵抗できないケースが多くあることが訴えられ、本人の明瞭な「性的同意」のない性行為はすべて暴力だとする原則での法改正を求めたフラワーデモが日本の全国各地で広がった。性暴力の被害者に寄り添うという意志を示す「花」を身に着けたり持ち寄ったりして集まり、性暴力の根絶を訴えたデモである。

　そのような社会的議論の高まりのなかで、2023年には「強制性交等罪」が「不同意性交等罪」に改められ、「同意しない意思を形成、表明、全う」することが難しい状態（8つの類型で規定）での性交等が刑法違反となった。

　このような性的関係をめぐる変化は、基本的には　性^{セクシュアリティ}を個人の人格や尊厳にかかわるもっとも「自由」な場として重視する20世紀後半からの「性解放」の延長線上にある。ただし、それまで女性に強く課せられてきた貞節規範から解放されて、女性もまた男性と同様の性行為をする自由を目指してきた「性解放」の段階を越えて、誰もが暴力を受けることなく安全に性を享受できるようにするための新たな性的関係が求められているのが現在である。

　相手を傷つけず、自分も傷つかずによい性的な関係を築いていくために必要なのは、性別役割行動を儀礼的に積み重ねていくことが「性的同意」を意味するという

Ⅲ　現代の「恋愛」の諸相とその多様性

発想を変え、両者を切り離して捉える思考枠組みを新たに確立していくことである。それは、相手の身体に触れるときには言語での同意を求めることや、相手の言う「イヤ」という否認を文字通りの否認として受け止めること、性的同意が得られなかったときにそれを「自分を愛していない証拠だ」という論理飛躍のある解釈をして不機嫌になったり怒ったりせずに、相手の気持ちを尊重すること、性行為ができないことに過度な罪悪感や自責の念を持つのではなく、相手の気持ちも尊重した上で相手とどのような関係を築きたいのかを伝える努力をし、建設的な関係性を目指して話し合おうとすること、といった具体的な行動の実践を伴うものとなるだろう。

3　社会的権力関係が性や愛の関係に持ち込まれることの問題

■ #MeToo──「自由」の名の下での性暴力の告発

　性や恋愛は、個人にとっての「自己探求」や「自己実現」の場であり、だからこそそこでの暴力は人格の尊厳や自由にかかわる。このような場で、社会的権力が乱用されているという性暴力の実態を明るみにしたのが 2010 年代後半の #MeToo 運動[2] であった。#MeToo とはハリウッドの映画プロデューサーであるハーヴェイ・ワインスティーンの長年の性暴力事件を告発する俳優たちの運動をきっかけに、世界的に広がったハッシュタグ・アクティビズムである。恋愛や性は自発的な欲求だけが行動の根拠となる、もっとも自由な場であると理念的には考えられてきたがゆえに、恋愛や性において社会的権力が乱用されることへの問題意識の高まりや怒りがこの運動を支えた。

　北米では、2017 年 10 月からの 1 年間で、『The New York Times』に記事が出たものだけをカウントしても、合計 201 人の社会的有力者が性暴力を告発されて辞

---

2) 俳優のアリッサ・ミラノが 2017 年 10 月 15 日に、性被害に関して「私も（Me too）」と声を上げるようツイッターで呼びかけると、その 24 時間中に Facebook 上では約 470 万人によって約 1200 万回、このフレーズを含んだ投稿がなされた（Browne-Anderson 2017）。これをきっかけに「性的解放」や個人の「自由」というロジックの下で泣き寝入りさせられてきた不本意な性行為や性暴力を告発する運動がその後も世界的に継続された。

180

職・解雇に追い込まれた（Carlsen et. al. 2018）。その動きは、北米のメディア・エンターテイメント業界（俳優、映画監督、コメディアン）からスポーツ界（監督、トレーナー）、芸術界（芸術監督、指揮者）、政界（政治家、秘書）、科学・学術界（大学教員）、法曹界、ビジネス・金融業界、飲食・レストラン業界、労働組合、ジャーナリスト……と、あらゆる業界に及んだ。ここで告発されたのは、以前からその業界内で性的素行に関する「悪評」のあった有力者である。

　長年のフェミニズム運動の継続的で精力的な活動を通して、北米では 1980 年代から各種の性暴力やセクシャルハラスメントに対する法規制が進められてきていた。日本でも 1999 年の DV 防止法やストーカー規制法、2004 年の男女雇用機会均等法改正によるセクシャルハラスメント規定の拡充などを通して、愛や性のまわりで起こる暴力や支配を防止するための対策は進んできたかのように見えた。

　だが、このような法整備から零れ落ちるような場で「個人の自由」というレトリックに隠されながら、巧妙に多くの性的暴行（sexual assault）や性暴力（sexual violence）が起こっているということを明るみに出したのが、2010 年代後半の＃MeToo 運動だったと言えるだろう。あくまでも「個人の自由」や個人的な自己決定の問題として無法地帯になってきていた性や恋愛の領域での、性暴力や性被害の問題が言語化され始めている。

■ ノンフラタニゼーション・ポリシー──職場での異性愛的性別役割をベースにした慣習の変化

　＃ MeToo は職場環境をも変化させた。

　多くの企業が訴訟に備えるために、従業員を管理するためのコンプライアンスの強化を行い、セクシュアルハラスメント防止対策を強化した。2019 年に実施された雇用者（北米国内のフルタイムおよびパートタイム雇用者）への調査によれば、4 割の人が自分の職場で「この 2 年間に職場で、ハラスメントとダイバーシティに関する新しいポリシー制定や研修があった」と答えている。また、管理者の立場にある雇用者の 41％が「過去 1 年間に職場で性的違法行為について同僚と話し」、38％は「同僚との接し方を変え」たと答えている（The Associated Press-NORC Center for Public Affairs Research & SAP 2019、2019 年 7 月 25 日〜 30 日に実施された、北米国内のフルタイムもしくはパートタイム雇用者 1000 人に対するオンライン・固定電話・携帯電話調査）。

　さらに、部下との恋愛や性関係を結ぶことが企業内のルールとして明文化されて禁止されるようになるという動きも見られる。それが「ノンフラタニゼーション・

ポリシー（non-fraternization policy, 非交際ポリシー）」である。これは「職業上、上位にある者が部下と恋愛関係になったり性的関係を持ったり、デートしたりすること」を禁じるもので、各企業が従業員に対して定めているルールである。実際、2018年6月21日にはインテルのCEOブライアン・クルザニッチが、2019年11月3日にはマクドナルドのCEOスティーブ・エスターブルックが、どちらもこのポリシーに違反して「部下と性的関係を持ったことを理由に」降格や辞任に追い込まれている（McGregor 2018; Elesser 2020）。

　現在の上記のような動きは、企業イメージの悪化による株価の下落や業績悪化、巨額の訴訟リスクなどから自社を守ろうとする上場企業特有の反応という側面があり、必ずしも「フェミニストの要求」が実現したものとは言い切れない。もう少し長期的な社会的な議論の動向を見ながら冷静に議論していく必要があるが、少なくともたしかに言えるのは、恋愛関係や性的関係といった個人のもっとも「自由」な領域に忍び込んで乱用される社会的権力に対する批判が高まっているということである。

■パブリックスペースにおける慣習と好意的性差別批判

　さらに、異性愛的性別役割の問題は、親密な関係内部に限られない。異性愛的性別役割は、一連の「社交的慣習」を成り立たせるふるまいとなってきたということの社会的意味を考える必要がある。

　パブリックスペースでも見知らぬ他者と、二人同時には通過できないような狭いドアですれ違うような場面では、「男性」がドアを開けて待ち、「女性」が先に通ってお礼を言うというような慣習が部分的に残っている。このような性別役割に紐づいたふるまいが「洗練された」「文化的な」ふるまいとして——つまりある種の「階級」的な「ジェントルマン」らしいふるまいとして——意味づけられ、身体化されてきた。異性愛的な性別役割が、そのまま文化一般のコードとして通用していることは、異性愛のマジョリティ性を明証するものである。

　なかでも、現在その問題性が指摘されているのが、女性をその美しさや女性らしさにおいて褒めるという社交的ふるまいである。これが、状況と場によっては「好意的性差別（benevolent sexism）」に当たる。好意的性差別とは、性別らしさの基準や尺度に基づいて褒める行為がもたらす差別のことである。「さすが女性だね、仕事が丁寧だ」とか、「女性ならではの視点で」などの言い回しが好意的性差別[3]にあたることが多い（Glick 2013、高橋2020も参照）。

褒めている本人は、性別を理由に相手を「蔑んで」いるわけではなく「むしろ褒めている」のだから、そのようなふるまいが「差別」だと言われるはずはないと思っているかもしれないが、そもそもその人のジェンダーに言及する必要がない文脈——仕事上の関係の大部分はそうである——において、あえて人を性別によって区別し、特定の性別に適用される評価基準に基づいてその人を評価するという行動をしている点で問題がある。

特に、社会的権力の上下の差がある関係において、上位の者が下位の者をその性別ステレオタイプにしたがって「褒める」ことが問題なのである。就職面接時の面接官や職場の上司といった社会的立場上の権力を持つ者の場合、応募者や部下の「女性」に対して、その性別に言及したり外見的魅力を褒めたりするという行動は、暗黙のうちに話者の「女性役割」期待を伝えるものとなっており、女性に補助的な仕事をするよう促し、女性が挑戦的な仕事にトライすることを阻害するといった悪影響があることが明らかになっている（Glick 2013）。

また、このような女性に対する好意的性差別傾向が強い人は、「理想的女性」である限りにおいてその女性を褒めるが、そこから逸脱したときには容易に敵対的性差別に転換する傾向があることも実証されている（Glick 2013）。グリックらによれば、「理想的女性」とは、女性が男性のニーズを満たす役割を果たし、かつ男性の役割を奪い取ることなく女性役割にとどまるようなあり方のことを指す。グリックらは女性への好意的性差別的な判断が、その裏返しとして女性に対する不平等な社会的待遇を正当化する傾向があることを指摘している。これらは認知心理学のステレオタイプ研究において「現代的性差別」として、現代的人種差別などとともに解明されてきた知見である。

日本でも 2010 年代から政府が「女性活躍」のスローガンを掲げるなか、各企業で

---

3) 社会的認知アプローチを用いたステレオタイプ研究を専門とする社会心理学者のペーター・グリックとスーザン・フィスクの研究では「好意的性差別」は次の三つの尺度によって測定されている。1、女性を庇護すべき存在として捉える「女性へのパターナルな態度」、2、女性には共感性の高さや道徳性の高さ、美しさなどの男性よりも優れた固有の価値があるとみなす「補完的ジェンダー観」、3、女性は異性愛を重視する存在であるとみなす「異性愛重視」の三つである（Glick & Fiske 1996）。つまり、「女性は男性に守られるべきであり、女性には男性にはない固有の能力があり、女性は異性との恋愛好き」というステレオタイプに基づいて「女性」を褒めることが、好意的性差別性と定義されている。

商品開発のための女性チームを立ち上げ、女性ロールモデル形成を目的とした社内表彰などが行われている。女性という社内マイノリティ集団にとって、これは決定権限を持つ女性管理職を増やしていくための戦略的本質主義の一つだが、男性管理職や経営者が「さすが女性」という誉め言葉を用いることは「好意的性差別」にあたるということは繰り返して強調しておきたい。

　このように職場やパブリックスペースといった場においても、異性愛的性別役割から成る慣習が機能している。そのような慣習が引き起こす弊害への異議申し立てが起こっているのが現在である。

4　異性愛主義的性別役割を越えた「ジェンダー平等な恋愛」

　恋愛や性は「個人的な」領域であるがゆえに社会的な是正力が働きにくく、この領域のジェンダー平等への変化は相対的に遅れてきた。これが「女は根本的に異なる存在」だという考え方や「女性の心理は良く分からない」といった、性別カテゴリーで世界を理解することで安心しようとする性別二元論を支えてきた。

　このような状況に対して、2010年代後半には、性的同意を明記した刑法への改正や、セクシャルハラスメントに関するコンプライアンスの強化といった動きがみられるようになってきた。ここで批判されているのは、異性愛主義的な性別役割であり、それによって成り立ってきた社会的慣習である。今後さらに、あれこれの意見を出し合って腹の底から納得できる性的な関係のあり方やセクシュアリティに関する新たな「常識」を積み重ねていく必要があるだろう。

　言葉による性的同意の議論が深まれば、今後は、意志に反する強制的セックスという性暴力の問題だけでなく、特にやりたいというわけではないけれど状況的・関係的にやらなければならないものとしてのセックスという義務的セックスに対しても、新たな光が当てられることになっていくだろう。

　性別役割の問題点を批判することは、必ずしもすべての性別らしさをなくしていくべきという主張ではない。同様に、恋愛を批判することは、必ずしも恋愛をまるごとそのまま捨て去るべきという主張ではない。現在起こっている恋愛や性に関する批判はジェンダー平等なものへとどう組み直していけるかの試行錯誤である。

●引用・参考文献

木村絵里子, 2021,「1980年代、『non-no』の恋愛文化——現在を対象化するために」『現代思想』49(10): 91–100. 坂口菊恵, 2023,『進化が同性愛を用意した——ジェンダーの生物学』創元社.

高橋幸, 2020,『フェミニズムはもういらない、と彼女は言うけれど——ポストフェミニズムと「女らしさ」のゆくえ』晃洋書房.

高橋幸, 2024,「ジェンダーとセクシュアリティ」松本康［監修］小池靖・貞包英之［編］『社会学の基礎』有斐閣, pp.131–145.

永田夏来, 2013,「青少年にみるカップル関係のイニシアチブと規範意識」日本性教育協会［編］『「若者の性」白書　第7回青少年の性行動全国調査報告』小学館.

長谷川寿一・長谷川眞理子・大槻久, 2022,『進化と人間行動 第2版』東京大学出版会.

モッセ, G. L. ／佐藤卓己・佐藤八寿子［訳］, 1996,『ナショナリズムとセクシュアリティ——市民道徳とナチズム』柏書房.

リーバーマン, D. E. ／塩原通緒［訳］, 2015,『人体600万年史——科学が明かす進化・健康・疾病』（上）（下）, 早川書房.

The Associated Press-NORC Center for Public Affairs Research, 2019, "How Does the Focus on Sexual Misconduct and Diversity Affect the Workplace?" *Issue Brief*. 〈https://apnorc.org/wp-content/uploads/2020/02/APNORC_SAP_Workplace_2019-08-22_r3.pdf〉（2024年5月31日最終確認）

Bailey-Millado, R., 2019, "Men are Afraid to Mentor Women after #MeToo and it Hurts Us All: Study", *New York Post*. 〈https://nypost.com/2019/05/17/men-are-afraid-to-mentor-women-after-metoo-and-it-hurts-us-all-study/〉（2024年5月31日最終確認）

Browne-Anderson, H., 2017, "How the #MeToo Movement Spread on Twitter: What can Data Science Tell Us about Tweets with the #MeToo Hashtag?", DataCamp. 〈https://www.datacamp.com/community/blog/metoo-twitter-analysis〉（2024年5月31日最終確認）

Carlsen, A., Salam, M., Miller, C.C., Lu, D., Ngu, A., Patel, J. K., & Wichter, Z., 2018, "#MeToo Brought Down 201 Powerful Men. Nearly Half of Their Replacements Are Women", *The New York Times*. 〈https://www.nytimes.com/interactive/2018/10/23/us/metoo-replacements.html〉（2024年5月31日最終確認）

Elesser, K., 2020, "McDonald's Suit Against Ex-CEO Over Sexual Relationships Shows Why Relationship Bans Don't Work", *Forbes*. 〈https://www.forbes.com/sites/kimelsesser/2020/08/17/mcdonalds-suit-against-ex-ceo-over-his-sexual-relationships-shows-why-relationship-bans-dont-work/?sh=3d8d7f131359〉（2024年5月31日最終確認）

Glick, P., 2013, "BS AT WORK: How Benevolent Sexism Undermines Women and Justifies Backlash", *Gender and Work: Challenging Conventional Wisdom*, Harvard Business School.

Glick, P., et. al., 2000, "Beyond Prejudice as Simple Antipathy: Hostile and Benevolent

Sexism across Cultures", *Journal of Personality and Social Psychology*, 79(5): 763–775.

Glick, P., & Fiske, S. T., 1996, "The Ambivalent Sexism Inventory: Differentiating Hostile and Benevolent Sexism", *Journal of Personality and Social Psychology*, 70 (3): 491–512.

McGregor, J., 2018, "Intel's CEO Resigned after Violating a No-dating Rule. More Companies are Adding them in the #MeToo Era", *The Washington Post.* 〈https://www.washingtonpost.com/news/on-leadership/wp/2018/06/22/intels-ceo-resigned-after-violating-a-no-dating-rule-more-companies-are-adding-them-in-the-metoo-era/〉（2024 年 5 月 31 日最終確認）

脳神経科学と認知的アプローチの発展から アフェクティブターンへ

アフェクティブターンにおける恋愛社会学の重要性①

アフェクティブターンに至る道のり

1990年代中盤から「情動（affect）」に着目する新たな知的潮流が領域横断的に起こっている。カルチュラルスタディーズやフェミニズム・クイアセオリーではアフェクティブターン（情動的転回）の始まりとして、1995年に発表されたブライアン・マッスミの「アフェクトの自律性」論文やイヴ・セジウィックの「サイバネティックスの襞のなかの恥――シルヴァン・トムキンズを読む」論文（1995、アダム・フランクとの共著）が挙げられることが多い（Gregg & Seigworth 2010; 大山 2014; 柿並・難波 2024; 西井・箭内 2020）。

ただし、現在のアフェクティブターンを理解するためにはまず、神経科学（ニューロサイエンス）の発展と、それがもたらした認知的アプローチの隆盛について踏まえる必要がある。その延長線上にあるのがアフェクティブターンであると考えられるからである。

脳神経科学と認知的アプローチの発展①――行動科学から認知科学へ

認知科学とは人間の知覚、意識、注意、記憶、学習、推論、思考などの「心（mind）」の働きを解明する経験科学である。これは20世紀前半に隆盛を誇った行動科学（行動主義）の末裔であり、新行動主義へと進化しつつ、1960年代からは情報科学を、1980年代からは神経科学の知見を取り込んで発展してきた（図1）。

行動主義は人間の行動を客観的に観察可能な「刺激（S）（スティミュレイト）」と「反応（R）（レスポンス）」に還元して量的に捉えるのを基本的な方法論とする[1]。

このような方法に対して、伝統的な人文学を重んずる研究者からは人間の行動や思考を単純化しすぎていると批判されてきた。精神分析もまた、観察可能な数量データに限定して分析する行動科学の「科学」主義に抗しながら、「無意識」や「リビドー」を臨床的・思弁的な方法で独自に論じてきた。

加えて、20世紀後半の人文科学では文化相対主義や社会構築主義が思想上の

---

[1] 新行動主義はS-R間に有機体（オーガニズム）の反応を想定し（S-O-Rモデル）、それを操作的に定義することで量的に捉えるものである。

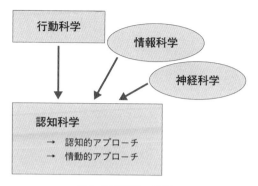

図1　認知科学への流れ

主流となってきた。世界大戦期をピークとするナショナリズムや優生思想への反省があったためである。このなかで人類に共通する脳の構造や機能を論じる認知的アプローチは警戒されがちであったという経緯がある。

しかし、現在の認知・神経科学では、人間の理性的判断をつかさどる高次脳機能（大脳皮質）の解明だけでなく、快・不快や恐怖、怒り、衝動、意欲などの情動に関わるより進化的には古い（大脳辺縁系や大脳基底核など）脳機能の解明も進んできた。無意識やリビドーとして理論化されてきた事柄の一部が特定の脳部位や脳内ホルモンの生理的作用として、物質的（マテリアル）に実証されてきている。

脳神経科学と認知的アプローチの発展②——神経科学を取り込んだ認知科学 vs「心の哲学」

神経科学の飛躍的発展の背景には、身体に接続された機器によって測定された新しいタイプのデータの増加がある。1990 年代には脳機能イメージング技術によって、生体の脳を非侵襲的に画像化して測定することができるようになった[2]。この脳機能イメージング技術に、生理学的な内分泌系のホルモンの作用やゲノム解析を用いたニューロン受容体を規定する遺伝子の特定などの研究を組み合わせることで、「脳」という物質と一対一に対応する形で「心（mind）」のあり方が解明されていった。こうして「心身問題」は「心脳問題」となっていく。

この状況に批判的に介入してきたのが 1990 年代から大きく盛り上がった「心の哲学」である。物質的な脳の部位の反応や神経細胞や電気信号の物理的な運

---

2) 1980 年代からの PET（陽電子放射断層撮影法、ポジトロン断層法）や、1990 年代からの fMRI（磁気共鳴画像法）や、電流測定器を頭蓋に付けるタイプの NIRS（近赤外光脳機能画像法）などが開発され研究者に利用可能となった。

動に還元できない（その存在が物理的に実証できない）主観的な感覚（クオリア）をどう考えればいいのかという問いを「ハードプロブレム」として提起したのが、オーストラリア出身の哲学者デヴィッド・チャーマーズである。1994 年のツーソン会議でのことだ。チャーマーズの『意識する心』が出版されたのは 1995 年である。それに対して、すべては物理的に説明できるとする物理主義の立場をとるポール・チャーチランドの『認知哲学』は 1995 年に出版されている。

　現在、心の哲学はロボットや人工知能における「心」の問題と関連しながら、重要な哲学的一領域となっている。

脳神経科学と認知的アプローチの発展③──認知的アプローチの広がり

　身近な日常生活においても、このような脳神経科学の発展による変化は感じとれるようなものとなってきている。2005 年に「発達障害者支援法」が施行され、これまでの障害者福祉制度では取りこぼされてきた発達障害（自閉症やアスペルガー症候群など）や学習障害、社会的行動障害、気分障害などの社会的認知が進み、社会的サポートが模索されている。これらの障害の器質的要因の解明は脳神経科学によるものである。

　同時に、人文社会科学では「認知的アプローチ」の影響力が強まった。認知的アプローチは、認知心理学、社会認知心理学を発展させ、その知見は発達心理学、臨床心理学、社会心理学、パーソナリティ心理学、進化心理学をはじめとするあらゆる心理学の理論モデルの更新をもたらしており、現在、心理学の一般的な教科書にも脳構造 - 機能の詳しい説明が記載されるようになっている（たとえば、無藤ら 2018）。

　認知言語学は、言語能力が人間の脳神経回路にあらかじめ配線されていると考えるチョムスキーの言語学の流れを汲むもので、「言語」を他の認知能力との連続性で捉える議論を発展させている（レイコフ 1993）。たとえば、2023 年に日本でベストセラーとなったオノマトペ研究に基づく『言葉の本質』（2023）は認知的なアプローチをとる言語学に属するものである。

　また、神経経済学（ニューロエコノミクス）の流れもある。脳神経科学を用いて人間の欲求や選好、意志決定を論じる神経経済学を切り拓いてきた心理学者のダニエル・カーネマンはプロスペクト理論（不確実な環境下での意志決定をめぐる理論）によって、2003 年にノーベル経済学賞を受賞した。

　神経倫理学としては「トロッコ問題」を神経科学的アプローチでジョシュア・グリーンの議論が良く知られている（グリーン 2015）。「誤走したトロッコ」によって 5 人が死ぬ事態を静観するか、1 人の命を犠牲にして 5 人を助ける方を選ぶかという判断における情動の関与の仕方を、fMRI 等を用いて明らかにした。このトロッコ問題は政治哲学研究者のマイケル・サンデルが「白熱講義」のなか

Ⅲ　現代の「恋愛」の諸相とその多様性

で用いたことでも広く知られるようになった。

　神経政治学（ニューロポリティクス）は、政治的行動を神経科学・認知科学的に分析する領域であり、実験政治学の手法とも合わせて発展しつつある（井手 2012）。SNS の炎上やフェイクニュースで有権者が動く現代において、さらに必要性が高まってくるアプローチだろう。

　最後に、神経美学は、人が「美しさ」を経験しているときの脳の活動を調べることで、美に反応する脳の部位や脳活動の特定から、美的経験に迫ろうとしている（石津 2019）。

　このように、脳神経科学の知見に基づいた認知科学的アプローチの発展という潮流が見られ、その延長線上で大脳辺縁系や大脳基底核、視床下部、偏桃体といった「情動」を発生させる脳機能の分析が進み、それが人文社会科学領域における独自の多様な動きを生み出している。

　これが「アフェクティブターン（情動的転回）」をもたらすまでの大きな流れである。（高橋　幸）

●引用・参考文献

石津智大, 2019,『神経美学——美と芸術の脳科学』共立出版.

井手弘子, 2012,『ニューロポリティクス——脳神経科学の方法を用いた政治行動研究』木鐸社.

今井むつみ・秋田喜美, 2023,『言葉の本質——ことばはどう生まれ、進化したか』中央公論新社.

大山真司, 2014,「ニューカルチュラルスタディーズ 2——情動的転回？」『5: Designing Media Ecology』2: 77–83.

柿並良佑・難波阿丹［編］, 2024,『「情動」論への招待——感情と情動のフロンティア』勁草書房.

グリーン, J. D.／竹田円［訳］, 2015,『モラル・トライブズ——共存の道徳哲学へ』（上）（下）, 岩波書店.

チャーチランド, P. M.／信原幸弘・宮島昭二［訳］, 1997,『認知哲学—— 脳科学から心の哲学へ』産業図書.

チャーマーズ, D. J.／林一［訳］, 2001,『意識する心——脳と精神の根本理論を求めて』白揚社.

西井凉子・箭内匡［編］, 2020,『アフェクトゥス（情動）——生の外側に触れる』京都大学学術出版会.

無藤隆・森敏昭・遠藤由美・玉瀬耕治, 2018,『心理学 新版』有斐閣.

レイコフ, G.／池上 嘉彦・河上誓作［訳］, 1993,『認知意味論——言語から見た人間の心』紀伊国屋書店.

Gregg, M., & Seigworth, G. J.（eds.）, 2010, *The Affect Theory Reader*, Duke University Press.

Column 7

アフェクティブターン（情動的転回）とは？

アフェクティブターンにおける恋愛社会学の重要性②

カルチュラルスタディーズにおけるアフェクティブターン

　Column 6 の流れを踏まえた上で、ここでは「アフェクティブターン」を掲げた新たな動きが見られるカルチュラルスタディーズとフェミニズム・クイアセオリーを見ていこう。アフェクティブターンの下で何が探究されており、何が見出されつつあるのだろうか。

　ドゥルーズ哲学の系譜を汲むカナダの哲学者ブライアン・マッスミは、社会的カテゴリーで特定できるような「感情（エモーション）」とは異なる「情動（アフェクト）」に着目し、文化理論における情動分析の重要性を主張した（Massumi 1995）。情動をめぐる議論が心理学の語彙に回収されることで「ポスト構造主義の仕事が台無しにされている」（Massumi 1995: 88）という危機感から、情動の哲学の必要性が訴えられている。このようなマッスミの議論がポスト構造主義的な文化論を重視するカルチュラルスタディーズの論者らに多く引用され、メディア研究における情動的転回と呼ばれる新しい動きをもたらしている（大山 2014）。

　マッスミによれば、情動とはあるイメージが身体にもたらす「強度（intensity）」のことであり、それは共鳴して増幅（amplify）したり、妨害されて弱まったり（dampen）という独自の運動の仕方を持つ（Massumi 1995: 86）。このような情動の秩序（オーダー）を、イメージの質や内容をめぐる意味論とは別に想定し、考えていく必要があるというのがマッスミの提起である[1]。

　心理学ではこれまで基本情動論が一般的であり、ヒトには文化の違いを越えて普遍的に理解できる喜怒哀楽などの基本情動があるとされてきた。近年の心理学では乳幼児が示す「喜び」、「驚き」、「悲しみ」、「怒り」などの一次的情動と、「自己意識」が発生した（ヒトの場合、1歳後半頃）あとに生じる「てれ」「羨望」「恥」「罪悪感」、「プライド」、「共感」などの二次的・社会的情動に区別し、知覚能力の発達に応じて情動が発達するという構成主義的な情動理解の理論（Lewis 2008）が一般的なものとなっているようである（遠藤ら 2014）。いずれにしても心理学の情動定義は意味論的なカテゴリーで情動を特定していく点で、マッスミ

---

1) マッスミが音波という「運動」の語彙を用いて情動を記述しようとした点が興味深く、また重要な点であると思われる。

Ⅲ　現代の「恋愛」の諸相とその多様性

の情動の定義とは異なっている。

　ただし、「感情（エモーション）」ではなく「情動（アフェクト）」という語を用いることで、主観的な感情経験に随伴する身体的・生理的変化（自律神経系の興奮による発汗、循環系の変化など）や表出的変化（顔の表情や声の調子の変化など）をも分析をしようとしている点で両者は共通している。

　つまり、「情動」という語を用いるときに注目されているのは、主体による知覚や気づき（意識）なしに起こる自動的な身体反応である。身体的・生理的反応を伴った「何ものかによって動かされる」経験の分析が、情動という切り口でなされようとしていると捉えることができる。

　「何ものかによって動かされる」という主体にとって不透明な経験を、脳神経科学は情動に関わる脳神経構造として解明しようとし、人類学は、間 - 身体的で間 -「物」的な情動として解明しようとしている（西井・箭内 2020）。これらの試みは、マテリアルなものと人とのつながりとして社会を捉えようとする新たな社会学にとっても示唆的である。

フェミニズム・クイアセオリーにおけるアフェクティブターン

　さらに、近年のフェミニズムやクイアセオリーでは、「情動的転回」という語を用いる論者らの間で、セクシュアリティに限定されないより広い「情動」の議論へと、その理論的可能性を押し広げようとする動きがみられる（Clough & Halley 2007）。

　セジウィックはアダム・フランクとの共著論文の中で、これまでセクシュアリティが無意識やリビドーの議論を成す中心的なものとなってきたが、セクシュアリティほど「気難しい」情動もなく、情動においてセクシュアリティは特殊例であることを指摘する。そして、心理学者シルヴァン・トムキンスの「恥」をめぐる情動研究に着目し、「恥」がクイアな主体を立ち上げるそのあり方の考察を行っている（セジウィック & フランク 2022）。

　また、クイア研究者のアン・クヴェコヴィッチは、クイアセオリーが、1980年代のエイズパニックの経験を底流としてメランコリー、喪失（ロス）、トラウマに関する精神分析的・文化批評的議論を蓄積してきたことを強調し、9．11で顕在化した「公的感情（パブリック・フィーリング）」という切り口で、ポストセクシュアリティ研究の可能性を模索している（Cvetkovich 2012）。

　ボディスタディーズを牽引するリサ・ブラックマンもまた情動に着目しており、幻聴経験などの傾聴を通して、抑圧され不可視化されてきた人々の経験の記述を拓こうとしている（Blackman 2012, ブラックマン 2023）。フェミニズムにはもともと「身体」や感情に着目してきたという系譜がある。これがアフェクティブターンに接続されようとしているのが近年のフェミニズム・クイアセオリーの動きの一つである（Pedwell & Whitehead 2012）。

Column 7　アフェクティブターン（情動的転回）とは？

情動としての恋愛──恋愛や愛に関する近年の科学的知見

　このように、身体的・生理的反応を伴った何ものかによって動かされる経験を分析し、そこから新しい記述や方法論を模索しているのが 1990 年代中盤からのアフェクティブターンである。

　「恋愛」とはまさに身体的・生理的反応を伴った「何ものかによって動かされる」情動経験の一つである。

　そのため、恋愛の社会学的研究は、情動に関する新たな知見を吸収しながら発展できる可能性があり、それはマテリアルなものと社会的なものの相互作用からなる新たな社会学理論をもたらすのではないだろうか。

　恋愛とは、愛の中でもとりわけ個人にその「選択」権限が認められている「個人主義的な愛」だが、そこでの「選択」は、近代社会の個人主義の原理を成してきた自由意志に基づく、理性的で合理的な「選択」とはほど遠い。恋愛における「選択」基準や根拠は自分にとっても不透明である。だからこそ、「恋愛」を情動的アプローチを用いて考えていくことは、近代個人主義の原理を内側から相対化していくことを可能にするだろう。

　すでに脳神経科学・認知的アプローチによって、愛や恋愛に関する新たな知見がいくつも提出されている。たとえば、オキシトシンは愛着や所属を促進するホルモン[2] で、分娩時や母乳分泌時、そして特定の個体への愛着形成時に関わる物質だが、このオキシトシンを投与すると他者への信頼が増すことが実験結果からわかっている（Kosfeld et al. 2005）。

　また、神経科学的アプローチをとる恋愛心理学者フィッシャーによれば、人間が激しい恋に落ちた時には大脳基底核にある尾状核が活発化してドーパミンが大量に放出されており、性欲に駆られている時にはテストステロン分泌量が高まっている（Fisher et al. 2005）。ただし、どのような人に対して人間が「恋に落ちる」のか（＝ドーパミンが大量放出されるのか）は、個人のそれまでの情動を伴ったエピソード記憶によって個人ごとに異なっている──これをフィッシャーは「ラブマップ」と呼んでいる。このフィッシャーの議論は、スピノザ哲学を重視する脳科学者ダマシオの「ソマティックマーカー仮説」[3] とも整合的であり、恋愛社会学においても重要になってくるだろう。

　恋愛のマテリアルな要素についてはオキシトシンやドーパミン以外にも、フ

2）脳の視床下部の神経細胞で作られる神経ペプチドで、脳内および血中へ放出されるため、血中濃度や唾液含有量でオキシトシン分泌量を測定することができる。実験時の成人へのオキシトシン投与は経鼻スプレーで行うことができる。

3）ソマティックマーカー仮説とは、情動的な身体反応が意志決定における重要な信号を提供しているという仮説のこと。情動経験は、身体に刻まれた記憶となって、その後の意思決定に影響を及ぼしていると考えられている。

193

ェネチルアミンなどさまざまものが特定されつつあるが、それらは間 - 人的で、間 ‐ 身体的で、間 -「物」的な状況と絡み合いながら反応している。「好き」な対象への接近や回避という情動的反応から恋愛という社会的な関係について考えていくことは、マテリアルなものと人とのつながりとして社会を捉えようとする新たな社会学理論をもたらすのではないだろうか。（高橋　幸）

●引用・参考文献

遠藤利彦・石井佑可子・佐久間路子［編］, 2014,『よくわかる情動発達』ミネルヴァ書房.
大山真司, 2014,「ニューカルチュラルスタディーズ 2――情動的転回？」『5: Designing Media Ecology』2: 77–83.
カシオポ, J. T. & パトリック, W. ／柴田裕之［訳］, 2018,『孤独の科学――人はなぜ寂しくなるのか』河出書房新社.
セジウィック, E. K. & フランク, A. ／岸まどか［訳］, 2022,「サイバネティクスの襞のなかの恥――シルヴァン・トムキンスを読む」セジウィック, E. K. ／岸まどか［訳］,『タッチング・フィーリング――情動・教育学・パフォーマティヴィティ』小鳥遊書房, pp.155–194.
西井涼子・箭内匡［編］, 2020,『アフェクトゥス（情動）――生の外側に触れる』京都大学学術出版会.
ブラックマン, L. ／飯田麻結［訳］, 2023,「情動論的転回の展望」柿並良佑・難波阿丹［編著］『「情動」論への招待――感情と情動のフロンティア』勁草書房, pp.36–50.
箭内匡, 2018,『イメージの人類学』せりか書房.
Blackman, L., 2012, *Immaterial Bodies: Affect, Embodiment*, Mediation, SAGE Publication.
Clough, P. T., & Halley, J.（eds.）, 2007, *The Affective Turn: Theorizing the Social*, Duke University Press.
Cvetkovich, A., 2012, *Depression: A Public Feeling*, Duke University Press.
Fisher, H., Aron, A., & Brown, L. L., 2005, "Romantic Love: An fMRI Study of a Neural Mechanism for Mate Choice", *The Journal of Comparative Neurology*, 493（1）: 58–62.
Kosfeld, M., Heinrichs, M., Zak, P. J., Fischbacher, U., & Fehr, E., 2005, "Oxytocin Increases Trust in Humans", *Nature*, 435: 673–676.
Lewis, M., 2008, "The emergence of human emotions", Lewis, M., Haviland-Jones, J. M. & Barrett, L. F.（eds.）, *Handbook of emotions*（3rd ed）, The Guilford Press, pp. 304–319.
Massumi, B., 1995, "The Autonomy of Affect", *Cultural Critique*, 31: 83–109.
Pedwell, C., & Whitehead, A., 2012, "Introduction: Affecting Feminism: Questions of Feeling in Feminist Theory", *Feminist Theory*, 13（2）: 115–129.

おわりに

　さて、本書を読み終えたあとに見えている景色はどのようなものでしょうか。みなさんにとっての「恋愛」が読み始める前とはすこし違うふうに見えていたり、解像度が上がっていたりしたら嬉しいなと思っています。

　本を作ることは、さまざまな物事がものすごいスピードで流れ去っていく社会の中で、自分がいま立っている「ここ」に踏みとどまり、こだわり続けて、それに形を与える作業だという感じがしています。日々コツコツと石を積み上げて、少し見晴らしが良くなるような足場を作りたいという気持ちでこの本を編んでいました。

　私の20年間の研究生活を振り返ってみると、何年もかけて積んだ石が一瞬で崩れ去ってしまって形にならないということが多々ありました。だから、このような本の形で世に問うことができる地点まで来れたことは、奇跡のようだと感じています。

　本書のきっかけは、永田夏来さんと『現代思想』で対談させていただいたことでした。場を設けて下さった青土社の編集者・樫田祐一郎さんにお礼を申し上げたいと思います。どんな議論になるか方向性が曖昧なままざっくばらんに始まったあの対談が、面白い話の展開になっていたとしたら、それは樫田さんの構成力によるものです。

　実際にこのような本の形にまとめ上げることができたのは、本書の編集を担当してくださったナカニシヤ出版の由浅啓吾さんのご尽力のおかげです。丁寧な打ち合わせを通して様々な不安を払拭してくださり、的確な采配をしてくださいました。誠にどうもありがとうございました。

　そして、なによりも執筆を引き受けてくださった著者の皆様に心から感謝申し上げます。また、今回さまざまな事情でご寄稿いただけなかった方々を含む、脈々と恋愛研究をしてこられた方々の研究蓄積の上に本書は成り立っています。

　「おわりに」なので「私」語りが多いことを許してもらいたいのですが、私がジェンダー論の立場から「恋愛」や「モテ」の分析を始めた2010年代には「なぜジェンダー？」とか「なぜよりによって恋愛？」という反応を受けることが多くありました。その無理解に抗してここまで来れたのは、何人かの面白がってくれる人たちがいたからでもあります。個々のお名前をあげるのは控えますが、この方々にもお礼

申し上げたいと思います。

　恋愛は、人によっては「喉元過ぎれば熱さを忘れる」ようなものかもしれません。しかし、私は「恋愛をめぐる社会的ルール」によってもたらされた苦しさを忘れることはないだろうと思います。「恋愛」には、有無を言わさぬ楽しさや、力が満ちていくような高揚感がありますが、性暴力の生みやすさや人間の序列化など、理不尽な苦しみや抑圧の源泉にもなっています。それらのいくつかは明らかに理不尽なものだということが私の中で明瞭になってきたので、最近は人がそれで苦しんでいるのを見ると、居ても立ってもいられない気持ちになります。今後さらに議論を深めていきたい点です。

　それに加えて、恋愛社会学は情動論的アプローチなどの新しい方法論を社会学にもたらし、さらに流動化し個人化する現代社会の親密性に関する新たな社会学理論をもたらすものになるだろうという壮大な構想をひそかに私は持っていたりもします。権力構造を強化するような恋愛称揚論とも、無責任な脱恋愛論とも異なる、愛の関係についてのさまざまな議論を深めていけるような思想的な場を作っていきたいと思っています。

　最後に、本書の「はじめに」で一言触れていた中年期や老年期の恋愛については、今回採録することができませんでした。ジェンダーマイノリティにとっての恋愛、10代以下を含む「子ども」の恋愛、婚姻外恋愛、障害のある人の恋愛、恋愛をめぐる社会的サポートの現状と課題、オープリレーションシップといった重要トピックスについても本書に収めきることができませんでした。

　このように不十分な点は多々ありますが、どうか忌憚のないご意見をお聞かせいただけましたら幸いです。

編者　　高橋　幸

本書を閉じるにあたって

　恋愛について若者と対話するイベントに登壇すると、若干怒ったような、あるいはうんざりしたような表情の若いパネリストに会うことがある。彼／彼女／かれらは、今般の恋愛の語られ方——たとえば「少子化対策の観点からも若者は恋愛するべき」とか「恋愛を経験しないと本当の意味で大人になれない」とか「恋愛をコスパで考えることの是非」といった言説——にうんざりしているのだろう。私が彼／彼女／かれらの想定とは違う立場から恋愛について論じる予定だと知ると、ホッとした表情をみせてくれることさえある。

　想定とは違う立場とは何か。

　たとえば、恋愛を論じる際、性行動や結婚を強い前提に置きすぎないこと。ハラスメントに留意し、マイノリティに関する議論やポストフェミニズムを踏まえること。インターネットの発展を想定すること。ゲームやアニメ、アイドル、テーマパークなど若者が親しんでいるサブカルチャーに目配せすること……。もちろんすべてを網羅できるはずもないが、現代社会で若者の恋愛について論じるのであれば、これらのことに「まったく疎い」のは考えづらい。いつか社会学のプロフェッショナルが集まって、こうした立場に即した若手による若者のための恋愛論が出版されるのだろうと呑気に待っていたのだが、どうやら自分でやるより他ないようだとあるきっかけで悟ることになった。

　そのきっかけとは、本書の企画のベースになった『現代思想 2021 年 9 月号 特集＝〈恋愛〉の現在——変わりゆく親密さのかたち』（青土社）における「討議　これからの恋愛の社会学のために」である。編者である永田と高橋はそこで大いに語り合い、従来の社会学的な恋愛論は不十分であり、仲間を募って新しい学を構想することが発展の一助になるのではないかとの結論で意気投合したのだ。さいわい執筆を依頼したい研究仲間はたくさんいた。若手による若者のための恋愛社会学の構想は、こうしてとんとん拍子に進んだのである。本書の基盤を作ってくださった青土社の樫田祐一郎さんと、それを一冊の本に編み直すことに尽力してくださったナカニシヤ出版の由浅啓吾さんに、まずはお礼を申し上げたい。

　ところが、実際に企画を動かしてみると、なかなか厳しい現実に直面した。何よりも難しかったのは「恋愛」の定義が実はあやふやで、すべての執筆者に共有でき

る先行研究や類書が限定されていたという点である。また、若手に依頼したが故に、仕事の事情や生活の事情、博士論文など他の論文との兼ね合いで本書の趣旨に賛同しながらも執筆がかなわなかった方も複数いる。厳しい状況の中で時間を捻出し、編者らの壮大な企画の趣旨を汲み取り、それぞれの専門的知見を存分に活かした論考を寄せてくれた執筆者のみなさんにも改めてお礼を申し上げたい。手元のメモによれば、本書の完成に向けて第1回目の研究会が開催されたのは2022年の6月であった。そこから出版まで時間を要したのは、ひとえに編者の力不足によるものである。「本書のねらいと構成」にも書いたようにこの本は「ひとまずの決定版」であり、新たな問いや探究の道標となるものだ。本書の不備は編者の責任であることも改めて強調しておこう。恋愛社会学が扱うべき論点は沢山あるのだが、本書で触れることができたのはごく一部である。今後に期待してほしい。

　そしてこの本を手に取ってくれた読者のみなさん、本書をしかるべき読み手に勧めてくれた指導的立場のみなさんにも感謝の気持ちを伝えたい。恋愛社会学が今後どのような発展を遂げるかは、同志であるみなさんの手にかかっていると言っても良いだろう。これから一緒に、新しい道を作っていきましょう。

編者　　永田夏来

事項索引

あ行

愛　6, 9, 13
　　——の三角理論　9, 10
　　完全な——　11
　　二者間の——　7
　　夫婦の——　45
愛−性−結婚の三位一体
　　83, 104-107
アイデンティティ・カテゴリー
　　157
アセクシュアル　156, 172-174
アセクシュアル／アロマンティック・スペクトラム　173
遊び　48
アニメーション概念　167
アフェクティブターン　187, 191-194
アロマンティック　156, 172-174
家　31-35, 41
　　——制度　33, 34

異性愛　44, 59, 111
　　——者向けのマッチングアプリ　117, 121
　　——主義　175
　　強制的——　141
異同を探る眼差し　110, 111

生まれ変わり　26, 118, 120
埋め込み（化）　14
　　再——　14
　　脱——　14

エーゴセクシュアル　156

奢り／ワリカン　57, 58, 175
オタク　66, 153, 159, 160

か行

皆婚社会　85, 93, 94

家族関係主体　35, 40, 100
家族社会学　ii
　　——的な恋愛研究　24, 28
家族主義　41
片思い　125, 138, 151
ガチ恋　138, 139, 142-144, 153, 154
家父長制　18, 22, 25, 82, 105

義務的セックス　184
虚構　140

グレイロマンティック／グレイアロマンティック　173
クワロマンティック　123, 124, 173

ゲイアプリ　114, 116, 121
結婚／婚　25
　　——差別　36, 37, 40
　　——における親（など）の影響力　33-35, 41
　　——を人生で一度は経験する人の割合　93
　　——を目的としない恋愛　52
　　学歴内——　22
　　交際0日——　92
　　純粋な見合い——　21
　　職縁——　37
　　職場——　22
　　村内——　31, 32, 34
　　同性愛——　113
　　同類——　22
　　見合い——　i, 19-22, 30, 34-36, 41, 93
　　友愛——　7, 46, 94
　　恋愛——　i, ii, 2, 3, 6, 7, 13, 19, 20, 35, 37, 46, 51, 93-95
　　50歳時点で一度も——したことのない人の割合　i, 2

決断／コミットメント　9, 11, 22
現実性愛　158

好意　7, 8
　　——と恋愛の違い　8
心の哲学　188
個性的個人観　3, 4
コミットメント　123
婚前交渉に関する評価　23, 24

さ行

（再）接近戦略　136

ジェンダー
　　——秩序　27, 59
　　——の非対称性　32, 46, 49
　　——平等　184
社会淘汰説　178
純粋な関係性　81
生涯無子率　2, 177
情動　191, 192
　　——としての恋愛　193
情熱　7, 9-11, 14
　　——を伴った二者関係　13
　　短期的な——　12
　　長期的な——　12
女性同士の恋　45
女性の教育に関する意識　23
神経科学　188
親密さ　9, 10, 14
親密性の期待水準　25
親密な関係　5, 7, 71, 81, 107, 112

スティグマ化　165
ストーカー／ストーキング　126-128, 139, 150
　　——研究　126

199

——行為の自然史モデル
　127, 135

性解放　107, 179
生活水準　25, 26
性差別
　現代的——　183
　好意的——　182-184
性的指向　74, 111, 172
性的同意　178-180, 184
性的暴行／性暴力　179-181
性のダブルスタンダード
　57-59
性別役割　45, 56, 175, 176
性別役割分業　22, 26, 59
　身体化した——　26, 27

草食系男子　66, 67, 80, 85
SOGIE　31
ソドミー法　112

た行
大学生の恋愛経験　69
対人性愛　158
　——中心主義　158
WTF ロマンティック　123
男性性　136
男性同士の恋　45

通婚の範囲　31-34

出会い系掲示板　117
出会いと結婚　17, 20, 22
　海外の多様な——　24
　現在の——　27
　高度経済成長期の——
　　26
　村落における——　18, 27
デート文化　54, 60, 66
適応戦略　89
デミロマンティック　173

同性愛
　——婚　113

——者の文化　113
同性間の恋愛　31, 45, 111
同性間性行動　177

な行
内婚性　22

認知科学　187, 188
認知的アプローチ　187-189

ノンセクシュアル　172
『non-no』　49, 50
ノンフラタニゼーション・ポ
　リシー　181, 182

は行
パーソナル　4
　イン——　4
配偶者選択　6, 18, 19, 31, 35,
　42
　——基準　6, 27
半構造化インタビュー　83,
　95, 145
晩婚化　i, 80, 85, 94

被差別部落をめぐる社会問題
　38
非モテ　125

フィクトセクシュアル　155
フィクトロマンティック
　155
フェティシズム　168
フェミニズム・クイアセオリ
　ー　192
フォーカス・グループ・ディ
　スカッション　83
不同意性交等罪　179
負の性欲　125
フラワーデモ　179
ブリーディング　119

平均交際年数　i
平均初婚年齢　i, 18, 59, 85,

93
母子関係　34
『POPEYE』　49, 50
ホモファイル　112
　——運動　112
ポリアモリー　124

ま行
マッチングアプリ　116, 121

見合い婚（結婚）　i, 19-22,
　30, 34-36, 41, 93
　——と恋愛結婚の推移
　　19, 20
　純粋な——　21
#MeToo 運動　180, 181
未婚
　——化　i, 80, 85, 94
　——者　i, 94
　——率　2, 94

メンバーチェック　129

モノアモリー　124
モノガミー　113

や行
友愛　7
　——結婚　7, 46, 94
　——礼賛　7
友情　7-9
夢女子　160

ら行
リア恋　138, 139, 142, 143
離婚　ii, 18, 19, 34, 35, 107
リスク　81, 82, 89
リスロマンティック　173
理想的女性　183
リメレンス　10, 11
臨床社会学　129

恋愛　ii, 5-8, 13, 17, 26, 28, 37,

44-46, 66, 104, 105, 115, 173, 180, 193, 196, 197
——禁止　141
——行動　ii
——的指向　172
——と結婚の結合戦略　17, 27
——の技術　54, 55
——の優先順位の低下　67
——優先順位　72-75
——を後回しにする　72, 76
必ずしも結婚には結びつか

ない——　51
疑似——　140, 141, 148, 154
結婚を目的としない——　52
近代日本の——の系譜　44
若者の——離れ　65
恋愛結婚　i, ii, 2, 3, 6, 7, 13, 19, 20, 35, 37, 46, 51, 93-95
——の成立　14
純粋な——　21
見合い結婚と——の推移　19, 20

恋愛至上主義　35, 45, 62, 65, 105
——離れ　67
低下を続ける——　70
恋愛社会学　iii, vii, 28, 172, 196, 198
恋愛心理学　7

ロマンス　22
ロマンティックラブ・イデオロギー　104-107
ロマンティックラブ複合体　105, 107

人名索引

A-Z
Antonsen, A. N.　172
Bogaert, A. F.　172
Browne-Anderson, H.　180
Carlsen, A.　181
Clough, P. T.　192
Esping-Andersen, G.　41
Elesser, K.　182
Foxwell, J.　162
Frieze, I. H.　128
Gregg, M.　187
Halley, J.　192
Hayfield, N.　156
Hendrick, C.　105
Hendrick, S. S.　105
Karhulahti, V.-M.　161, 164, 165
Kosfeld, M.　193
Langley, R.　160
Lystra, K.　3
McGregor, J.　182
Nagaike, K.　160
Pedwell, C.　192
Seigworth, G. J.　187
Sinclair, H. C.　128
Sorokowski, P.　9

Välisalo, T.　161, 164, 165
Whitehead, A.　192
Winter-Gray, T.　156

あ行
青柳美帆子　160
青柳涼子　21
赤枝香奈子　45
赤川学　106
赤坂真理　55
赤松啓介　36
浅野智彦　50, 68
鮎田実　126
荒牧央　23, 24

池岡義孝　83
池田理代子　65
石井美保　168
石川由香里　76
石田あゆう　61
石田仁　114
石田美紀　161
石津智大　190
井手弘子　190
稲増龍夫　140
井上輝子　44, 49, 50, 106

岩澤美帆　37
岩間暁子　83
巌本善治　44

ウィニコット, D. W.　168
ウィラースレフ, R.　167
上野千鶴子　22, 26, 50, 104-107
宇佐美りん　153

江原由美子　59, 60
エマーソン, R. M.　127-129
遠藤利彦　191
遠藤知巳　62

大島岳　113, 114
大塚明子　35, 36, 45, 46, 106
大橋照枝　25
大山真司　187, 191
岡田康宏　142
岡部大介　159
岡本貴也　142
隠岐さや香　163
落合恵美子　18, 50
小野沢あかね　33

か行

カーネマン, D.　189
海妻径子　126
柿並良佑　187
梶原一騎　65
片渕陽平　169
香月孝史　141, 142
加藤秀一　66
金政祐司　9
釜野さおり (Kamano, S.)
　172, 173
上岡磨奈　139-141
上子武次　18, 19
神谷悠一　112
河口和也　118
川口洋　31
缶乃　124

北川昌弘　140
木谷幸広　118
北原みのり　50
北村透谷　44, 66
ギデンズ, A.　80, 81, 105,
　116, 123
木村絵里子　49, 50, 58, 62,
　67, 86, 178
キューバック, W. R.　128
金城克哉　117

クヴェコヴィッチ
　(Cvetkovich, A.)　192
グリーン, J. D.　189
グリック (Glick, P.)　182,
　183
栗原亘　167
厨川白村　45, 62, 66
呉羽真　167
黒川みどり　36
桑原桃音　35, 36, 94, 100

ゲーテ, J. W. von　4

小谷野敦　66
コンドリー, I.　159

さ行

斉藤巧弥　115
齋藤直子　37, 41
サイドマン, S.　104
酒井順子　50
酒井貴広　36
阪井俊文　89, 90
阪井裕一郎　32-36, 41
坂口菊恵　177
逆巻しとね　168
坂本佳鶴恵　49
佐藤郁哉　95
佐藤博樹　94
サンデル, M.　189

椎根和　50
鹿野由行　114
志田基与師　22
島袋海理　111, 115
下夷美幸　36
ショーター, E.　104-106
シルヴィオ (Silvio, T.)
　167
新ヶ江章友　112
神村早織　38
ジンメル, G.　4, 8, 9

菅野聡美　45
スギナミ　143
鈴木拓朗　127
スタンバーグ (Sternberg, R.
　J.)　9-12, 14
ストーン, L.　46, 104
スピッツバーグ, B. H.
　128
スピノザ, B. de　193

星来　154
瀬川清子　33, 36
セジウィック, E. K.　187,
　192
セリグマン, M. E. P.　12
千田有紀　106

た行

大坊郁夫　9
高橋征仁　67
高橋幸　12, 77, 115, 117, 118,
　175, 182
竹信三恵子　94
田中亜以子　44, 45
田中東子　160
田中康夫　54
谷本奈穂　48, 51, 54, 63, 76,
　106

チャーチランド, P. M.　189
チャーマーズ, D. J.　189
チョムスキー, A. N.　189

辻泉　50, 52, 68, 71, 159

デッカー, J. S.　172
テノフ (Tennov, D.)　10,
　11
寺木伸明　38
土井隆義　65
ドゥルーズ, G.　191
トムキンス, S.　187

な行

長島敦子　32
永田夏来　74, 77, 115, 117,
　118, 176
中野独人　66
中村香住　123
中村正　129
中村正直　44
中村真由美　94
ながやす巧　65
難波阿丹　187

西井開　125, 126, 134
西井凉子　187, 192
西野理子　32

野口道彦　38
ノッター, D.　3, 35, 46, 94

人名索引

は行

長谷川寿一　177
服部誠　19
バトラー, J.　169
羽渕一代　73, 76
濱野智史　140, 141
林雄亮　67
ハラウェイ, D.　168
バラッド, K.　167

飛田良文　44
平井晶子　31, 34, 35
平尾アウリ　153
平森大規（Hiramori, D.）　172, 173

ファイアストーン, S.　105
フィスク（Fiske, S. T.）　183
フィッシャー（Fisher, H.）　193
フーコー, M.　104
深澤真紀　67
伏見憲明　118
ふぢりん　145-151
ブラックマン（Blackman, L.）　192
ブラッド, R. O.　21
フランク, A.　187, 192
フランドラン, J. L.　104
フリック, U.　95
フロム, E.　13
文屋敬　160

ベッカー, G. S.　25

ベック, U.　94
ベック＝ゲルンスハイム, E.　96

本田透　77, 125

ま行

牧野智和　49
マセド（Macedo, S.）　113, 114
松浦優　155, 156, 158, 160, 161, 164-169
松岡宗嗣　112
松澤くれは　142
松沢裕作　33
マッスミ（Massumi, B.）　187, 191
松谷創一郎　66, 159
松山秀明　62

見田宗介　51
三宅大二郎　172, 174
宮台真司　50, 62, 66, 71
宮本みち子　41
ミューレン, P. E.　127
ミラノ, A.　180
ミレット, K.　105
三輪哲　27, 94

牟田和江　34, 48
無藤隆　189

モッセ, G. L.　175
森岡正博　67
森実　38

森山至貴　113, 115, 118

や行

箭内匡　187, 192
柳父章　44
山田昌弘　17, 25-27, 77, 94

湯沢雍彦　34

吉澤夏子　58, 160
善積京子　24, 25
吉田栞　160
吉見俊哉　60
米村千代　32, 41

ら行

リーバーマン, D. E.　177
リッチ, A.　141
劉英　101
廖希文　155, 158, 166-168

ルイス, M.　191
ルージュモン, D. de　12
ルービン（Rubin, Z.）　6-9
ルーマン, N.　4, 5, 7, 81, 82, 86, 89

レイコフ, G.　189
レンブラント, H. van R.　4

わ

渡邉大輔　106
渡辺尚志　32

203

執筆者紹介 （執筆順、編者は＊）

高橋　幸（たかはし ゆき）＊
担当：はじめに、第 1 章、Column 2、第
12 章、Column 6、7、おわりに
石巻専修大学人間学部准教授。専門は社
会学理論・ジェンダー理論。
主著に『フェミニズムはもういらない、と
彼女は言うけれど──ポストフェミニズ
ムと女らしさのゆくえ』（晃洋書房、2020
年）、共著に『離れていても家族』（亜紀書
房、2023 年）など。

永田夏来（ながた なつき）＊
担当：本書のねらいと構成、第 2 章、本書
を閉じるにあたって
兵庫教育大学大学院学校教育研究科准教授。
専門は家族社会学。
主著に『生涯未婚時代』（イーストプレス、
2017 年）、共編著に『岩波講座社会学　家
族・親密圏』（岩波書店、2024 年）など。

齋藤直子（さいとう なおこ）
担当：第 3 章
大阪教育大学総合教育系特任准教授。専
門は家族社会学、部落問題研究、人権教育。
主著に『結婚差別の社会学』（勁草書房、
2017 年）、「交差性をときほぐす──部落
差別と女性差別の交差とその変容過程」
（『ソシオロジ』66（1）、2021 年）など。

岡田玖美子（おかだ くみこ）
担当：Column 1
大阪大学大学院人間科学研究科助教。専
門は家族社会学、ジェンダー研究。
主な論文に「夫婦の情緒性に潜むジェン
ダー非対称性をめぐる理論的視座の検討
──近代家族論を手がかりとして」（『家
族社会学研究』34（1）、2022 年）、「「人格
的ケア関係」としての夫婦における親密
性と平等性──「フェミニズム正義論」
を手がかりとして」（『女性学』31、2024
年）など。

木村絵里子（きむら えりこ）
担当：第 4 章
大妻女子大学人間関係学部准教授。専門
は文化社会学、歴史社会学。
共編著に『ガールズ・アーバン・スタデ
ィーズ──女子たちの遊ぶ・つながる・
生き抜く』（法律文化社、2023 年）、『場所
から問う若者文化──ポストアーバン化
時代の若者論』（晃洋書房、2021 年）など。

大倉　韻（おおくら ひびき）
担当：第 5 章
法政大学、亜細亜大学、東京医科歯科大学
（東京科学大学）非常勤講師。専門はジェ
ンダー研究、セクシュアリティ研究。
共著に『場所から問う若者文化──ポス
トアーバン化時代の若者論』（晃洋書房、
2021 年）、論文に「若者文化は 25 年間で
どう変わったか──「遠隔＝社会、対人
性、個人性」三領域の視点からの「計量的
モノグラフ」」（共著）（『紀要社会学・社会
情報学』27、2017 年）など。

大森美佐（おおもり みさ）
担当：第 6 章
和洋女子大学、武蔵野大学非常勤講師。
専門は家族社会学。
主著に『現代日本の若者はいかに「恋愛」
しているのか──愛・性・結婚の解体と
結合をめぐる意味づけ』（晃洋書房、2022
年）、『中学生の質問箱　恋愛ってなんだ
ろう？』（平凡社、2024 年）など。

府中明子（ふちゅう あきこ）
担当：第 7 章
（元）浙江工商大学専任講師。専門は家族
社会学。
博士論文として『未婚女性の結婚観と個
人化に関する質的研究──日本の首都圏
と中国都市部の比較』（2021 年）、論文に
「恋愛結婚の条件──首都圏にくらす未婚

女性へのインタビューから」（『家族研究年報』41、2016 年）など。

森山至貴（もりやま のりたか）
担当：第 8 章
早稲田大学文学学術院教授。専門は社会学、クィアスタディーズ。
主著として『LGBT を読みとく──クィア・スタディーズ入門』（筑摩書房、2017 年）、『10 代から知っておきたい あなたを閉じこめる「ずるい言葉」』（WAVE 出版、2020 年）など。

中村香住（なかむら かすみ）
担当：Column 3
神奈川大学人間科学部非常勤助手、慶應義塾大学文学部等非常勤講師。専門は文化社会学、ジェンダー・セクシュアリティ研究。
共編著に『アイドルについて葛藤しながら考えてみた──ジェンダー／パーソナリティ／〈推し〉』（青弓社、2022 年）、『消費と労働の文化社会学──やりがい搾取以降の「批判」を考える』（ナカニシヤ出版、2023 年）など。

西井　開（にしい かい）
担当：第 9 章
立教大学大学院社会デザイン研究科特別研究員。専門は臨床社会学、男性・マジョリティ研究。
主著として『「非モテ」からはじめる男性学』（集英社、2021 年）など。論文に「いかに男性は社会的孤立に至るのか──学校内における男性集団からの排除と分離に着目して」（『社会学評論』75(1)、2024 年）など。

上岡磨奈（かみおか まな）
担当：第 10 章、Column 4
慶應義塾大学非常勤講師。専攻は文化社会学、カルチュラル・スタディーズ。
主著に『アイドルについて葛藤しながら考えてみた──ジェンダー／パーソナリティ／〈推し〉』（青弓社、2022 年）、『アイドル・コード──託されるイメージを問う』（青土社、2023 年）など。

松浦　優（まつうら ゆう）
担当：第 11 章
九州大学 学術協力研究員。専門は社会学、クィアスタディーズ。
共著に『アニメと場所の社会学──文化産業における共通文化の可能性』（ナカニシヤ出版、2024 年）、論文に「抹消の現象学的社会学──類型化されないことをともなう周縁化について」（『社会学評論』74(1)、2023 年）など。

三宅大二郎（みやけ だいじろう）
担当：Column 5
大阪大学大学院人間科学研究科博士後期課程。専門は社会学、セクシュアリティ研究。
主な論文に「日本のアロマンティック／アセクシュアル・スペクトラムにおける恋愛的な指向の多面性」（共著、『ジェンダー＆セクシュアリティ』18、2023 年）、共著に『いちばんやさしいアロマンティックやアセクシュアルのこと』（明石書店、2024 年）など。

本書をご購入いただいた方で、視覚障害、肢体不自由などの理由で本書の
テキストデータを必要とされる方は order@nakanishiya.co.jp までお問い合
わせください。

恋愛社会学
多様化する親密な関係に接近する

2024 年 10 月 7 日	初版第 1 刷発行
2025 年 5 月 20 日	初版第 4 刷発行

編　者　高橋　幸
　　　　永田夏来
発行者　中西　良
発行所　株式会社ナカニシヤ出版
〒606-8161　京都市左京区一乗寺木ノ本町 15 番地
　　　　　　　　　Telephone　　　075-723-0111
　　　　　　　　　Facsimile　　　075-723-0095
　　　　　Website　http://www.nakanishiya.co.jp/
　　　　　Email　　iihon-ippai@nakanishiya.co.jp
　　　　　　　　　郵便振替　01030-0-13128

印刷・製本＝ファインワークス／装幀＝白沢　正
Copyright © 2024 by Y. Takahashi, & N. Nagata.
Printed in Japan.
ISBN978-4-7795-1766-2

本書のコピー、スキャン、デジタル化等の無断複製は著作権法上の例外を除き禁じられています。本書を代行業者等の第三
者に依頼してスキャンやデジタル化することはたとえ個人や家庭内での利用であっても著作権法上認められていません。